Lena Lamberti

DATING SABBATICAL

Wie du die Liebe findest,
wenn du aufhörst, danach zu suchen

Ein Jahr ohne Männer

Besuchen Sie uns im Internet:
www.knaur.de

Aus Verantwortung für die Umwelt hat sich die Verlagsgruppe Droemer Knaur
zu einer nachhaltigen Buchproduktion verpflichtet. Der bewusste Umgang
mit unseren Ressourcen, der Schutz unseres Klimas und der Natur gehören zu
unseren obersten Unternehmenszielen.
Gemeinsam mit unseren Partnern und Lieferanten setzen wir uns für eine
klimaneutrale Buchproduktion ein, die den Erwerb von Klimazertifikaten zur
Kompensation des CO_2-Ausstoßes einschließt.
Weitere Informationen finden Sie unter: www.klimaneutralerverlag.de

Originalausgabe Februar 2021
© Knaur Verlag
Ein Imprint der Verlagsgruppe
Droemer Knaur GmbH & Co. KG, München
Redaktion: Regina Carstensen
Covergestaltung: ZERO Werbeagentur
Coverabbildungen: Nina Witte; Shutterstock.com
Satz: Adobe InDesign im Verlag
Druck und Bindung: CPI books GmbH, Leck
ISBN 978-3-426-79092-2

2 4 5 3 1

Für die Männer meines Lebens
und meine Herzensmenschen

Inhalt

Teil IV
Emotionale Wellen surfen

Teil V
Das Glück ist eine Entscheidung

Teil VI
Die Beziehung, die ich will

Eine Reise ohne Ende

Literatur

Wie alles begann

Wenn du nach außen strebst,
ist deine Reise endlos.
Richtest du dich nach innen,
dauert sie nur einen Moment.
Sadhguru

Es ist Herbst 2017, und ich stehe nackt und mit Tränen in den Augen vor dem Badezimmerspiegel. Tränen, die ich mir wegwische, um dem Mann, der im Bett auf mich wartet, meine Emotionalität zu ersparen. Er kann ja schließlich nichts dafür, dass ich ein weiteres Mal aus den falschen Gründen Sex hatte. Aber es macht etwas mit mir, mich dort selbst zu sehen – die Frau, die Liebe sucht und Sex findet, immer und immer wieder. In diesem Moment sage ich mir: »Es reicht. Ich brauche eine Pause. Wenn mehr Männer nicht dazu beitragen, mein Liebesleid zu mildern, dann sollte ich es vielleicht einmal ganz ohne versuchen!«

Zum damaligen Zeitpunkt erlebe ich ständig ähnliche Geschichten mit dem männlichen Geschlecht und fragte mich, warum. Warum nur fiel es mir so schwer, in Liebesangelegenheiten endlich glücklich zu werden? Und warum zog ich permanent all diese Chaos-Männer in mein Leben? Heute weiß ich, dass es nicht nur mir so geht, sondern dass sich viele Frauen genau diese Fragen stellen.

Dieser Moment vor dem Spiegel stellte den absoluten Tiefpunkt meines persönlichen Liebeslebens dar. Mein Beziehungsstatus war konstant »kompliziert«, und das unabhängig davon, welchen Mann ich gerade datete. Noch nie zuvor hatte ich so sehr mit meinem Leben und dem Schicksal gehadert, das mich scheinbar von Mal zu Mal in die Arme der »falschen« Männer führte. Ich hatte aber all die unnahbaren Typen, die mich zwar gern in ihren Betten sahen, aber zu keiner ernsthaften Beziehung bereit waren, so satt. Damals verstand ich noch nicht, dass mir niemand anderes als ich allein unentwegt übel mitspielte. Denn ich selbst suchte mir – unbewusst – genau diese Männer aus, mit denen ich oberflächliche Romanzen ohne Aussicht auf Langfristigkeit führen konnte. Dass die Unnahbarkeit allein in mir war und ich die beziehungsaffinen und nahbaren Männer in den Wind schoss. Diese Selbstsabotage zu durchschauen und mich aktiv für ein anderes Herangehen in der Liebe zu entscheiden, sollte ein wichtiger Entwicklungsschritt auf dem Weg in eine glückliche Beziehung werden.

Wenige Wochen nach dieser Nacht vor dem Badezimmerspiegel jedenfalls entschied ich mich dafür, für ein Jahr auf Männer und Sex mit ihnen zu verzichten. Es war Zeit für ein Dating Sabbatical, um mich selbst zu finden und die Muster zu verstehen, die mich stets in die gleichen schmerzhaften Einbahnstraßen in der Liebe geführt hatten. Ich wollte mein Liebesleben neu ordnen. Die Befreiung von dem ständig wiederkehrenden Herzschmerz, der mich wie ein Gespenst zu verfolgen schien, war dabei mein oberstes Ziel für meinen Dating-Rückzug. Ich hatte weder Lust noch Kraft, weiter von einem Liebesleid zum nächsten zu springen und mit Anlauf gegen die gleichen Wände zu laufen. Das Ganze hatte mich in den letzten Jahren so unendlich viel Energie gekostet, und ich konnte einfach nicht mehr. Also setzte ich einen Schlussstrich unter das, was war. Ich zog mich in mich selbst zurück, steckte mich in Sex-Quarantäne, wies mich auf die emotional-kardiologische Intensivstation ein und schloss mich an den Selbstfürsorge-Tropf an. Dringend brauchte ich diesen Fokus nur auf mich und nach innen, weil ich zu lange meine Aufmerksamkeit einzig nach außen und auf andere gerichtet und mich dabei selbst verloren hatte.

Wie so viele war ich nach Jahren im lustig bunten Single-Großstadtleben mit seinen Tinder-Dates und sexuellen Abenteuern Dating-müde und genervt von den vielen Optionen, die dann doch alle wieder scheiterten. Ich hatte genug von der Oberflächlichkeit, den neuen Versuchen, die am Ende nur in die nächste Enttäuschung mündeten, von all dem Herzschmerz und den traurigen und einsamen Stunden, die danach folgten. Abstand war notwendig geworden, um herauszuarbeiten, was ich wirklich von Männern und in der Liebe wollte. Immerhin wusste ich schon mal, dass ich mich nicht länger mit einem Mann über den letzten hinwegtrösten wollte – nur um zu erfahren, dass es nicht weniger kompliziert wurde.

Während meines Dating Sabbatical fand ich abseits von komplizierten Männergeschichten endlich die Zeit, mich intensiv damit auseinanderzusetzen, was genau meine Probleme waren. Als ich erkannte, dass nicht die Männer an sich mein Problem darstellten, sondern alle Liebeskonflikte in mir verwurzelt waren, begann ich, die aufwendige Symptomkosmetik zu beenden und an den Ursachen meines mit Schwierigkeiten verbundenen Liebeslebens zu arbeiten. Ich trat in Kontakt mit vielen Menschen, die Ähnliches erlebten und meine Reflexionen als Stütze und Inspiration empfanden, auch ihre Herangehensweise, was ihr Liebesverhalten betraf, zu ändern. Durch den Austausch mit den Leserinnen und Lesern meines »ONE YEAR NO GUY«-Blogs, den ich parallel zu meiner Männerauszeit als virtuelles Tagebuch schrieb, merkte ich, dass meine Erkenntnisse, die ich nach und nach hatte, auch für viele andere vom Liebesleid Geplagte hilfreich waren.

Die Veränderungen, die sich während meines Dating Sabbatical schließlich ergaben, waren tatsächlich schöner und umfassender, als ich es je zu träumen gewagt hätte. Das Innehalten und meine Problemforschung gaben mir die Möglichkeit, nicht länger Opfer sein zu müssen. Stattdessen begriff ich, dass ich selbst Verantwortung für mein Liebesleben übernehmen musste. Tatsächlich bin ich heute ein anderer Mensch als früher und trage insbesondere in Liebesangelegenheiten eine größere Leichtigkeit in mir. Damals konnte ich noch gar nicht absehen, was ich alles Neues über die Liebe lernen sollte und wie falsch meine alten Ansichten und Herangehensweisen waren. So machte ich mich während meiner Männerauszeit auf den Weg zu echter Selbstliebe.

Auf diese besondere Reise – heraus aus meinem Liebesleid und rein in das Glück der wahren Liebe – möchte ich dich mitnehmen. Denn diese habe ich nach langer Suche tatsächlich gefunden – in mir, in anderen sowie innerhalb einer wunderschönen Partnerschaft. Heute bin ich einunddreißig Jahre alt und habe eine komplett neue Sichtweise auf die Liebe. Ich habe den Glauben hinter mir gelassen, dass ich nur lange genug nach dem »einen Richtigen« suche müsse, der perfekt zu mir und in mein Leben passt und mit dem dann für immer alles gut werden würde. Es war eine realitätsferne Vorstellung von einer »glücklichen« Beziehung gewesen. Ich habe sie inzwischen über Bord geworfen.

Hätte ich vorher gewusst, dass diese Suche nach dem perfekten Märchenprinzen kompletter Nonsens ist, hätte ich mich schon viel früher dieser Vorstellung entledigen können, anstatt fortwährend die männlichen Hauptdarsteller in den Tragikomödien meines Liebeslebens auszutauschen. Wenn ich heute zurückblicke, weiß ich, dass ich mir viel Herzschmerz und Tränen hätte ersparen können, wenn ich die Erkenntnisse aus meinem Dating Sabbatical, die ich in diesem Buch mit dir teile, eher gemacht hätte.

Ich wünsche mir, dass mehr Menschen erkennen, wie sie sich ihr Liebesglück selbst verbauen und warum die anderen nur Symptome der eigenen, inneren Baustellen sind. Denn nur wenn ich meine Verantwortung für mein Wohlbefinden erkenne, kann ich auch danach handeln und aufhören, überhöhte Erwartungen an meinen Partner zu stellen, die er nicht erfüllen kann. Anstatt erfolglos von Date zu Date zu springen und davon frustriert zu sein, gibt es nämlich einen anderen Weg – den Weg zu sich selbst.

Die einzelnen Kapitel sind daher – wahrscheinlich ungewöhnlich – eine Anleitung zum Dating von innen nach außen. Normalerweise wird häufig ein »Liebesobjekt« als Startpunkt der Reise hin zu wahrer Liebe gewählt. Meine Anleitung soll dich jedoch inspirieren, zuerst in dir aufzuräumen und die Liebe in dir selbst zu finden, bevor du dich anderen mit deinen individuellen Konflikten »antust«. So kannst du verhindern, mit erfolglosen Herangehensweisen ständig neue Liebeleien einzugehen, die dann doch früher oder später wieder scheitern. Den rasanten Wechsel zwischen Euphorie und Herzschmerz kannst du dir nämlich ersparen, indem du deine inneren Konflikte, die dich derzeit noch darin hindern, glücklich zu sein, endlich aufdeckst und für dich transformierst. Ich reiche dir daher bildlich die Hand, damit du aus deinen eingefahrenen Wahrnehmungs- und Verhaltensmustern herauskommst, um wahre Liebe zu erleben.

Da ich weiblichen Geschlechts bin, ist dieses Buch aus Frauensicht geschrieben. Die Perspektive kann aber entsprechend geändert werden. Und wenn ich von »Partner« spreche, können damit genauso gut Männer wie Frauen gemeint sein.

Teil I

Nähe will gelernt sein

1
Grenzen setzen

Ein Tag – zwei Trennungen

Die Entscheidung für mein Dating Sabbatical fiel im Oktober 2017 in einer emotional aufwühlenden Nacht in einem Berliner Hotelzimmer, nachdem ich mich an einem Tag gleich von zwei Männern getrennt hatte. Über Jahre hatte ich mich ungeliebt gefühlt, hatte den Eindruck gehabt, dass Männer sich dann zurückzogen, wenn ich anfing, mich emotional auf sie ein- und mehr Nähe zuzulassen. Ich verstand nicht, warum ich in der Liebe immer wieder enttäuscht wurde und an Männer geriet, die entweder noch verheiratet waren, sich mitten in einer Trennung oder in deren Nachwehen befanden, viel zu weit weg auf einem anderen Kontinent lebten oder aus sonstigen Gründen nicht bereit für etwas »Festes« waren. Andere Frauen schienen es doch auch zu schaffen, einen Mann für eine Beziehung zu finden. Und genau das wollte ich auch!

Fast hatte ich den Glauben verloren, dass es zwischen mir und Männern noch einmal funktionieren würde. Ich fühlte mich emotional leer, hilflos, und die Verzweiflung über meine Situation war mir in dieser Nacht in meine bitterlich weinenden Augen geschrieben. Ich wusste, dass in meinem Liebesleben etwas ganz dramatisch falsch lief. Ich spürte, dass ich dringend etwas ändern musste. Daher nahm ich all meinen Mut zusammen und traf an diesem Tag ein paar längst überfällige Entscheidungen.

Zuerst trennte ich mich von einer zweieinhalb Jahre andauernden On-Off-Beziehung, die mir nicht guttat. Wir hatten unser Zusammensein während dieser Zeit immer wieder beendet – und konnten dann doch nicht die Finger voneinander lassen. Der

Mann war auf seine Art so faszinierend und besonders, dass es mir schwerfiel, ihn endgültig loszulassen. Vom ersten Tag unseres Kennenlernens an verband uns etwas Besonderes, das wir zunächst platonisch und später auch körperlich auslebten. Das Problem war nur, dass Christian mehr als fünfundzwanzig Jahre älter als ich war und sich gerade erst aus einer zwanzigjährigen Ehe gelöst hatte.

Am Anfang hatte ich es ein wenig absurd gefunden, mich auf einen so viel älteren Mann einzulassen. Seine Lippen fühlten sich beim Küssen bereits etwas schrumpelig an, und ich spürte sein Alter daher auch mit geschlossenen Augen. Gleichzeitig war er so lebenserfahren, dass er mir in vielerlei Hinsicht die Welt erklären konnte. Ich liebte die tiefgründigen Gespräche mit ihm, die wir bei mehr als einem Glas Wein bis in die Morgenstunden führten.

Die Zeit mit ihm fand ich spannender als mit gleichaltrigen Männern, die noch sehr in ihrer Sturm-und-Drang-Phase verhaftet waren und an den Wochenenden von einer Party zur nächsten tingelten. Erfahrung und charakterliche Tiefe hatten ihren Reiz, aber damit einher kam die Tatsache, dass wir uns in sehr unterschiedlichen Lebensphasen befanden. Ich wollte eine Familie und Kinder, und Christian hatte das alles schon hinter sich. Ich wollte Commitment und Beständigkeit, er suchte nach der Trennung von seiner Frau erst einmal Freiheit ohne Verbindlichkeiten. Ich hoffte, dass wir eine Möglichkeit finden könnten, dauerhaft glücklich zu sein – und war am Ende meiner Kräfte, wenn es nicht gelang. Zwar bewegten wir uns bei jedem Anlauf ein Stück vor, aber nicht weit genug, als dass ich meine Bedürfnisse nach Nähe und Sicherheit erfüllt fand.

Herz und Kopf

Da unsere Treffen jedes Mal so schön waren, wollte ich ihn nach jeder Trennung zumindest als platonischen Freund behalten und weiterhin die gemeinsamen Momente genießen. Schließlich hatte es so begonnen, und ich hoffte, dass wir dahin zurückfinden könnten. Leider scheiterten wir damit meist kläglich, da er seine Finger nicht von mir lassen konnte und ich damals große Probleme damit hatte, Nein zu sagen und ihn in die Schranken zu weisen. Ich hatte Angst, dass ich ihn verlieren würde, wenn ich ihm nicht das gab, was er körperlich wollte. Meine eigenen Bedürfnisse stellte ich dabei zurück. Daher wachte ich oft doch wieder in seinem Bett auf – obwohl ich mir fest vorgenommen hatte, nach unseren Diskussionen nach Hause zu fahren. Es war frustrierend, und wir drehten uns im Kreis.

Da wir ein offenes Miteinander vereinbart hatten, bei dem sich jeder auch abseits unserer Verbindung ausleben konnte, landete ich auf der Suche nach beständiger Nähe stets in den Armen anderer Männer. Ich wollte mir beweisen, dass ich ihn nicht brauchte, um glücklich zu sein, und weinte still, wenn ich im Zusammensein mit einem anderen Typen auch nicht das fand, wonach ich Ausschau hielt. Das Problem dabei war, dass ich mit diesen Männern nicht nur Sex hatte, weil ich mit ihnen Sex haben wollte, sondern weil ich hoffte, dass einer von ihnen es endlich schaffen würde, mich von Christian wegzubringen – und das, obwohl ich es selbst nicht schaffte, den Schalter in mir umzulegen. Es gelang mir nicht, mich klar von ihm zu distanzieren. Nach jeder Trennung hielt ich emotional weiter an ihm fest. Selbst wenn ich jemand anderen datete, waren mein Herz und meine Gedanken weiterhin bei ihm. Zwischen uns bestand ein Band, das ich nicht zerschneiden wollte. Und doch wusste ich, dass ich mich von ihm lösen musste, um den Platz an meiner Seite frei für einen Menschen zu machen, mit dem ich die Beziehung führen konnte, die ich mir so sehr wünschte.

Etwas muss anders werden

Da ich damals große Angst vor dem Alleinsein hatte und um jeden Preis versuchte, dies zu vermeiden, begann ich bereits einige Wochen vor diesem Abend im Hotelzimmer – quasi als Vorbereitung auf die anstehende Trennung von Christian – mit einem Mann in meinem Alter anzubändeln. Auch wenn ich wusste, dass dieser Romanze für eine langfristige Beziehung die Basis fehlte, ließ ich mich darauf ein. Er war die perfekte Ablenkung in einer Phase, in der ich Zerstreuung suchte. Wieder einmal wollte ich eine Brücke weg von Christian bauen. Zu spät merkte ich, dass das, was als unterhaltsamer Zeitvertreib begonnen hatte, direkt in die nächste Liebeseinbahnstraße führte. Zwar gewöhnte ich mich schnell an seine Nähe, war gleichzeitig aber noch gar nicht bereit für eine neue Liebe. Anstatt die Beziehung zu Christian zunächst einmal zu verarbeiten, trug ich all den angestauten Frust mit in die neue Verbindung, was zu falschen Erwartungen und unfairen Reaktionen ihm gegenüber führte. Er musste all das ausbaden, was sich während der Zeit mit Christian in mir angesammelt hatte. Schnell kam es zu Konflikten. Alles, was mich an Christian und das erinnerte, was ich mit ihm erlebte hatte, wies ich abrupt von mir und verlangte im Gegenzug eine Art Nähe und Planbarkeit, die sich erst über die Zeit hätte entwickeln können. Ihm gegenüber war das mehr als unfair, weil ich ihm keinen Raum gab, er selbst zu sein. Mit ihm wollte ich nur die Löcher füllen, die in meinem Leben gerade präsent waren.

Genau deshalb ist es auch so wichtig, Altes abzuschließen und sich nicht immer wieder in den losen Enden der letzten Lieben zu verheddern. Oft nehmen wir uns nämlich viel zu wenig Zeit, ein Beziehungsende erst einmal zu verschmerzen. Stattdessen springen wir direkt in die nächste Liebesgeschichte, um den Trennungsschmerz nicht zu fühlen. Diese schmerzt dann allerdings ebenso, weil der nicht verarbeitete Schmerz noch in uns steckt und wir ihn von Beziehungsversuch zu Beziehungsversuch mitnehmen. Aus diesem Grund liegt der Schlüssel im Liebesglück meist nicht in mehr, sondern eher in weniger Dates.

Es war daher nur folgerichtig, mich wenige Stunden nach der Trennung von Christian auch von meinem gleichaltrigen »Übergangsobjekt« zu trennen. Ich musste lernen, das Alleinsein auszuhalten, das ich so lange vermieden hatte. Ich hatte all die Dramen satt. Ich wollte eine Pause von dem Herzschmerz, der mit meinen wechselnden Männergeschichten ständiger Begleiter in meinem Leben gewesen war. Die Tränen in dieser Nacht waren wie ein reinigendes Sommergewitter, das es manchmal braucht, um die angestauten Luftmassen zu klären. Der Regen in meinen Augen spülte langsam den Schmerz der vergangenen Jahre weg. Ich spürte eine neue Hoffnung in mir aufkeimen: Mein Liebesleben könnte anders werden, wenn ich mich darin übte, mich gegenüber all dem abzugrenzen, was ich nicht mehr wollte. Auch wenn ich noch nicht genau wusste, wie ich das anstellen sollte. Ich hatte keine Lust mehr auf all die unnahbaren Typen.

Ich will keine Schokolade ...

Mein Dating Sabbatical vergleiche ich gern mit einer Diät, bei der ich vorher meine Schokoladenvorräte verschenke und auch keine neuen anlege, weil ich mich zwingen möchte, auf Süßigkeiten zu verzichten. Meine Chance, mein Vorhaben zu meistern, würde nämlich merklich sinken, wenn überall Schokolade um mich herum wäre und sie mir permanent frech zulächeln würde. Wenn wir Altes loslassen wollen, müssen wir Distanz dazu aufbauen. Wenn ich keine Schokolade mehr habe, kann ich sie auch nicht essen. Und da Männer meine Schokolade sind, entschied ich mich, den Kontakt zu meinen Ex-Partnern und -Liebeleien während meines Dating Sabbatical auf ein Minimum zu reduzieren, um mich vor Rückfällen zu schützen.* Es war nicht so, dass sie mir plötzlich nichts mehr bedeuteten, doch ich entschied mich aktiv dafür, einen neuen Weg einzuschlagen und alte Geschichten an der Weggabelung zurückzulassen.

So lernte ich, dass jemanden zu lieben und mit jemandem zusammen zu sein zwei gänzlich verschiedene Dinge sind. Denn auch wenn ich einen Mann zutiefst liebe und für unsere gemeinsamen Momente dankbar bin, muss er nicht der Mann sein, mit dem ich mein Leben und meinen Alltag teilen möchte. Manche Menschen verstehen sich nur in kleinen, gemeinsam verbrachten hedonistischen Augenblicken. Doch das Leben außerhalb dieser miteinander zu teilen, ist eine völlig andere Herausforderung. Ich rate dir daher, zunächst Platz für den neuen Menschen zu schaffen, den du kennenlernen möchtest, und deine alten Lieben abzuschließen und zu verarbeiten. Das heißt: Du musst erst verstehen, was dich in der Vergangenheit davon abgehalten hat, an der Seite eines anderen Menschen glücklich zu werden, bevor du gestärkt und um einiges klarer in neue Beziehungsversuche starten kannst. Dadurch wird die Vergangenheit weniger Einfluss auf das haben, was du in der Gegenwart erlebst, und du kannst dich bewusster einlassen oder auch abgrenzen. Denn sobald du mit deiner Vergangenheit Frieden gemacht hast, wird auch deine Gegenwart aufblühen.

Die Schwachstelle vieler Frauen

Den meisten Frauen fällt es schwer, Grenzen zu setzen. Auch ich war lange Zeit sehr schlecht darin. Immer wieder ließ ich mich auf Männer ein, von denen ich mich viel früher hätte abgrenzen müssen. Oft war es von Anfang an klar, dass wir zusammen mit Vollgas in eine Einbahnstraße liefen, und doch schaffte ich es nicht, meinen Kopf rechtzeitig einzuschalten und Nein zu sagen. Es war diese Unfähigkeit, mich abzugrenzen und dieses Nein auch zu verteidigen, die mich immer wieder in schmerzhafte Situationen brachte. Schließlich stellt es an sich kein Problem dar, einen verheirateten Mann kennenzulernen, mit ihm in ein Restaurant zu gehen und sich danach allein und im eigenen Bett schlafen zu legen. Die Probleme begannen immer dann, wenn ich genau dazu nicht in der Lage war und mich trotz schwieriger Rahmenbedingungen auf mehr einließ. Hätte ich all die Männer, die vergeben, noch gar nicht bereit für eine neue Beziehung oder nur auf ein sexuelles Abenteuer aus waren, sogleich wieder weggeschickt, wäre daraus kein Liebesleid entstanden. Mein Herz konnte überhaupt erst schmerzen, weil ich sie trotz allem in mein Leben ließ und mir romantische Vorstellungen auf mehr machte. Ich hoffte, dass sie eines Tages bereit für eine Beziehung mit mir wären, ihre Frau vergessen oder verlassen würden. Heute weiß ich, dass man sich auf solche Situationen, die von Beginn an zum Scheitern verurteilt sind, erst gar nicht einlassen sollte.

Die Ursache dafür, dass ich mich bis zu meiner Datingpause trotzdem immer wieder auf solche problematischen Geschichten einließ, war die Tatsache, dass ich bis dahin nicht wusste, wer ich war und was ich von der Liebe sowie vom Leben im Allgemeinen wollte. Es fiel mir oft schwer, Nein zu sagen, weil ich nicht wusste, wozu ich Ja sagen wollte. Es war mühsam für mich, Grenzen zu setzen, denn ich wusste nicht, wo diese für mich lagen. Ich wusste daher auch nicht, welche Männer ich daten und mit welchen ich zusammen sein wollte. Oft war ich mir unsicher, ob ich überhaupt eine tiefer gehende Beziehung wollte, weil mir die, die ich gerade hatte, schnell zu fest wurde. Vielleicht, so dachte ich, würde ich mit dem Abenteuer und der Leidenschaft einer heißen Affäre, die ganz bewusst den gemeinsamen Alltag mit seinen Herausforderungen ausspart, viel glücklicher werden?

Um mich in meiner Suche nach erfüllender Zweisamkeit klarer ausrichten zu können, musste ich daher zuerst mich selbst besser kennenlernen. Ich musste verstehen, wer ich abseits von Dates, Rollenvorbildern und gesellschaftlichen Erwartungen war und wie ich im Zusammensein mit Männern Grenzen definieren wollte. Denn nur so ist es möglich, diese auch klar zu kommunizieren. Bin ich auf der Suche nach einer Beziehung, kann ich viel Zeit sparen, indem ich dies von Anfang an offenlege und mich nur mit den Menschen treffe, die grundsätzlich Ähnliches wollen. Treffe ich auf einen verheirateten Mann und will nicht als Geliebte enden, muss ich in der Lage sein, ihn abzuwehren – egal wie charmant und verführerisch er sein mag. Nicht alles kann man miteinander in Einklang bringen, und das ist normal.

Nein sagen will gelernt sein

Nein zu sagen und Grenzen zu setzen, fiel mir oft deshalb so schwer, weil es bedeutete, zwischen meinen Bedürfnissen und den Bedürfnissen eines anderen Menschen zu vermitteln. Denn gegenüber Männern und ihren Wünschen standhaft zu bleiben und zu einem einmal ausgesprochenen Nein auch zu stehen – das war für mich eine große Herausforderung. Wollte ich nur kuscheln, wollten sie oft mehr, und ich ließ mich am Ende doch wieder von ihnen »übermannen«. Oft ärgerte ich mich schon beim Sex oder spätestens danach, dass ich nachgegeben hatte. Es war nicht meine Stärke, meine Bedürfnisse zu kommunizieren, zu verteidigen und den Männern bei Überschreitung dieser auf die Finger zu hauen. Keineswegs wollte ich als »langweilige Zicke« gelten, die prüde ist und keinen an sich ranlässt. Ich hatte nämlich große Angst, Männer zu vergraulen, wenn ich ihnen nicht schnell genug das gab, was sie wollten. Besonders oft passierte mir das in den Kennenlernphasen. Ich wollte den anderen schließlich von mir überzeugen und nicht riskieren, in seiner Gunst zu sinken. Daher ließ ich mich häufig viel zu früh auf Sex ein – ohne mir sicher zu sein, ob ich diesen Schritt mit der Person wirklich gehen wollte. Ich denke heute, dass das einer der Hauptgründe dafür war, warum mir Sex irgendwann nichts mehr bedeutete. Ich hatte ihn nämlich nicht um seiner selbst willen, sondern weil ich das Gefühl hatte, dass er von mir erwartet wurde.

Ich muss nicht perfekt sein, um geliebt zu werden

Damals glaubte ich, dass ich perfekt sein und allen Erwartungen entsprechen müsste, um geliebt zu werden. In den Momenten, in denen ich den »Verpflichtungen« nicht mehr nachkam, hatte ich das Gefühl, meine Liebenswürdigkeit zu verlieren. Also tat ich alles, um mir die Liebe weiterhin zu verdienen – egal ob das meinen Vorstellungen eines Miteinanders entsprach oder nicht. Ich sehnte mich so sehr nach Liebe, dass ich bereit war, dies in Kauf zu nehmen. Mich für die Liebe zu verbiegen, war ja das, was ich mein Leben lang gewohnt war. Eine Annäherung an einen Menschen, die sich nicht wie ein Verbiegen anfühlt, lernte ich erst später.

Durch den Austausch mit anderen Frauen während meines Dating Sabbatical erfuhr ich, dass viele von ihnen davor zurückschrecken, Grenzen zu setzen, weil auch sie Angst haben, dann abgewertet und nicht mehr gewollt zu werden. Viel zu oft tun viele von uns Dinge, um anderen zu gefallen, jedoch ohne selbst dahinterzustehen. Diesen Teufelskreis gilt es zu durchbrechen, denn wenn ich ständig über die gesunden Grenzen meines Wohlbefindens hinausgehe, muss ich mich nicht wundern, wenn mein Liebesleben kompliziert und unglücklich ist. Schließlich mache ich selbst mindestens 50 Prozent der Beziehung aus.

Also musste ich meine Bedürfnisse als wahr und wichtig annehmen, um mein eigenes Wohlergehen nicht ständig dem von anderen Menschen unterzuordnen. Das war nicht einfach, denn als Kind einer Mutter, die extrem liebes-, nähe- und zuneigungsbedürftig war, hatte ich nie gelernt, mich zu widersetzen. Stattdessen wurde mir beigebracht, ein braves Kind zu sein, das keine Probleme macht und so funktioniert, wie man es sich vorstellt. Genau dieses Verhalten legte ich dann – nachdem ich es jahrelang eingeübt hatte – auch in meinem Erwachsenenleben und im Zusammensein mit Männern an den Tag. Ich funktionierte, um die zwischenmenschliche Harmonie zu wahren, und ich verhielt mich so, wie es vermeintlich von mir erwartet wurde.

Die eigene Willenskraft trainieren

Hinter dem Entschluss, für ein Jahr auf Männer zu verzichten, steckte daher auch der Wunsch, mir ein gesundes Abgrenzungsverhalten anzueignen. Ich wollte ein starkes Argument haben, das als Mauer diente und mich für eine bestimmte Zeit vor weiterem Herzschmerz und unangenehmen Verstrickungen bewahren würde. Ein vorsichtiges Herangehen bei einem Date hatte ich zuvor nie geschafft. Ein Teil von mir wollte warten und es beim Kennenlernen langsam angehen lassen, während ein anderer Teil sofort Interesse daran hatte, zu erfahren, wie sich der Mann im Bett anstellen würde. Sex war früher nämlich ein sehr relevanter Part meiner Due-Diligence-Phase beim Dating und gehörte also zu meinen Prüfkriterien. Auch deshalb landete ich mit Männern schneller im Bett, als ich es eigentlich wollte. Und sobald dies der Fall war, war ich, dank der Bindungshormone in meinem Blut, auch direkt emotional involviert. Es schien mir deshalb leichter, einfach einmal zu allem rigoros Nein zu sagen, um nicht erneut in unangenehme Situationen hineinzuschlittern, in denen ich doch wieder mehr zuließ, als ich eigentlich wollte.

Das Problem war, dass ich wie viele andere Frauen, die auf der Suche nach Liebe sind, lange Zeit nicht überzeugt genug wusste, was ich nicht wollte. Meine Unsicherheit darüber, was ich von einem Mann wollte und wo meine Grenzen lagen, zog sich wie ein roter Faden durch mein Liebesleben. Im Zusammensein mit Männern war ich wie die Fahne im Wind, die sich von jeder Böe bewegen ließ und wenig eigene Standfestigkeit zeigte. Schließlich wollte ich dazugehören und von anderen angenommen werden. Doch dieser Wunsch nach Harmonie kann die eigene Innenwelt manchmal ganz schön in Disharmonie stürzen. Gerade Frauen mit einem ausgeprägten Harmoniebedürfnis kennen das gut.

Ein »Ich habe heute keine Lust« fühlte sich für mich nie stark genug an. Lust kann auf verschiedenste Weisen erzeugt werden und reizt den anderen unter Umständen nur noch mehr, alle Techniken des Verführens anzuwenden. Dabei hatte ich oft genug erlebt, dass die Männer – getrieben von ihrer eigenen Lust – versuchten, das zu bekommen, was sie wollten. Mein Jahr ohne Sex war quasi ein Training meiner eigenen Standhaftigkeit. Ich wollte die Harmonie in mir nicht mehr für Zuneigung eines anderen opfern. Ich wollte endlich ich sein und meine eigene Wahrheit leben.

Ein »Ich habe mich entschlossen, für ein Jahr auf Sex zu verzichten. Keine Diskussion!« kam mir überzeugender vor als: »Ich würde es gern langsam angehen lassen.« Denn »langsam« ist relativ und kann genauso heißen, mit einem ausgedehnten Vorspiel zu beginnen. Mein Vorhaben eines Dating Sabbatical wirkte dadurch wie ein Gesetz, das ich öffentlich gelobte, nicht zu überschreiten. Es war die Mauer, die ich brauchte, um dahinter zu einer inneren Standhaftigkeit zu finden. Durch dieses Gelübde lernte ich, dass Neinsagen okay ist. Und ich lernte auch, dass es okay ist, meine eigenen Bedürfnisse über die sexuellen Wünsche eines anderen zu stellen.

Mein Dating Sabbatical war daher vor allem eine Linie, die ich zwischen Christian und mir sowie all den anderen Männern, die in meinem Leben ein und aus geflogen waren, zog, um diesem ganzen Hin und Her endlich ein Ende zu bereiten. In dem Sinne war meine Männerauszeit ein »Dating Detox« oder – besser – ein Entzug von einem süßen Rauschmittel.

Im Rückblick verstehe ich, dass viele meiner Probleme mit Männern in meinem Unvermögen, mich konsequent abzugrenzen, begründet waren. Ich hatte mich in der Liebe verstrickt und war in der Folge mit einem riesigen verfilzten Knäuel in mir konfrontiert. Die Entscheidung für mein Dating Sabbatical war daher der erste wichtige Schritt, mich im Neinsagen und in der Abgrenzung zu üben. Daher war der Entschluss, in mein sexfreies Jahr zu starten, mit dem Durchbrechen alter Muster verbunden – ein erster Etappenerfolg auf meinem Weg ins Liebesglück. Doch bevor es richtig losgehen konnte, brauchte es noch einen weiteren Schritt, um überzeugt in mein Vorhaben zu starten.

Erstens kommt es anders, und zweitens als man denkt

So überzeugt, wie ich in der tränenerfüllten Nacht von meinem Plan war, so schnell zweifelte ich auch schon wieder daran. Keine vierundzwanzig Stunden nach meinen ersten Überlegungen, für ein Jahr auf Männer und Sex mit ihnen zu verzichten, kam nämlich der nächste Mann in mein Leben, der mir schöne Augen machte und meine Standhaftigkeit bezüglich meines Vorhabens testete.

Am folgenden Abend steckte ich nämlich in Berlin fest, weil ein Sturm die Bahnstrecke nach Hamburg lahmgelegt hatte und ich nicht zurück nach Hause kam. Halb so schlimm – ich hatte schließlich acht Jahre in der Hauptstadt gelebt, hatte genug Freunde, die ich alle schon viel zu lange nicht mehr gesehen hatte, und das Hotel hatte auch noch ein Zimmer frei. Ich nutzte die Gelegenheit, alte Kollegen wiederzutreffen, und wir gingen gemeinsam in ein angesagtes Szene-Restaurant. Etwas später gesellte sich ein groß gewachsener und attraktiver Mann in meinem Alter zu uns, den ich bislang nicht kannte. Im Verlauf des Abends kamen wir miteinander ins Gespräch, und je mehr wir redeten, desto sympathischer fand ich ihn. Je später es wurde, desto mehr zog Sebastian mich in seinen Bann. Und so tanzten wir noch bis fünf Uhr morgens durch das Berliner Nachtleben.

An diesem Abend war ich jedoch zurückhaltender als sonst. Als ich mich verabschiedete, begleitete er mich noch nach draußen, wo ich in der Morgendämmerung verschwand. Ich gab ihm weder meine Nummer, noch fragte ich ihn nach seiner, denn ich hatte ja den Männern gerade abgeschworen und wollte ihnen keinen Raum mehr in meinem Leben geben. Außerdem wusste ich, dass sein Bruder – einer meiner Kollegen – bei Bedarf den Kuppler spielen könnte.

Kein Leben im Konjunktiv

Wahrscheinlich war es genau diese Leichtigkeit, die ich an jenem Abend ausstrahlte und die ihn anzog. Und so dauerte es keine dreißig Minuten, bis ich, zurück in meinem Hotelzimmer, eine Nachricht von Sebastian auf meinem Smartphone las. Nach ein paar weiteren SMS fragte er mich, ob ich ihn zu der Hochzeit begleiten möchte, zu der er am nächsten Abend eingeladen und für die er überhaupt nach Berlin gereist sei. Er selbst lebe in der Schweiz. Ich ließ mich darauf ein, denn ich liebe verrückte Ideen und ein Leben voller Abenteuer. »Sensation Seeking« und das Motto »Kein Leben im Konjunktiv!« waren damals die Leitgedanken, nach denen ich handelte. Um alles in der Welt wollte ich kein langweiliges Leben führen. Auch deshalb waren mir die einfachen und »netten« Männer, die für mich da waren, wenn ich sie brauchte, stets zu banal. Mit ihnen war es zwar beständiger, doch das ging meist auf Kosten der Abenteuerlust. Stattdessen datete ich lieber Supermodels, Supersportler, Superintellektuelle und Super-CEOs. Ohne irgendeine extrem interessante Eigenschaft, die mich faszinierte und der ich nacheifern konnte, hatte ein Mann keine Chance bei mir. Auch deshalb fiel es mir schwer, eine normale Beziehung zu einem normalen Mann in meinem Alter zu finden.

Durch die Einladung wurde ich also zu seinem Hochzeitsdate, und ohne dass wir uns genauer kannten, gaben wir ein ganz passables Paar ab. Ich tanzte mit ihm und seinen Freunden bis spät in die Nacht. Am Ende dieses zweiten Abends brachte er mich zurück in mein Hotel und küsste mich in einer menschenleeren Hotellobby vor den Augen eines einsamen Nachtportiers.

Und nun? Mach ich's doch nicht?

Der Kuss war schön, die gemeinsam verbrachte Zeit mit ihm war schön, und plötzlich zündete dieser Funke, der mich an meinem Vorhaben einer Männerauszeit zweifeln ließ. Vielleicht war er ja der Mann, auf den ich so lange gewartet hatte? War er womöglich der eine, für den ich meinen Plan ad acta legen und mich einfach auf ihn einlassen sollte?

Ich fühlte mich von ihm gesehen, gewollt und umsorgt – all das, was ich bei Christian so lange Zeit vermisst hatte. Sein Versuch, mich wiederzusehen, zeugte von Aufwand und hinterließ bei mir einen guten Eindruck. Ich war genervt von Männern, die zwar die Zeit mit mir genossen, aber wenig eigenen Einsatz zeigten. Seine engagierte Art war daher eine willkommene Abwechslung und wie Balsam für meine emotionalen Wunden. Die Tatsache, dass er dann noch unverheiratet war, keine Kinder hatte und mehr als nur lockeren Spaß ohne weiteres Commitment wollte, trug dazu bei, dass er auf meiner Sympathieleiter immer weiter nach oben kletterte.

Also stand ich da, mit meinem Wunsch nach einer Datingpause und dem nächsten Mann, der vielleicht der Richtige sein konnte. Plötzlich war ich unsicher, wie ich nun mit meiner Sexauszeit vorgehen sollte. Die Idee fand ich immer noch richtig, weil ich spürte, dass ich diese Ruhe in meinem Herzen dringend brauchte. Gleichzeitig wusste ich, dass es schwer bis unmöglich wäre, jemanden kennenzulernen, mit dem man sich mehr vorstellen kann, und ihn für ein Jahr zappeln zu lassen. Auch wusste ich, dass ich es niemals schaffen würde, sexfrei zu bleiben, würde ein solcher Mann in meinem Orbit kreisen. Ich kann mir einiges vornehmen, aber ich kenne meine Libido, und die ist oftmals stärker als meine Ratio.

Diese Ambivalenz führte dazu, dass ich meine Entscheidung für meine Sexpause noch einmal überdachte. »Männerpause« konnte ich es zu diesem Zeitpunkt ja schon nicht mehr nennen, da sich der nächste Mann bereits unverhofft in meinem Leben eingefunden hatte. Mit viel Willenskraft schaffte ich es wenigstens, an diesem Wochenende nicht mit ihm zu schlafen. Und da es für mich in der folgenden Woche für einen Monat auf eine Trekkingreise nach Nepal ging, hatte ich zumindest weitere dreißig Tage, um darüber nachzudenken, wie ich mich ihm gegenüber verhalten wollte.

Ich verspürte den Wunsch, ihm eine Chance zu geben, und zugleich hatte ich das Gefühl, dass ich mich selbst verleugnen würde, wenn ich mir nicht endlich die Zeit für mich nahm, die ich dringend brauchte. Auch hier zeigte sich abermals mein Unvermögen, Entscheidungen zu treffen und konsequent zu diesen zu stehen. »Ja – nein – vielleicht?« In meinem Kopf drehten sich in den nächsten Wochen die Gedanken und versuchten eine Lösung für dieses Dilemma zu finden.

Während meiner Nepalreise blieben wir – soweit es der Empfang auf meiner Wanderung bis auf knapp 5500 Höhenmeter zuließ – fast täglich miteinander in digitalem Kontakt und planten ein Wiedersehen nach meiner Rückkehr. Er wollte keine Zeit verschwenden und schlug vor, dass er mich in Hamburg besuchen würde. Als Datum wählte er den Tag, an dem ich von meiner Reise zurückkam. Also holte er mich am Flughafen ab, und wir fuhren im Taxi zu mir.

Abgespeckte Version

Inzwischen hatte ich mir vorgenommen, statt der angestrebten zwölf Monate zumindest drei Monate auf Sex zu verzichten. Ich wollte mir nämlich beweisen, dass ich meine Libido in den Griff bekommen konnte und nicht Sklave meiner eigenen Lust beziehungsweise der meines Gegenübers war. Dieses Unvermögen, meine eigene Sexualität zu bändigen und mich selbst sowie die Männer in meiner Nähe in die Schranken zu weisen, hatte ja immer wieder zu Sex geführt, den ich so gar nicht wollte oder der nicht gut für mich war.

Als meine Berliner Bekanntschaft und ich uns wiedersahen, waren von dem Vierteljahr die ersten dreißig Tage bereits um, und ich hielt es für realistisch, dass wir es aufgrund der Entfernung unserer Wohnorte die restlichen zwei Monate schaffen würden, um unsere Kompatibilität für eine mögliche Beziehung auf zwischenmenschlicher Ebene zu prüfen. Danach konnten wir unser Kennenlernen auf sexueller Ebene schließlich immer noch fortsetzen. Leider hielt mein Vorsatz nur wenige Stunden. Noch in derselben Nacht ließ ich mich von ihm »übermannen«. Ich hatte zwar vorher immer wieder versucht, ihm zu erklären, warum es mir wichtig sei, mit dem Sex zu warten. Doch sein Blut war längst aus seinem Kopf in andere Körperteile gewandert und machte ihn unempfänglich für rationale Überlegungen.

Als wir miteinander schliefen, fühlte es sich falsch an. Meine Grenze war übertreten worden. Angst stieg in mir auf, dass auch er wieder nur mit mir ins Bett wollte und mir dafür all die Zuneigung und emotionale Nähe in den vergangenen Wochen womöglich nur vorgegaukelt hatte. Die alten Sorgen, die ich aus früheren Situationen kannte, schossen in meinen Kopf. Besonders schlimm war die Furcht, dass er sich von mir distanzieren würde, nachdem er das bekommen hatte, was er vermeintlich wollte. Und ich wollte nicht erneut allein mit meinen Gefühlen und ohne Beziehung dastehen.

Diese Gedanken machten mich unsicher, und ich merkte nochmals, dass ich mehr Übung darin brauchte, Nein zu sagen und meine Bedürfnisse zu verteidigen. Wenn ich es jetzt nicht lernte, würde mir dies sonst später immer wieder auf die Füße fallen. Ich wollte nicht mehr die Männer darüber entscheiden lassen, wann und wie ich mit ihnen Sex hatte, sondern in dieser Angelegenheit selbstbestimmter werden. Ich musste die Spannung aushalten, die zwischen zwei Menschen mit unterschiedlichen Bedürfnissen entsteht. Daher entschied ich mich nach weiteren zwei Wochen endlich doch und diesmal überzeugter für mein einjähriges Dating Sabbatical und beendete das, was mit Sebastian begonnen hatte. Ganz unabhängig von den Erwartungen anderer und den möglichen Konsequenzen tat ich das, was sich für mich in dem Moment und für meine eigene Entwicklung richtig anfühlte. »Selbstfindung« heißt schließlich so, weil man diesen Weg »selbst« gehen muss – ohne mit anderen verstrickt zu sein.

Klare Spielregeln

Da es nicht geklappt hatte, mein Experiment im Stillen anzugehen, entschied ich, ihm nun einen klaren Rahmen zu geben. Ich wählte dazu meinen neunundzwanzigsten Geburtstag, der ein paar Tage später anstand. Dieses Datum erschien mir perfekt für den Start, um meine Männerpause einzuläuten, die dann bis zu meinem dreißigsten Geburtstag andauern sollte. Als Auftakt feierte ich eine große Geburtstagsparty und machte mein Vorhaben öffentlich, indem ich begann, meine Erfahrungen während dieser Zeit sowie meine Reflexionen über mein Liebesleben in meinem »ONE YEAR NO GUY«-Blog zu veröffentlichen. Diesmal wollte ich es richtig machen. Ich wusste, dass ich mein Vorhaben leichter meistern würde, hätte ich Menschen um mich, die mir dabei auf die Finger schauten, mich begleiteten und gegenüber denen ich mich rechtfertigen müsste, sollte ich schwach werden. Mein Gelübde öffentlich zu machen und andere Menschen daran teilhaben zu lassen, bestärkte mich in meinem Vorhaben. Es war mein Anker, an dem ich mich beim Durchleben damit verbundener Hochs und Tiefs festhalten konnte.

Jedes Mal wenn ich an meinem Experiment zweifelte oder vor Herausforderungen stand, teilte ich meine Gedanken und Gefühle in meinem Blog mit – und bekam entsprechend Rückmeldung und unterstützende Worte von meinen LeserInnen, die mich darin bestärkten, nicht aufzugeben. Über die Zeit wurde aus dem Blog eine Art virtuelle Selbsthilfegruppe von Gleichgesinnten. Im Rückblick war es genau dieses öffentliche Erzählen meiner Erlebnisse, das das Jahr für mich aushaltbar machte. Und die Anteilnahme der anderen. Den Menschen, die virtuell an meiner Reise zu mir selbst und ins Liebesglück teilnahmen, bin ich daher unendlich dankbar für ihre Begleitung.

Ich darf mich abgrenzen

Aber was waren die Ursachen meiner Unfähigkeit, Nein zu sagen? Warum war ich nicht dazu in der Lage, mich mit meinen eigenen Bedürfnissen klar gegenüber denen von anderen durchzusetzen? Diese Defizite hatten ihre Wurzeln in der Kindheit. Dort entwickelte ich Überzeugungen, die sich auch auf mein Leben als Erwachsene auswirkten. Die Glaubenssätze, die auf frühkindlichen Erfahrungen in meinem Elternhaus beruhten, waren folgende:

>>Ich darf mich nicht entfernen und
bin für das Glück des anderen verantwortlich.<<
>>Es ist falsch, mich abzugrenzen und
mir Raum für mich zu nehmen.<<
>>Ich muss das machen,
was andere von mir erwarten.<<
>>Die Bedürfnisse der anderen
sind wichtiger als meine.<<

Da meine Mutter alleinerziehend war, stellte ich ihre nächste Bezugsperson dar. Dazu kam, dass sie mich aus dem Gefühl der Einsamkeit bekommen und sich erhofft hatte, mit einem Kind an ihrer Seite weniger allein zu sein. Folglich war ich ihre »Kuschelpuppe«, die ihr Nähe, Halt und Liebe schenken sollte.
Zog ich mich als Kind zurück, machte mir meine Mutter ein

schlechtes Gewissen. Je mehr ich in das Alter kam, wo ich Zeit mit Freunden und nicht mehr ausschließlich mit ihr verbrachte, nahm die Dramatik zu. Je weiter ich mich abzugrenzen versuchte, desto intensiver wurden ihre Verlustängste und umso verzweifelter ihre Einfangversuche. Jedes Mal wenn ich als Teenie eigene Wege gehen wollte, fing sie an zu weinen und versuchte mich festzuhalten.

Mit diesen emotionalen Ausbrüchen versuchte sie mich – sicher mehr unbewusst als bewusst – zu manipulieren und mich an meinen Autonomiebestrebungen zu hindern. Sie wollte, dass ich weiterhin für sie greifbar blieb. Daher hatte ich schon sehr jung das Gefühl, etwas Falsches zu tun, wenn ich meine Bedürfnisse über die von anderen Menschen stellte. Neinsagen war nur gegenüber den eigenen inneren Impulsen erlaubt. Kein Wunder, dass es mir lange so schwerfiel, meine eigenen Grenzen gegenüber Männern zu verteidigen.

Insbesondere für Kinder ist der Friede mit den Eltern essenziell fürs Überleben. Ein Verlust dieser Geborgenheit wäre für ein Kind in der Steinzeit einem Todesurteil gleichgekommen. Und noch heute wirkt diese Prägung nach. Aus diesem Grund tun Kinder auch heute in der Regel noch das, was von der Familie erwartet wird. Meist bleiben diese Muster allerdings nicht nur während der Kindheit aktiv, sondern wirken – weil wir es von klein auf gewohnt sind – bis ins Erwachsenenalter hinein.

Erst durch das Aufdecken dieser Glaubenssätze während meines Dating Sabbatical und der damit einhergehenden Selbstreflexion verstand ich, dass mein Unvermögen, mich adäquat abzugrenzen, ein altes Verhaltensprogramm war, das ich mir aneignete, um mein Überleben innerhalb meiner Familie zu sichern. Als ich das begriffen hatte, konnte ich das alte Programm umschreiben, die dazu gehörenden Glaubenssätze ablegen und neue kreieren, die besser zu dem Leben passen, das ich heute führen möchte. Für mich gilt deshalb im Zusammenhang mit Bedürfnissen in zwischenmenschlichen Beziehungen nun Folgendes:

»Ich darf mich abgrenzen und meine Bedürfnisse äußern. Auch wenn ich Grenzen setze und zu meinen Bedürfnissen stehe, werde ich geliebt.«

Wenn du dein Liebesleben reflektierst und erkennst, dass auch bei dir alte Glaubenssätze vorhanden sind, die dich immer wieder in ähnliche Einbahnstraßen führen und die dir nicht guttun, empfehle ich dir, diese kritisch zu betrachten und neue Überzeugungen aufzustellen, nach denen du fortan leben willst. Ich schreibe mir diese neuen Leitgedanken auf kleine Karteikarten und lege sie auf meinen Nachttisch. Die Karten lese ich mir dann jeden Morgen nach dem Aufwachen und jeden Abend vor dem Schlafengehen durch – so lange, bis die neuen Überzeugungen die alten überschrieben haben und ich es schaffe, anders zu handeln. Schließlich bist du, was du glaubst, und was du glaubst, kannst du verändern.

Ein bisschen Sex funktioniert nicht

Bei konträren Erwartungen sind in Beziehungen Reibungspunkte vorprogrammiert, insbesondere wenn diese eng und intensiv sind. Verbringt man viel Zeit miteinander, muss man auch mehr Bedürfnisse miteinander abgleichen. In Partnerschaften sind Sex sowie emotionale Nähe oft Ausgangspunkte für Konflikte. Denn wenn man sich nicht auf offene Beziehungen verständigt, in denen Sex auch mit anderen Menschen als dem eigenen Partner erlaubt ist, kann nur dieser eine Mensch zur eigenen Bedürfnisbefriedigung (abseits von Selbstbefriedigung) beitragen. Dass es hier Momente gibt, in denen der eine will, der andere jedoch nicht, und dass man dabei Kompromisse finden muss, ist so sicher wie das Amen in der Kirche. Denn selbst wenn sich die Partner darüber einig sind, wie oft und auf welche Weise sie gern miteinander intim wären, kann es dennoch passieren, dass der eine sich nach einem anstrengenden Arbeitstag beim Sex entspannen will, während der andere nach vielen Meetings mit Kopfschmerzen nach Hause kommt und erst einmal nur Zeit für sich braucht.

Doch was ist der Kompromiss, wenn einer der Partner gerade Sex will und der andere eben nicht? Ein bisschen? Ein bisschen Sex funktioniert allerdings nicht – entweder man hat ihn, oder man lässt es. Sonst macht es weder den glücklich, der Sex will, weil es ihm nicht das gibt, wonach er sich sehnt, noch den anderen, der keinen Sex will, weil er sich dazu genötigt fühlt. Die Quintessenz ist daher: Beim Sex sind Kompromisse oft schwer.

Die Qualität einer Beziehung zeigt sich aber darin, ob beide bereit sind, diese schwierigen Kompromisse einzugehen – nicht trotz, sondern für den anderen. Bin ich bereit, für den anderen auf meine Bedürfnisse kurzfristig zu verzichten, um ihn nicht zu etwas zu drängen, was ich selbst gerade will? Bin ich bereit, von meiner Vorstellung abzuweichen und ein paar Schritte in Richtung des anderen zu machen? Ist der andere mir mehr wert als meine Bedürfnisbefriedigung? Oder will ich den anderen nur dann, wenn er auf die Erfüllung meiner Wünsche eingeht?

Dinge um ihrer selbst willen tun

Nach und nach habe ich mir angeeignet, Meinungsverschiedenheiten zum Thema Sex sowie Nähe anders zu bewerten. Verbindungen, die nur funktionieren, wenn einer über seine gesunden Grenzen hinausgeht, Dinge tut, die er nur für den anderen macht und selbst eigentlich gar nicht will, funktionieren langfristig nicht. Das Frustrationspotenzial ist dabei in der Regel einfach zu groß, denn wenn ich so agiere, um etwas zu erreichen, erwarte ich im Gegenzug auch etwas dafür.

Ein Beispiel: Habe ich Sex mit einer Person, damit diese mir im Gegenzug Nähe, Geborgenheit und Liebe schenkt, binde ich an mein Verhalten bestimmte Erwartungen. Ich schlafe mit ihm, um etwas zu erreichen, und nicht, weil ich tatsächlich mit ihm schlafen will. Während diese Person womöglich den Sex genießt, auf den sie aus war, ist der Deal aus meiner Sicht erst erfüllt, wenn sie sich danach an mich kuschelt, mich küsst und mir am nächsten Morgen womöglich sogar das Frühstück ans Bett bringt. Dreht sich dieser Mensch hingegen nach dem Sex um oder steht auf, zieht sich seine Sachen an und will die Nacht lieber allein im eigenen Bett schlafen, bin ich enttäuscht, weil ich eine andere Vorstellung von der gemeinsamen Zeit hatte.

Ich habe durch mein »Um zu«-Verhalten eine Erwartungshaltung erzeugt. Insbesondere dann, wenn der andere von diesem Deal und meiner dahinterstehenden Intention nichts weiß, ist das Problem vorprogrammiert – denn wie soll er eine Abmachung erfüllen, von der er nie in Kenntnis gesetzt wurde? Und warum sollte er diese erfüllen, wenn er darin nie eingewilligt hat?

Die eigenen Bedürfnisse kommunizieren

Im Verlauf meiner Männerauszeit sowie in der Zeit danach habe ich die Erfahrung gemacht, dass Authentizität das größte Geschenk für zwei Menschen ist. Wenn man sich in die Augen schaut und ehrlich sagt, was man will beziehungsweise nicht will, wächst man zusammen und kann sich auch weiterhin wertschätzend begegnen. Beginne also, mit offenen Karten zu spielen: Wenn du sagst, was du möchtest und brauchst, und der andere bereit ist, genau das zu geben, könnt ihr euch entspannt darauf einlassen und es beide genießen. Hat der eine allerdings das Gefühl, Bedingungen erfüllen zu müssen, in die er niemals eingewilligt hätte, wird er womöglich das Gefühl entwickeln, nicht auf seine Kosten zu kommen oder ausgenutzt zu werden. Haben die gegenseitigen Erwartungen jedoch ausreichend Schnittmenge, anstatt sich konträr gegenüberzustehen, spricht auch nichts gegen erwartungslose und rein sexuelle Begegnungen. Gibt der eine allerdings vor, nach der großen Liebe zu suchen, nur um das Gegenüber ins Bett zu kriegen und danach ganz schnell wieder zu verschwinden, ist auch hier der Kommunikationsfluss unfair verteilt.

Vorzüge auf Augenhöhe

Tatsächlich gab es einen Mann, mit dem es mir recht gut gelang, die jeweiligen Bedürfnisse transparent zu machen. Wir lernten uns kurz nach meinem Umzug von Berlin nach Hamburg über eine Dating-App kennen, merkten allerdings schnell, dass wir kein Beziehungspotenzial hatten. Trotzdem mochten wir uns, fanden es schön, miteinander Zeit zu verbringen, und spürten eine gewisse körperliche Anziehungskraft. Doch solange wir nicht offen darüber sprachen, war es ein ewiges Hin und Her. Wir trafen uns einige Male, sahen uns dann Monate nicht und nahmen den Kontakt dann doch wieder auf. Irgendetwas zog uns an, aber sobald es vertrauter wurde, stießen wir uns ganz schnell wieder ab. Wir beide waren damals Bindungsphobiker: Wir genossen unsere Treffen, flüchteten jedoch, sobald es zwischen uns enger wurde.

Irgendwann gelang es uns, ehrlich über das zu sprechen, was wir miteinander erlebten. Dabei erkannten wir, dass aus uns niemals ein Paar werden würde, wir es aber dennoch mochten, erwartungsbefreit Zeit miteinander zu verbringen. Da wir dies klar besprochen und beide in diesen Deal eingewilligt hatten, konnte wir uns in dieser freundschaftlichen Verbindung mit sexueller Komponente endlich wirklich entspannt treffen. Denn auch erwartungsbefreiter Sex ohne Bindungskomponente kann auf Augenhöhe stattfinden. Je ehrlicher ich dabei zu mir sein kann und je besser ich das kommuniziere, was ich möchte und wo meine Grenzen sind, desto klarer kann man solch einen Deal aushandeln, mit dem beide gut leben und fair miteinander umgehen können.

Viele leidvolle Situationen mit Männern hätte ich umgehen können, wenn ich in der Lage gewesen wäre, meine Bedürfnisse und Wünsche besser zu kommunizieren und Nein zu sagen, wenn konträre Erwartungen nicht zusammenpassten. Das ist dann der Fall, wenn der eine Sex ohne Bindung will und der andere nach dem Partner fürs Leben sucht.

Entweder man spricht darüber und findet einen Kompromiss, oder man wird nur zu oft enttäuschende, frustrierende und nervige Situationen miteinander erleben. Gelingt dieser Kompromiss nicht, ist es viel sinnvoller, das Ganze zu beenden und weiterzuziehen, um den Platz für jemanden frei zu machen, der die gleichen Vorstellungen wie man selbst hat. Meistens führt es nämlich nicht zum Erfolg, den anderen krampfhaft von der eigenen Sichtweise überzeugen zu wollen.

Die Spreu vom Weizen trennen

Sobald ich klar sagen konnte, was ich von einem Mann will und was nicht, war das Thema Dating für mich um ein Vielfaches einfacher. Ich hatte keine Angst mehr davor, meine Bedürfnisse zu kommunizieren, da ich verstanden hatte, dass es genau dies braucht, um zwischen vielen möglichen Bindungskandidaten denjenigen zu finden, mit dem ich langfristig eine gute Zeit haben kann. Ich kann seitdem den Männern, die rein sexuelle Zeichen senden, eine Absage erteilen, anstatt zu versuchen, sie doch noch irgendwie in mich verliebt zu machen und von einer Beziehung mit mir zu überzeugen. Dadurch kann ich mich darauf konzentrieren, die Menschen genauer kennenzulernen, deren Vorstellungen mit meinen eine genügende Schnittmenge haben.

Die Erfahrungen des Neinsagens aus meinem Dating Sabbatical halfen mir auch später dabei, klarer zu vermitteln, was ich will beziehungsweise nicht will. Ich konnte in der Folge authentisch sein, und wenn es genau das war, wonach sich der andere sehnte, erlebten wir ein vollkommen entspanntes Glück. In dem Moment, in dem ich mich mit meinen eigenen Bedürfnissen transparent zeigte und in die offene Kommunikation überging, war kein Versteckspiel, kein Taktieren und kein vorsichtiges Heranschleichen und Manipulieren mehr nötig. Ich war ich und vertraute darauf, dass das ausreichte. Und plötzlich war mein Liebesleben um ein Vielfaches einfacher.

Es braucht ein Ja und ein Nein

Ein Ja für etwas, das ich möchte, bedeutet immer auch ein Nein zu etwas anderem. Dies war mir lange Zeit nicht klar. Mir war nicht klar, dass es mein fehlender Fokus war, der mich und viele andere Liebessuchende permanent ins Liebesleid führte. Denn erst seitdem ich weiß, wozu ich Ja sagen will, kann ich zu allem anderen Nein sagen. Deshalb besteht der erste Schritt auf dem Weg in eine glückliche Beziehung darin, herauszufinden, was du selbst für dich möchtest, was dir im Miteinander guttut – und dieses dann auch selbstbewusst zu kommunizieren und zu verteidigen. Die Basis dafür ist, dich und deine Bedürfnisse so zu lieben, wie sie eben sind, und dazu zu stehen, auch wenn andere Menschen anders ticken. Du bist schließlich kein Gemischtwarenladen, der alle glücklich machen soll, sondern ein wunderbar liebenswertes Individuum, das ein Recht darauf hat, für dein Sosein geliebt zu werden.

Vielleicht stößt du damit einigen potenziellen Partnern vor den Kopf und schlägst sie in die Flucht. Gleichzeitig ersparst du dir dadurch aber auch enorm viel Zeit, die du mit Menschen verbringst, die eine völlig andere Erwartungshaltung an ein Zusammensein mit dir haben als du selbst. Ich nenne dies heute gesundes Erwartungsmanagement. Insbesondere deshalb, weil wir über diverse Dating-Apps und -Plattformen so viele Optionen haben, jemanden kennenzulernen, ist ein solches Vorgehen notwendig, damit du deine Dating-Zeit sinnvoll einsetzt und nicht ständig das Gefühl hast, nicht zu finden, was du suchst. Du musst nicht jedem gefallen, sondern nur einem, der auch umgekehrt zu dir passt. Und wenn du nicht deutlich sagst, was du willst und bietest, machst du es dem, der genau das Gleiche sucht, unendlich schwer, dich zu finden.

Die eigenen Ehrlichkeitsmuskeln trainieren

Sich diese Ehrlichkeit anzueignen, ist für viele ein Prozess. Schließlich haben wir unser ganzes Leben lang gelernt, das zu sagen, was andere hören wollen. In unserer Gesellschaft wird man mit dem Aussprechen dessen, was man denkt und fühlt, nicht unbedingt erfolgreicher, und auch in vielen Familien hatte diese Art von Offenheit keinen Platz. Daher sind unsere »Ehrlichkeitsmuskeln« oft verkümmert und unterentwickelt. Doch mit jedem Mal, bei dem du offene Worte sprichst, wird es leichter. Der Trick, diese offene Kommunikation zu lernen, ist daher: einfach damit anzufangen und diese in zwischenmenschlichen Herausforderungen stetig weiter zu üben. Am Anfang braucht es oft Mut, um sich zu trauen, doch nach und nach wird dies einfacher.

Für mich war die Ehrlichkeit, mit der ich während meines Dating Sabbatical die Beiträge für meinen Blog schrieb, das beste Training, mich auch meinem Umfeld in der analogen Welt authentisch und offen zeigen zu können. Ich erfuhr, dass es mich nicht umbringt, mich mit all meinen Gedanken, Gefühlen und Wünschen zu zeigen. Im Gegenteil, es machte mich innerlich stark. Je mehr ich meine Eigenheiten annehmen konnte und begann, zu ihnen zu stehen, desto eher hörte ich auf zu glauben, dass ich mich verstellen muss, um geliebt zu werden. Weil ich einen Zugang zu meinen Bedürfnissen und Wünschen entwickelte, mich dafür nicht mehr schämte und durch den Zuspruch meiner

Blog-LeserInnen merkte, dass diese absolut legitim sind, konnte ich sie später beim Dating offen ansprechen.

Um meine Authentizität und emotionale Offenheit weiter zu üben, suche ich mir heute bewusst herausfordernde Situationen, denen ich früher aus dem Weg gegangen wäre. So spreche ich etwa atmosphärische Störungen in meiner jetzigen Beziehung, unter Freunden oder Kollegen direkt an und sage, was ich wahrnehme. Auf diese Weise können wir ein besseres Verständnis füreinander entwickeln und Schwierigkeiten unmittelbar lösen.

Vielleicht kannst du das, was du einer bestimmten Person sagen willst, zuerst aufschreiben oder in einer Art Rollenspiel mit einem engen Vertrauten trainieren. Womöglich findest du auch direkt den Mut, dich der anderen Person zu öffnen und das persönliche Gespräch zu suchen. Je öfter du dich mitteilst – dir selbst und anderen gegenüber –, desto einfacher wird das für dich. Und irgendwann fragst du dich – so wie ich mich heute –, was damals eigentlich so schwierig daran war, die eigenen Gedanken, Gefühle und Bedürfnisse auszusprechen und die Transparenz zu leben, die du dir auch von anderen wünschst.

Umwege erweitern die Ortskenntnis

Um herauszufinden, was du willst und was dir guttut, solltest du verschiedene Dinge ausprobieren, um so die Spreu vom Weizen zu trennen. Auch ich gehöre zu den Menschen, die nur durch Selbsterfahrung lernen. Deshalb habe ich bis zu meinem Dating Sabbatical eine Vielzahl von Erfahrungen gesammelt – angenehme sowie weniger angenehme. Auf Basis derer konnte ich mir darüber bewusst werden, was für mich funktioniert und was nicht. Im Endeffekt ist das Leben nämlich nichts anderes als eine Kette von Erfahrungen, mit denen wir unser Verhalten und Erleben nachjustieren und uns weiterentwickeln können.

Heute komme ich mit den verschiedensten Menschen zurecht,

weiß, welche Werte und Bedingungen mir im Miteinander wichtig sind und wo ich meine Grenzen zu setzen habe. Erst dadurch konnte ich herausfinden, wer ich bin und was ich will. Nur wenige Erfahrungen, die ich auf meinem Weg zu mir gesammelt habe, würde ich im Rückblick als Fehler bezeichnen. Es waren Umwege, die meine Ortskenntnis erweitert haben. Es waren Einbahnstraßen, Sackgassen und auch ein paar Kreisverkehre, in denen ich meine Runden gedreht habe, aber es war in Ordnung. Erfahrungen machen das Leben bunter.

Nichts ist attraktiver, als zu wissen, was du willst

Meine Männerabstinenz tat mir auch deshalb so gut, weil ich endlich keinen Erwartungsdruck mehr verspürte. Ich konnte mich vielleicht zum ersten Mal in meinem Leben frei entfalten, mich ausprobieren, ganz ich selbst sein und dieses Verhalten stabilisieren. Danach fiel es mir viel leichter, dies auch im Zusammensein mit anderen Menschen beizubehalten.

Tatsächlich habe ich im Nachhinein die Erfahrung gemacht, dass es nicht nur akzeptiert wird, wenn ich sage, was ich will, sondern dass es von den richtigen Menschen sogar gefeiert wird. Dies bestätigte meine Hypothese, dass meine Angst davor, Grenzen zu setzen, einzig in meinem Kopf existierte. Noch nie habe ich seitdem erlebt, dass mich jemand abwertet oder ausgrenzt, wenn ich sage, was ich will und brauche. In der Regel ist es genau umgekehrt, und ich bekomme viel Verständnis für das Ausleben meiner Bedürfnisse, wenn ich meine zugrunde liegende Situation transparent kommuniziere.

So ziehe ich mich etwa ganz bewusst immer mal wieder für einige Tage von der Hektik des Alltags zurück, schalte mein Handy aus und verbringe Exklusivzeit mit mir. Insbesondere über Silvester, wenn alle feiern, konzentriere ich mich auf mich selbst und halte innere Einkehr. Früher hätte ich ein schlechtes Gewissen gehabt, mich für mehrere Tage nicht bei meinem Partner zu melden. Während meiner Männerauszeit habe ich allerdings gemerkt, wie gut mir diese kleinen Auszeiten tun, in denen ich mich ganz auf mich besinne. Gegenüber meinem jetzigen Freund habe ich daher kommuniziert, dass ich in unregelmäßigen Abständen solche kleinen Freizeitinseln jenseits unserer Beziehung benötige, um mich unabhängig von dieser erleben zu können. Danach kann ich unsere Beziehung wieder mit viel mehr Wertschätzung erleben. Jedes Mal hat er bislang mit dem größten Verständnis reagiert, und ich konnte erleben, dass mein Bedürfnis nach Abgrenzung keine negativen Konsequenzen haben muss. Dadurch konnte ich mich noch weiter von meinen alten Glaubenssätzen befreien.

Wenn ich eine Auszeit für mich brauche, und sei sie noch so klein, sage ich ehrlich, dass ich gerade im »Autonomiemodus« bin. Dies ist zum Beispiel meist morgens der Fall, wenn ich erst einmal meine Routinen inklusive Meditation absolvieren möchte. Oder nachdem wir mehrere Tage in unserem T4 Bulli Camperbus verbracht haben. Bei dem Wort »Autonomie« weiß er genau, was ich meine, und kann mich ziehen lassen. Je bereitwilliger er mich gehen lässt, desto schneller kehre ich in der Regel zurück. Es ist wie ein unsichtbares Gummiband: Wenn er mir den Raum gibt, den ich brauche, spannt es sich und bringt mich von selbst wieder zu ihm.

Am Anfang fiel es ihm schwer, meine Autonomiewünsche einzuschätzen. Bisweilen hatte er Sorge, dass ich die Beziehung mit ihm vielleicht nicht mehr wollte und genug von ihm hätte. Jedoch erklärte ich ihm, was in mir vorging, welche Bedürfnisse gerade in mir präsent waren und warum ich so oder so handelte. Außerdem erzählte ich, dass der Wunsch nach Autonomie nicht bedeutet, dass er etwas falsch gemacht habe oder ich an unserer Beziehung zweifele, sondern dass ich meine Beziehung zu mir selbst pflegen müsse. Denn nur wenn ich eine gute Beziehung mit mir selbst lebe, kann ich auch meine anderen zwischenmenschlichen Beziehungen als bereichernd empfinden. Das gab ihm Sicherheit, und je öfter er erlebte, dass Nähe und Distanz wie die Schwingungen der Sinuskurve sind, bekam er Vertrauen darin, dass ich wieder zu ihm zurückkomme, wenn ich genug Autonomie genossen habe. Das Vertrauen in den Wechsel des Aufeinander-zu- und Voneinander-weg-Bewegens wurde daher für uns zu einer wichtigen Beziehungssäule.

Sorge dich nicht. Lebe!

Meine befürchteten negativen Auswirkungen bei einem gesunden Abgrenzungsverhalten blieben auch in anderen Lebensbereichen aus. Stück für Stück lernte ich, auch in meinem Beruf sowie gegenüber Freunden Grenzen zu setzen, ohne mich dabei schuldig zu fühlen. Ich erlebe seither sogar, dass sich andere Menschen wie selbstverständlich auf mich ausrichten und ich mich nicht mehr ständig für andere verbiegen muss. Denn seitdem ich überzeugt sagen kann, was ich möchte und was für mich nicht geht, fällt es anderen Menschen leichter, meine Grenzen zu respektieren. Ein Mensch, der dich liebt, will dich glücklich sehen. Er kann auch mal zurückstecken, wenn deine und seine Vorstellungen in einem bestimmten Moment nicht zusammenpassen – ihm liegt dein Wohlergehen genauso am Herzen wie sein eigenes. Mit Menschen, die dich in deinen Bedürfnissen und Grenzen nicht akzeptieren und von dir nur erwarten, ihre Erwartungen zu erfüllen, willst du im Übrigen eh nicht langfristig zusammen sein. Du kannst sie getrost schmollen lassen. Denn solch ein Verhalten ist unreif und egozentrisch und hat nichts mit einer gesunden Balance aus Geben und Nehmen zu tun.

2

Mir selbst Geborgenheit schenken

Ich tauschte Sex gegen Nähe

Durch meine Männerauszeit hatte ich die Chance, mir selbst die Nähe zu geben, nach der ich mich im Zusammensein mit Männern stets so sehr gesehnt hatte. Ich bin eine Kuschelkatze und liebe jegliche Formen körperlicher Berührung – ob Knutschen, Kuscheln oder was auch immer dieses so angenehme Haut-an-Haut-Gefühl erzeugt. Oft bin ich früher genau aufgrund dieser Sehnsucht nach Nähe und Berührung auf der körperlichen Ebene schwach geworden und habe Dinge zugelassen, die ich so gar nicht wollte. Im Zusammensein mit Christian war es zum Beispiel gar nicht der Sex, den ich genoss. Vielmehr liebte ich es, wenn er mich danach ganz fest an sich zog und mich mit seinen Armen umfasste. Tatsächlich nutzte ich früher Sex oft als Vehikel, um darüber Nähe zu erfahren. Ich war wie eine Prostituierte, die Sex gegen Kuscheleinheiten tauschte, sich aber nicht mit Geld, sondern damit bezahlen ließ, danach in den Arm genommen zu werden.

Da ich damals auf der Kuschelebene nach Jahren eines unerfüllten Beziehungswunsches sehr bedürftig war, stieg ich meist sehr schnell darauf ein, wenn mir ein Mann beim Dating auch nur einen Funken Zuneigung, Halt und Geborgenheit in Aussicht stellte. Alles, was die kleinste Möglichkeit für ein vages Beziehungs-Happy-End bot, ließ mich sämtliche Warnsignale vergessen, und ich ließ mich auf Männer ein, die mir überhaupt nicht guttaten. Sex wurde daher für mich außerhalb ernsthafter Beziehungen immer bedeutungsleerer. Ich hatte zu viel davon, aus den falschen Motiven und mit den falschen Männern. Im

Zuge dessen hatte ich vergessen, dass Sex mehr als Bedürfnisbefriedigung sein kann. Die Erfüllung hatte ich in meinem Liebesleben fast gänzlich verloren. Daher hatte der erste Beitrag in meinem »ONE YEAR NO GUY«-Blog auch den Titel »Ich möchte, dass mir Sex wieder etwas bedeutet«.

Hauptsache, gemütlich!

Es gibt ein spannendes Experiment, das mein damaliges Verhalten eindrucksvoll illustriert. Bei diesem Experiment wurden Babyaffen Mitte des 20. Jahrhunderts von dem US-amerikanischen Psychologen Harry Harlow damit konfrontiert, als Ersatzmutter einen angewärmten und mit Fell ausgekleideten Käfig zu wählen, der ihnen keine Nahrung zur Verfügung stellt, oder einen kalten und nackten Käfig, der aber Milch spenden kann. Die Tierkinder entschieden sich allesamt für den weichen und warmen Käfig und suchten den anderen nur zur Nahrungsaufnahme auf. Dieses Experiment zeigte, wie groß das Anlehnungsbedürfnis von Affen ist.

So erging es auch mir mit unzähligen Männern in meiner Datinghistorie. Denn obwohl ich oft genau wusste, dass es zwischenmenschlich nicht passte, fiel es mir trotzdem extrem schwer, den Menschen und die Hoffnung darauf, dass es mit uns doch etwas werden und ich mein persönliches Liebesglück finden könnte, loszulassen.

Auch wenn wir vielfach sehr schnell die Grenzen unserer gemeinsamen Schnittmenge aufdeckten, wollte ich den Mann vor allem deshalb nicht ziehen lassen, weil ich mich zumindest ein Stück weit emotional sowie körperlich an ihn anlehnen konnte und ein wenig Halt fand. Es scheint manchmal leichter zu sein, eine nicht funktionierende Beziehung zu haben, als gar nichts in den Händen zu halten und wieder ganz allein zu sein.

Geh! Bitte bleib!

Vor, während und nach Trennungssituationen machte es mir oft Angst, gar keinen Mann mehr in meinem Leben zu haben, der mir in grauen Tagen als Hoffnungsanker für gemeinsames Glück dienen und mit dem ich romantische Fantasien spinnen konnte. Es schien mir einfacher, darum zu kämpfen, etwas passend zu machen, das nicht passend war, als die Leinen loszumachen und aufs offene Meer zu segeln – nicht wissend, in welchen Beziehungshafen mich der Wind treiben würde. So richtig allein war ich nämlich sehr lange nicht mehr gewesen. Irgendwo hatte ich immer noch jemanden in der Hinterhand, zu dem ich die Bande noch nicht ganz durchgeschnitten hatte. Diese Trennungen, ohne richtig getrennt zu sein, waren mein Spezialgebiet. Denn jemanden komplett loszulassen, tat mir meist verdammt weh.

Im Verlauf meiner Reise zu mir selbst wurde mir aber auch klar, dass die Nähe, die ich durch sexuelle Begegnungen zu erzeugen und zu kompensieren versuchte, mir niemals die Geborgenheit geben konnte, nach der ich mich so sehr sehnte. Natürlich kann man eine Nacht und auch noch den darauffolgenden Tag miteinander verschmelzen, und das kann eine Zeit lang das Loch füllen, das man in sich spürt. Doch das löst nicht das eigentliche Problem, denn man kann mit einem anderen Menschen nie dauerhaft verschmelzen. Auch wenn man in gewissen Phasen eine intensive Verbundenheit miteinander erfährt, muss es auch genügend Freiheit für jeden innerhalb der Beziehung geben. Und mindestens für diese Phasen muss man sich selbst die Nähe geben können, die einem sonst der Partner zu geben vermag.

Mit mir selbst kuscheln

Während der ersten Wochen meines Dating Sabbatical war ich daher insbesondere mit der Herausforderung konfrontiert, mir meine körperlichen und emotionalen Bedürfnisse selbst zu erfüllen und sie nicht in die Hände eines Mannes zu geben. Dabei merkte ich, dass es gar nicht der Sex war, der mir am meisten fehlte. Selbstbefriedigung hatte ich mir ja glücklicherweise nicht verboten, und ich hätte jederzeit aktiv werden können. Stattdessen war es vielmehr das Gefühl, in den Arm genommen und gehalten zu werden, das ich vermisste. So gern hätte ich während meines Dating Sabbatical die Möglichkeit gehabt, mich mit einem Menschen für einen Kuschelabend zu zweit zu verabreden. Ich überlegte, ob ich nicht platonische Freunde fragen könnte, ob sie mich in den Arm nehmen und mir den Rücken streicheln könnten. Doch letztlich war mir das zu gefährlich. Ich wollte weder falsche Hoffnungen erzeugen noch gesunde Grenzen in mir wichtigen Freundschaften überschreiten. Schließlich wissen wir alle, wie solche Abende ausgehen können, und das wollte ich um jeden Preis vermeiden. Außerdem fühlte es sich sehr komisch an, einen anderen Menschen um solch einen »Gefallen« zu bitten, sodass ich mich nicht traute, dies wirklich zu tun. Sicher hätte ich auch Freundinnen fragen können, doch auch diese Möglichkeit nutzte ich aus ähnlichen Gründen nicht. Darüber hinaus dachte ich manchmal, wie schön es wäre, wenn man sich Kuscheleinheiten wie eine Massage erwerben könnte – als körperliches Wohlfühlprogramm bei gleichzeitig professionellen Grenzen. Erst nach meinem Dating Sabbatical bin ich auf die Idee gekommen, dass ich dafür eine Tantra-Massage hätte ausprobieren können. Doch weil ich während meiner Datingpause niemand anderen dafür einspannen konnte oder wollte, genoss ich einfach jede freundschaftliche Umarmung am Beginn und am Ende von Treffen.

Ein Meilenstein in meiner Fähigkeit, bei mir selbst anzukommen und mein Jahr ohne Männer zu überstehen, war es schließlich, mich selbst in den Arm zu nehmen und mit mir selbst zu kuscheln. Eines Abends legte ich mich einfach in Embryostellung auf meine Couch, schlang meine Arme um mich und genoss es, mir nah zu sein. Dabei lief im Hintergrund meine Lieblingsmusik für Kuschelabende, und zum ersten Mal in meinem Leben hatte ich mich selbst lieb. An diesem und vielen weiteren Abenden ging ich immer stärker in die Verbindung zu mir selbst, ließ alle Gedanken ziehen und kam mehr und mehr im Moment an. Ich streichelte meine Arme, meine Taille, meinen Bauch und meine Beine. Dabei nahm ich die feinsten sensorischen Reize wahr.

Dadurch realisierte ich, dass ich gar keine andere Person brauche, die mich in den Arm nimmt, sondern dass ich solch einer Erfahrung nur den entsprechenden Raum geben muss, damit sie sich manifestieren kann. Anstatt in das Gefühl einzutauchen, nicht zu haben, wonach ich mich sehne, und darauf zu hoffen, bald einen entsprechenden Gegenpol zu finden, der mir meine Bedürfnisse erfüllen möge, ging ich den Weg der Selbstfürsorge, die ich so noch nicht kannte. Ich war gut und liebevoll zu mir selbst und genoss zunehmend diese Kuschelabende, die ich seither regelmäßig zelebriere.

Denn warum ist das Kuscheln mit einer anderen Person so schön? Vor allem deshalb, weil ich mich dabei ganz intensiv spüren kann. Streichelt mich jemand, sind es allein meine Hautrezeptoren, die mich dies spüren lassen. Und wenn ich mit meinen Fingern über die Haut eines anderen Menschen fahre, sind es letztlich nur meine Sinneswahrnehmungen, die mich diese Berührung erleben lassen. Gehe ich also davon aus, dass ich den anderen vor allem dafür brauche, um in das Spüren zu kommen und um etwas zum Spüren zu haben, kann ich mir dies auch selbst geben. Ich kann mich selbst streicheln, mich in den Arm nehmen und meine Empfindungen dabei intensiv wahrnehmen. Das Einzige, was es braucht, sind Zeit und Raum, die ich mir dafür nehmen muss. Die Beziehung, die ich im Außen suche, fängt nämlich zuerst bei mir und mit mir an. Und sie hört nicht auf! Denn auch in einer Partnerschaft muss ich mich in Selbstfürsorge üben und kann nicht von meinem Partner erwarten, dass er stets alle meine Wünsche erfüllt und Bedürfnisse befriedigt. Ich nehme mir daher weiterhin ganz bewusst Zeit, in der ich einfach nur mit mir bin und mich in gesunder Selbstfürsorge übe.

Endlich unabhängig!

Regelmäßige Kuschelabende mit mir selbst als neue Selbstfürsorge zu etablieren, gab mir so viel mehr, als ich jemals zu hoffen gewagt hätte. Vor der Erfahrung, dass ich mir selbst nah sein kann, war ich davon ausgegangen, dass ich dieses Gefühl der Geborgenheit nur im Zusammensein mit einem anderen Menschen erfahren kann. Nie hätte ich gedacht, dass ich mir das alles mindestens genauso gut selbst geben kann. Es brauchte ein bisschen Übung, doch mittlerweile sind meine abendlichen Auszeiten mit mir selbst fast noch wichtiger als die Kuschelmomente mit meinem Partner.

Dadurch bin ich nämlich unabhängiger von seiner aktuellen Kuschelaffinität geworden und stelle weniger Erwartungen an ihn. Wenn er nämlich Zeit für sich braucht oder gerade keine Lust auf körperliche Nähe hat, kann ich heute jederzeit in den Selbstfürsorgemodus umschalten und mir selbst all das geben, wonach ich mich sehne, anstatt enttäuscht zu sein und mich im Defizit zu erleben. Auf diese Weise bin ich deutlich entspannter, und dies wiederum hat positive Auswirkungen auf unsere Beziehung.

Je besser ich während meines Dating Sabbatical lernte, mir selbst Nähe zu geben, desto weniger hatte ich das Gefühl, ohne einen Mann an meiner Seite im Mangel zu leben. Ich konnte die Zweifel über das Festhalten an meinem Gelübde, die im Verlauf des Jahres ein paarmal aufkamen, vor allem dadurch zerstreuen, dass es mir immer besser gelang, in die Verbindung zu mir selbst zu gehen und dort genau dieses Gefühl zu finden, das ich sonst immer im Außen gesucht hatte. Dieses tiefe Gefühl der inneren Verbundenheit – mit mir sowie mit allem um mich herum – ist in der Tat mindestens genauso gut wie Sex. Manchmal sogar noch besser.

Anleitung zum Selberkuscheln

Für alle, die das mit der Selbstfürsorge noch nie ausprobiert haben, klingt es wahrscheinlich absurd. Und doch funktioniert es nach ein wenig Übung! Hier also eine kleine Anleitung:

Fühle ich mich einsam, bin ich gerade kuschelbedürftig oder will einfach mal wieder einen schönen Moment mit mir selbst erleben, lege ich mich auf die Couch oder in mein Bett und widme die Zeit ganz mir. Ich zünde Kerzen an, höre meine Lieblingsmusik und schalte mein Telefon aus. Niemand soll mich stören. In diesen Momenten zähle nur ich. Das ist wichtig, denn in einer Welt, in der wir stets mit anderen digital verbunden sind, kommt die Zeit mit uns selbst oft viel zu kurz.

Danach beginne ich, mich wahrzunehmen, zu fühlen, wie es mir gerade geht und was ich in dem Moment brauche. Genau das gebe ich mir dann auch. Ich betreibe aktiv Selbstfürsorge, anstatt verzweifelt auf Tinder nach jemandem zu suchen, der dies für mich übernehmen könnte. Dabei geht es weniger um sexuelle, sondern vor allem um emotionale Selbstbefriedigung. Und wenn die sexuelle Komponente am Ende dazukommt, ist das in Ordnung.

Schätzen, was da ist

Sobald ich erlebte, dass ich mir die Geborgenheit, die ich sonst immer im Zusammensein mit einer anderen Person gesucht hatte, selbst geben kann, machte sich in mir die Tür zu einem Raum auf, den ich bis dahin noch nie betreten hatte. Plötzlich war ein Abend ohne einen anderen Menschen kein Abend mehr, an dem mir etwas fehlte, sondern erfüllte Zeit mit mir selbst. Diese Erfahrung erlaubte mir, eine andere Perspektive auf mein Singledasein einzunehmen und das ewige Gefühl, dass mein Leben ohne einen Partner an meiner Seite unzureichend wäre, abzustreifen. Stattdessen begann ich, voller Dankbarkeit und Freude all das wertzuschätzen, was in meinem Leben unabhängig von meinem Beziehungsstatus vorhanden war. Abseits der Männersuche blieb mir nun mehr Zeit für meine Freunde, Spaziergänge in der Natur und für Bücher, die ich schon lange lesen wollte. Endlich kreiste mein Kopf nicht immer nur um die Männerfrage, sondern fand Ruhe. Nicht mehr daten zu müssen, kam mir daher wie eine enorme Erleichterung in meiner Lebensführung und viel weniger wie eine Beschränkung vor.

Ich erkannte dadurch, dass es stets die Sichtweise ist, die mein Erleben prägt. Lebe ich in der Überzeugung, dass man nur in einer Partnerschaft glücklich sein kann, werde ich mich außerhalb einer Beziehung nie zufrieden fühlen und stets leiden, wenn ich Single bin. Bin ich stattdessen der Meinung, dass ich mir alles, was ich brauche, selbst geben und auch als Single ein erfülltes Leben führen kann, bin ich nie im Mangel und kann die Zeit ohne Partner in vollen Zügen genießen.

Zurück in die Vergangenheit

Die meisten meiner unreflektierten Einstellungen zum Thema Beziehungen, die ich in meiner Datingpause zurechtrücken konnte, haben mit den Erfahrungen zu tun, die ich diesbezüglich in meiner Kindheit gemacht hatte. Es war nämlich mein inneres Kind, das sich lange Zeit allein und ungeliebt gefühlt hatte und um das ich mich zuallererst kümmern musste. Die Liebe, die mir im Leben fehlte, war die Liebe, die dieses kleine Kind nie bekommen hatte. Den Vater, den ich als Kind so schmerzlich vermisste, vermisste dieses Kind in mir immer noch, und das lenkte meine Wahrnehmung sowie mein Verhalten. Folglich hatte ich immer wieder Männer, die auch mein Vater hätten sein können. Erst als ich lernte, mich meinem inneren Kind zuzuwenden und ihm das zu geben, wonach es sich sehnte, konnte ich die alten Wunden ausheilen lassen und mich in meiner Partnerwahl auf Männer meines Alters ausrichten. Es war wie mit dem Fass ohne Boden – mich um meine kindlichen Wunden zu kümmern, war, wie dem Fass einen neuen Boden zu verpassen. Das war mit ein wenig Aufwand verbunden, aber langfristig bereitete es mir nun weniger Arbeit, das Fass – als Symbol meiner inneren Zufriedenheit – voll zu halten.

Die Psychologin Stefanie Stahl, die Expertin auf dem Gebiet der Arbeit mit dem inneren Kind ist, differenziert ein Sonnen- und ein Schattenkind. Das Sonnenkind ist die Repräsentanz des eigenen kindlichen Glücks und all der Stärken, die man aus der Kindheit mitgenommen hat. Das Schattenkind hingegen ist das Sinnbild für kindliche Defizite und Mangelerlebnisse.

Hier möchte ich nur die Problematik des Schattenkinds herausgreifen. Ihm als Erwachsener das zu geben, was es sich früher gewünscht und gebraucht hätte, ist für viele Menschen ein wichtiger Schritt, innere Konflikte zu befrieden. Und auch während meines Dating Sabbatical war es für mich ein Meilenstein, mich meines Schattenkinds anzunehmen.

Diese Metapher ist natürlich nur ein Versuch, die inneren Vorgänge greifbarer zu machen und das, was in einer Person vor sich geht, von ihrem Jetzt-Ich zu differenzieren. Durch diese Abgrenzung werden die inneren Vorgänge besser fass- und veränderbar. Natürlich lebt dort kein kleines Wesen in einem. Doch es gibt eine Vielzahl kindlicher Gefühls- und Verhaltensmuster, die viele Menschen auch über ihre Kindheit hinaus massiv beeinflussen.

Die Lösung meiner Beziehungsprobleme liegt in mir

Lernte ich früher einen Mann kennen, waren neben dem Glück der ersten Momente oft viele verschiedene Gedanken und Gefühle in mir präsent, die alle etwas anderes zum Ausdruck bringen wollten. Einige davon hatten nicht direkt etwas mit der aktuellen Situation zu tun, sondern mit meiner Vergangenheit, und durch meine Erlebnisse in der Gegenwart wurden sie emporgeschleudert. Es waren Stolperfallen, alte Kisten, die ich nicht aufgeräumt hatte und von denen ich häufig noch nicht einmal etwas wusste. Und doch wirbelten die Emotionen, die aus ihnen aufstiegen, mit aller Intensität mein Leben durcheinander.

So erinnerte ich mich an eine Trennungssituation, weil die Liebe keine Chance auf Überführung in eine glückliche Beziehung haben würde. Der Mann, der mir auf wundersame Weise den Kopf verdreht hatte, war verheiratet, hatte Kinder und wollte an seinem Ehestatus auch nichts ändern. An seiner Seite hätte ich bloß die geheime Freundin sein können, was ich klar ablehnte. Und doch klammerte ich mich fast hysterisch und in Tränen aufgelöst an ihn und bettelte, dass er nicht gehen und mich allein lassen möge. Er war viel älter als ich und hatte eine väterlich-fürsorgliche Art. Heute weiß ich, dass ich meinen Wunsch nach einer Vaterfigur auf ihn übertragen und gehofft hatte, dass er mich aus meinem damals noch unbewussten Vater-Dilemma herausholte. Ich weinte im Augenblick der Trennung nicht ihm hinterher, sondern dem Vater, den ich mein ganzes Leben lang so schmerzlich vermisst hatte. Ich weiß noch, wie irrational ich in der Situation agierte. Ich hatte das Gefühl, wie fremdbestimmt zu sein, und auch wenn ich wusste, wie dumm das alles war, konnte ich nicht anders, als mich so zu verhalten. Ich hatte mich auf eine frühere Entwicklungsebene zurückkatapultiert und konnte nur heulen, schreien, jammern und betteln – so wie es ein kleines Kind tut, das noch kein größeres Repertoire im Umgang mit Emotionen gelernt hat.

Seither weiß ich, dass es sich lohnt, genauer hinzuschauen, wenn ich mich in mir selbst fremd fühle und nicht verstehen kann, warum ich mich gerade so irrational verhalte oder aus gewissen Mustern nicht aussteigen kann. Jedes Mal wenn ich meinen Gefühlen dann Raum gebe, damit sie sich zeigen können, nutze ich dies als Chance, sie kennenzulernen, mit ihnen zu arbeiten und sie auszuheilen.

Indem du dir aber deiner inneren Themen bewusst wirst, beginnst auch du, vorhandene Baustellen in dir zu sehen, und kannst entscheiden, wie du in Zukunft mit ihnen umgehen willst. Du holst das, was dich vorher aus deinem Unbewussten heraus gesteuert hat, an die Oberfläche und kannst dadurch bewusster und reifer damit umgehen.

Ich hätte mir gewünscht, diese Dynamiken bereits früher verstanden zu haben, denn das hätte mir eine Menge Herzschmerz erspart. Doch seitdem ich diese Zusammenhänge aufgedeckt habe, nutze ich derartige Stellvertreterkonflikte, um meine Seele zu heilen und übertragene Spannungen aufzulösen. Meine Nähe-Wünsche Männern gegenüber wurden zum Beispiel schlagartig besser, als ich endlich Kontakt zu meinem Vater aufnahm und ihn etwa zur Halbzeit meiner Männerauszeit traf. Dadurch musste ich meine Konflikte mit ihm nicht mehr unbewusst auf die Männer in meinem Umfeld projizieren, sondern konnte sie direkt mit ihm klären.

Emotionales Nachreifen

Viele Menschen, mit denen ich über ihr Beziehungsverhalten spreche, erleben diese Muster auch im Erwachsenenalter noch als störend und hinderlich. Gerade Frauen – sie sind evolutionsbiologisch stärker bindungsorientiert als Männer – zeigen immer wieder Geborgenheits- und Schutzwünsche, die sie als Kind nicht ausreichend erfüllt bekommen haben. Oft sind es die Powerfrauen, die ihren eigenen »Mann« stehen und um das kämpfen, was sie wollen, die hier innere Baustellen haben. Sie sind nämlich meist deshalb stark, weil sie stark sein mussten; Halt und Sicherheit konnten ihnen ihre Bindungspersonen nicht ausreichend geben. Psychologischen Konzepten zufolge überkompensieren sie dann mit ihren Autonomiebestrebungen einen tieferen Wunsch nach Geborgenheit. Eine Vielzahl meiner Knoten geht ebenfalls auf solche Muster zurück. Denn auch ich war so ein Kind, das früh selbstständig und stark sein musste, um niemandem in meiner Familie zur Last zu fallen. Diese frühen Prägungen beeinflussen uns oft, ohne dass wir es wissen. Erst wenn wir beginnen, diese alten Verhaltensweisen zu hinterfragen, und klären, wo sie herkommen, wird uns allmählich klar, was dahintersteckt.

Bei mir fand das Ent- und Aufdecken meiner zugrunde liegenden Kindheitsmuster allmählich statt. Jedes Mal wenn mein Schattenkind in mir erwachte, hatte ich über die Arbeit mit dem Kind in mir (am Ende dieses Kapitels erläutere ich diese an einem Beispiel) die Chance, nachzureifen und zu heilen. Indem ich mich als Erwachsene meinem inneren Kind liebevoll zuwendete und ihm das gab, was es brauchte beziehungsweise früher gebraucht hätte, konnte es erleben, dass seine Bedürfnisse erfüllt wurden. Es trat so aus dem Defizit heraus, in dem es so lange gefangen war. Endlich konnte es zur Ruhe kommen.

Indem mein inneres Kind heute spürt, dass es mit mir eine Bezugsperson hat, die es umsorgt und behütet, kann es die alten Mangelmuster loslassen und überschreiben. Es muss dann nicht mehr mit emotionalen Ausnahmezuständen um Aufmerksamkeit kämpfen und mein Liebesleben manipulieren. Wenn es merkt, dass es mit seinen Bedürfnissen ernst genommen wird, kann es mit mir in einen gesunden Kontakt treten und mich auf eine andere Weise wissen lassen, dass es gerade ein wenig Zuwendung benötigt. So konnte ich während meiner Männerauszeit mit der kindlichen Repräsentanz von mir eine liebevolle Beziehung aufbauen und verabreden, wie wir miteinander umgehen wollen und welche Zeichen wir dazu nutzen möchten, um miteinander in Verbindung zu bleiben.

Wenn ich heute ein Gefühl der Zurückweisung durch meinen Partner oder eine andere Person wahrnehme und die alten Muster in mir anspringen wollen, weiß ich, wie ich mich verhalten kann, um das Ganze abzufedern und reifer anzugehen. Ich versuche, meine Bedürftigkeit nicht mehr wegzudrücken und nicht wahrhaben zu wollen, sondern wende mich diesem Anteil in mir aktiv zu. Daher empfinde ich mein inneres Kind auch nicht mehr als nervige Instanz, die ich möglichst schnell ruhig bekommen muss, um mich wieder anderen Aufgaben widmen zu können. Stattdessen sehe ich es als wichtigen Teil in mir, der mir aufzeigt, wo meine Grenzen sind und wo ich mir selbst gegenüber noch einfühlsamer sein darf.

Mich selbst an die Hand nehmen

Wenn sich das Schattenkind in mir meldet, kommt ein bestimmtes Gefühl auf, das ich nur schwer beschreiben kann. Es ist eine Art kindliches Quengeln und Bocken, das plötzlich auftritt. Bei jedem Menschen kann sich das anders äußern – so musst du selbst herausfinden, auf welche Weise dein inneres Kind um Aufmerksamkeit bittet. Sobald ich diesen Zustand wahrnehme und erkunde, was gerade in mir los ist, komme ich nicht mehr in die Verlegenheit, unfaire Erwartungen an andere zu stellen, die sie nicht erfüllen können. Wenn ich nicht mehr wie früher versuche, Lösungen im Außen zu finden, brauche ich heute in der Regel auch nicht mehr lange, um wieder zu meiner inneren Ruhe zurückzufinden und Konflikte mit meinen Mitmenschen zu befrieden.

Die Arbeit mit dem inneren Kind ist in der Tat ein sehr wirkungsvolles, aber auch weites Feld. Dennoch möchte ich ein einfaches und hilfreiches Anwendungsbeispiel mit dir teilen, damit du diese Methode ausprobieren kannst:

Übung: In Kontakt mit deinem inneren Kind treten

Wenn du merkst, dass gerade etwas innerlich in dir rebelliert oder du auf Dinge irrational oder übersteigert reagierst, ist es sinnvoll zu schauen, ob es dafür Gründe gibt, die in deiner Vergangenheit liegen. Aktuelle Situationen sind meist nur der Trigger für etwas, das viel tiefere Ursachen hat. Diese Übung kannst du alleine oder als Partnerübung machen. Hast du dich für Letzteres entschieden, bitte dabei einen Freund oder eine Freundin, dich durch die Übung zu führen und dir die verschiedenen Schritte vorzulesen. Vereinbart vorher ein Zeichen (ein Nicken oder Handzeichen), mit dem du anzeigst, dass du bereit für den nächsten Schritt bist.

1. Setze dich bequem auf einen Stuhl und schließe die Augen. Diesen Moment widmest du allein dir. Lass alle anderen Gedanken ziehen und spüre, welche Körperteile in Kontakt mit dem Stuhl sind. Fühle, wie er dich trägt, und gib dein ganzes Gewicht ab.
2. Lenke deine Aufmerksamkeit jetzt in dich hinein und lausche den Stimmen, die gerade in dir präsent sind. Was wollen sie dir sagen? Worauf wollen sie dich hinweisen? Wer spricht dort? Spüre tief in dein Innerstes hinein – dort, wo dein inneres

Kind sein Zuhause hat. Nimm wahr, was es gerade umtreibt. Stelle dir dann nacheinander folgende Fragen:

- In welcher Situation triffst du dein inneres Kind gerade an?
- Was erlebt es?
- Was fühlt dein inneres Kind in dem Moment?
- Wo im Körper kannst du diese Gefühle spüren?
- Was kann dein inneres Kind in dieser Situation sehen, riechen, schmecken und hören? Welche anderen Dinge oder Menschen sind in seiner Nähe?
- Was möchte es dir sagen?
- Was braucht es in dieser Situation?
- Was kann dein Erwachsenen-Ich aus heutiger Perspektive für dieses innere Kind tun? Was möchtest du ihm sagen, zeigen oder geben?
- Wie kannst du mit deinem inneren Kind in Kontakt treten und ihm geben, was es braucht?
- Wie wollt ihr in Zukunft miteinander in Verbindung treten, wenn es erneut deine Unterstützung braucht? Was wünscht sich dein inneres Kind langfristig von dir?
- Was willst du ihm noch sagen?

3. Sobald alles gesagt und getan ist und es deinem inneren Kind besser geht, verabschiede dich von ihm. Vielleicht möchtest du es noch einmal in den Arm nehmen, ihm etwas mitgeben oder ein nächstes Treffen vereinbaren? Was auch immer es braucht, damit ihr eine gute Beziehung leben könnt – jetzt ist der richtige Zeitpunkt dafür. Komme dann zurück in den gegenwärtigen Moment. Bewege deine Arme und Beine, öffne die Augen und nimm den Raum um dich herum wahr.

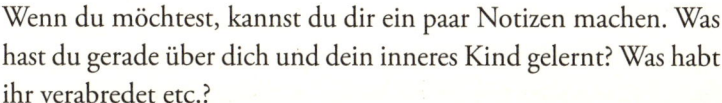

Wenn du möchtest, kannst du dir ein paar Notizen machen. Was hast du gerade über dich und dein inneres Kind gelernt? Was habt ihr verabredet etc.?

Die Arbeit mit deinem inneren Kind ist meist keine einmalige Übung. Schließlich haben wir nicht nur eine leidvolle und problematische Situation in unserer Kindheit erlebt, die ihre Narben hinterlassen hat. Deshalb ist es in der Regel nicht nur ein einziges inneres Kind, mit dem du in Kontakt treten kannst. Oft sind es verschiedene Entwicklungsstufen deines Selbst, die sich dir von Mal zu Mal zeigen. Doch seitdem ich einen besseren Umgang mit meinen inneren Kindern etabliert habe, konnte ich feststellen, dass viele Konflikte meiner Vergangenheit kein Thema mehr sind – sie wurden dort geheilt, wo sie ihre Ursachen hatten, und bereiten mir in meinen heutigen zwischenmenschlichen Beziehungen daher keine Schwierigkeiten mehr.

Sobald du mit deinem Inneren in Kontakt trittst und einen Zugang zu den Bedürfnissen in dir erlangst, wird es für dich immer einfacher werden, die zugrunde liegenden Konflikte in einer Streitsituation aufzudecken und diese zu befrieden. Oft streiten sich in einer Partnerschaft nämlich nicht die beiden Erwachsenen, die sich im Moment gegenüberstehen, sondern ihre inneren Kinder, die Aufmerksamkeit bekommen wollen.

Teil II

Liebe ist alles

3
Bye-bye, Bindungsangst

Ich hatte Bindungsangst!

Nachdem ich gelernt hatte, mich allein weniger einsam zu fühlen und mich in Selbstfürsorge zu üben, war das zweite große Thema, mit dem ich mich während meines Dating Sabbatical auseinandersetzte, meine Bindungsangst. Sie war ein weiterer Grund dafür, dass es mir so viele Jahre lang ziemlich schwerfiel, mich in eine glückliche Beziehung zu finden. Doch dass ich ein Problem mit Bindung hatte, war mir bis dahin nicht bewusst gewesen. Schließlich waren es vor meiner Männerauszeit immer die anderen, die mir unnahbar und bindungsscheu vorkamen. Im Gegensatz dazu war mein Wunsch nach Nähe immer enorm groß, und so konnte ich mir anfangs nicht vorstellen, dass Bindungsangst eines meiner grundlegenden Probleme sein könnte.

Erst durch Rückmeldungen meiner Blog-LeserInnen begann ich mich damit auseinanderzusetzen, und bald entdeckte ich, wie die Sache mit der Bindungsangst tatsächlich auf mich zutraf und auf meine Schwierigkeiten mit dem männlichen Geschlecht. Ich verstand, dass meine ständige Ambivalenz zwischen dem Wunsch nach Liebe sowie der Angst, davon überrollt zu werden, ein Kernaspekt von Bindungsangst ist. Ich hatte mir deshalb meist unnahbare Männer ausgesucht, um mich auf diese Weise vor einer befürchteten Vereinnahmung zu schützen. Viele haben dieses Muster in sich und wissen nichts davon. Stattdessen beschweren sie sich, dass sie den »richtigen« Partner nicht finden würden – und verpassen es, die Baustellen in sich selbst aufzuräumen.

Heute ist mir bewusst, woher meine Bindungsprobleme rühren: Mein Vater war die längste Zeit meines Lebens abwesend, und meine Mutter hat mich im wahrsten Sinne des Wortes übermuttert und mir keinen Raum zum Atmen gegeben. Die Ambivalenz von zu viel und zu wenig spiegelte sich später auch in meinen Beziehungen zu Männern wider. Wie wir mit Liebe und Bindung umgehen, wird nämlich schon in den ersten Lebensjahren bestimmt, in denen unsere Nervenverbindungen und Wahrnehmungsmuster initial angelegt und geformt werden. Alles, was wir in dieser Zeit lernen, wird zu Grundmustern, was unsere Gefühle und unser Verhalten betrifft. Wir erfahren auch, ob uns Liebe bedingungslos geschenkt wird oder ob wir sie uns hart erarbeiten müssen und Zuneigung eher eine Währung für gutes Benehmen und erwünschtes Verhalten darstellt. Im letzteren Fall wäre Liebe eine missverstandene Dienstleistungsbeziehung, die dazu führt, dass wir unter Umständen zu einem überangepassten, superbraven Kind werden. Oder wir drehen das Ganze um und nehmen die Rolle des Rebellen an.

Meine Angst vor Bindung lag, wie bereits beschrieben, in einer sehr einengenden Beziehung zu meiner Mutter begründet. Die Nähe, die sie mir gab, fühlte sich oft wie Ketten an, die ich angelegt bekommen hatte. Ich hatte daher nie die Erfahrung gemacht, dass Bindung und Freiraum gemeinsam funktionieren können.

Ich doch nicht! Oder doch?

Bei Bindungsängstlichen folgt auf den perfekten Schein, den Überschwang, die großen Zukunftsfantasien und gemeinsamen Pläne oft schneller als gedacht der plötzliche Rückzug ohne Vorankündigung. Die bindungsgestörte Person weiß meist gar nicht genau, warum ihr von jetzt auf gleich alles zu viel wird und sie die Rettung in der Flucht sucht.

Bindungsphobiker haben in der Tat ein Problem damit, die intensive Nähe in Beziehungen auszuhalten, ihr Wunsch danach ist dennoch häufig enorm groß. Ihre Sehnsucht nach Verbindung und Freiraum springt deshalb schnell hin und her. In der Tiefenpsychologie nennt man das »Autonomie-Abhängigkeits-Konflikt«. So sehr, wie sie Angst davor haben, sich durch die Beziehung zu verlieren, so sehr begehren sie Nähe. Sie wissen vielfach selbst nicht, was sie heute und was sie morgen wollen.

Mir eine Beziehung zu wünschen und dann, sobald ein geeigneter Bindungskandidat in mein Leben trat, doch schnell wieder die Beine in die Hand zu nehmen und wegzulaufen, war vor meiner Männerauszeit eines meiner typischen Verhaltensmuster. Das Dumme dabei war nur, dass ich absolut keine Ahnung hatte, warum ich mich so verhielt. Irgendetwas steuerte mich fremd und hielt mich in einer gewissen Schwebe von zu viel und zu wenig Bindung. Es schien mir leichter, von einer zur nächsten Beziehung zu springen und den anderen für das Scheitern verantwortlich zu machen, als mir selbst die Karten meines dysfunktionalen Verhaltens offen auf den Tisch zu legen.

Das Heil in der Distanz suchen

Als Bindungsängstliche suchte ich mir deshalb gern Fernbeziehungen und Männer, die entweder zu beschäftigt, zu alt oder zu vergeben waren, als dass ich eine alltagstaugliche Beziehung mit ihnen hätte eingehen können. Von ihnen fühlte ich mich nicht eingeengt, auch aktivierten sie nicht meinen Fluchtmodus. Von einem Mann, der gerade erst die Scheidung eingereicht hat, erwartet man nicht, dass er einem sofort den Ring an den Finger steckt. Einem Mann mit kleinen Kindern gibt man Zeit, die Rasselbande erst langsam auf eine neue Frau in seinem Leben vorzubereiten, und ein verheirateter Mann gibt einem – wenn überhaupt – nur Hoffnung auf Bindung in einigen Jahren. In mir gab es tausend Gründe, warum ich genau diese Männer attraktiv fand und alle bindungswilligen Menschen in meinem Alter für mich überhaupt nicht infrage kamen – Bindungsangst war nur nicht darunter.

Solange wie ich mich nach Nähe sehnte, konnte ich mich auf eine Bindung einlassen. Doch sobald dann jemand in meinem Leben war, der mich so richtig nah bei sich haben und eine dauerhafte Beziehung mit mir führen wollte, bekam ich Angst. Plötzlich setzte der Fluchtreflex ein, und ich wollte am liebsten alles sofort wieder beenden. War ein Mann hingegen ausreichend weit weg – durch seine Lebenssituation oder geografisch –, konnte er mir nicht »gefährlich« werden und auch nicht meine Bindungsangst aktivieren. In diesen Fällen konnte ich mich auf den anderen einlassen und immer ein bisschen hoffnungsvoll sein, dass er den nächsten Schritt in Richtung Beziehung machen würde, ohne mich von ihm erdrückt zu fühlen. Oft wünschte ich mir dann, dass wir in die nächste Phase des Zusammenseins einsteigen und mehr gegenseitiges Commitment zulassen würden. Nur wenn wir dies tatsächlich taten, war mir dann plötzlich doch wieder alles viel zu eng. Ich begann zu zweifeln, ob ich mit diesem Menschen wirklich langfristig zusammen sein wollte. Diese Skepsis, die aufkam, sobald ein gewisser Grad an Nähe erreicht war, wurde vehementer und lauter und bewirkte, dass ich mich distanzierte oder mir jemanden suchte, mit dem das Bindungsspiel wieder zaghaft von vorn beginnen konnte. Die anfänglich gemeinsam genossene Nähe fühlte sich für mich nämlich zunehmend an wie die altbekannte Kette, derer ich mich entledigen wollte. Ich wollte Halt und hatte gleichzeitig große Angst, festgehalten und eingesperrt zu werden.

Hilfe, ich ersticke!

So wie die meisten Singles, die ich kenne, hatte auch ich neben den Phasen, in denen ich die Freiräume meines Daseins genoss, immer mal wieder Abschnitte, in denen mich mein eigener beziehungsfreier Status nervte und ich mich nach möglichen Bindungskandidaten umschaute. Meist hatten wir dann ein paar schöne Dates, doch sobald es ernster wurde, überkam mich Panik.

Personen mit Bindungsangst sind oft davon überzeugt, dass sie sich den Bedürfnissen und Erwartungen des anderen anpassen müssen, um zu genügen und geliebt zu werden. Sie kennen es nicht, dass ihre eigenen Bedürfnisse Raum haben und sein dürfen. Dies führt nach einer gewissen Anfangsphase, die sie genießen, rasch zu einem enormen Druck. Da es ihnen schwerfällt, sich abzugrenzen, flüchten sie in Ausreden und ziehen sich zurück. Gegenüber Bevormundung, Vereinnahmung und Abhängigkeit sind sie extrem empfindlich. Paradox dabei ist, dass selbst das, was sie sich vorher von einer Partnerschaft wünschten, in gelebten Bindungssituationen oft wie ein Zwang, wie eine Einschränkung ihrer Freiheit erscheint. Der gemeinsame Kuschelabend auf der Couch wird dann zu viel, und Verabredungen werden lieber nur noch vage vereinbart. Die bindungsängstliche Person versucht dadurch, weiteren Erwartungen und Verpflichtungen aus dem Weg zu gehen.

Die meisten Bindungsphobiker haben große Probleme, ehrlich zu sagen, was sie wollen und brauchen, um sich in einer Beziehung wohlzufühlen. Häufig wissen sie es jedoch selbst nicht genau und spüren nur, dass es ihnen – so wie es ist – gerade zu viel wird und sie Abstand davon gewinnen wollen. Sie haben es selten erlebt, dass ihre Bedürfnisse ernst genommen wurden, und deshalb haben sie auch nicht gelernt, diese zu kommunizieren und zu vertreten. Als Folge all dessen haben sie in Bindungssituationen verstärkt das Gefühl, an den Erwartungen des anderen zu ersticken. Um diesen Konflikt aufzulösen, wählen sie gern den Sprung aus der Verbindung – oder sie sind stets kurz davor. Am Ende finden sie sich in ihrer Single-Komfortzone wieder, in der sie sich erneut frei erleben können. Auch wenn diese Situation dann mit anderen Problemen einhergeht – die Angst vor Vereinnahmung und Verlust der eigenen Freiheit ist erst einmal abgewiesen.

Die Freiheit in mir selbst finden

Während meines Dating Sabbatical erkannte ich, dass die wahre Freiheit jedoch nicht im eigenen Beziehungsstatus liegt – die wahre Freiheit liegt in mir und in der Art und Weise, wie ich zwischenmenschliche Verbindungen angehe. Habe ich das Gefühl, mich in einer Beziehung frei entfalten zu dürfen, werde ich mich darin genauso frei fühlen wie als ungebundener Single. Es galt daher, nicht permanent wegzulaufen und vor einer Bindung zu flüchten, sondern die Freiheit in meinem Kopf und in meinem Verhalten zu finden. Genau diese neue Freiheit entdeckte ich, indem ich endlich nicht mehr auf der Suche nach dem nächsten Mann war und stattdessen viel Zeit hatte, es mir gut gehen zu lassen.

So merkte ich, dass nicht die Männer mein Problem waren, sondern meine inneren Glaubenssätze, wie ich in einer Beziehung zu einem Mann sein müsste. Ich war überzeugt davon, dass ich mich für eine Beziehung verbiegen, mich dem Mann anpassen und es ihm recht machen müsste. Ich ging davon aus, nicht so sein zu dürfen, wie ich bin. Diese Einstellung, die tief in mir verwurzelt war und mein Verhalten in allen Liebesangelegenheiten beeinflusste, war das eigentliche Problem. Und es war immer da – ganz egal, ob ich in einer Beziehung oder Single war. In meiner Männerauszeit lernte ich, diesen Glaubenssatz loszulassen und mich selbst so anzunehmen, wie ich bin. Ich übte mich darin, nur Dinge zu machen, auf die ich wirklich Lust hatte, und ich hörte auf, mich auf Sachen einzulassen, die ich nur tat, um von Männern Aufmerksamkeit und Nähe zu bekommen. Während dieser Zeit entdeckte ich mein Selbstbild ganz neu. Anstatt ständig zu versuchen, die Frau zu sein, die von anderen begehrt wird, begann ich einfach die zu sein, die ich sein will – und entdeckte mich komplett neu. Statt sexy Outfits anzuziehen, wurden meine Yoga-Pants zu meiner Lieblingsbekleidung. Auch schminkte ich mich viel weniger – schließlich wollte ich in der Zeit niemandem außer mir gefallen.

Wasch mich, aber mach mich nicht nass

Bindungsangst hat leider immer zwei Komponenten – eine aktiv flüchtende und eine passiv leidende Rolle –, was die ganze Sache etwas kompliziert macht. Aktiv Bindungsängstliche sind die Personen, die die Beine in die Hand nehmen und aus Beziehungen immer wieder davonlaufen – so wie ich es schon beschrieben habe. Darüber hinaus gibt es aber auch noch eine passiv Bindungsängstliche. Diese Personen suchen sich gern Menschen mit aktiver Bindungsangst, die ihnen zwar ein wenig Nähe geben, ihnen aber aufgrund ihrer ständigen Fluchttendenzen nie zu sehr auf die Pelle rücken. Oft sind passive Bindungsphobiker anklammernd und sehnen sich extrem nach Nähe – das jedoch wieder nur so lange, bis ihnen tatsächlich jemand nahekommt. Sie suchen sich daher mit Vorliebe unnahbare Partner.

Ich kenne beide Seiten dieser Beziehungsdynamiken. Leider ist es nämlich so, dass Bindungsängstliche sich wie Magneten anziehen. Der eine flüchtet, und der andere läuft hinterher, und beide bekommen das, was sie wollen: ein bisschen Nähe, aber auch nicht zu viel. Und wenn sie sich über das Verhalten des jeweils anderen beschweren, dass er etwa zu weit weg sei, passt es ihnen doch ganz gut in den Kram. Deshalb werden diese verzwickten Verbindungen oft über längere Zeiträume beibehalten.

Trau dich!

Lange dachte ich, das Spiel müsse so sein, schließlich kannte ich es nicht anders und hörte von so vielen Menschen, die sich in der modernen Datingwelt tummelten, Ähnliches. Erst als ich begriff, dass das, was ich immer und immer wieder erlebte, in mir und meiner Bindungsangst begründet lag und ich den Kampf nicht mit dem Mann an meiner Seite, sondern mit der Bindungsangst in mir austragen musste, konnte ich diese anstrengenden Dynamiken hinter mir lassen. Während meines Dating Sabbatical habe ich mich daher entschieden, dass ich unnahbaren Menschen keinen Platz mehr in meinem Leben geben will. Und ich entschloss mich, selbst nahbar zu werden. Denn nur wenn ich das gebe, was ich mir von anderen wünsche, ist mein Leben damit erfüllt und zieht mehr davon an. Das beste Mittel gegen Unnahbarkeit ist also die eigene Nahbarkeit.

Bindungsangst ist jedoch nichts, was man einfach mal so entdeckt und dann ablegt wie einen alten Mantel, den man nicht mehr mag. Stattdessen liegen hier verschiedene emotionale Muster zugrunde, die Schritt für Schritt aufgelöst werden müssen. Es war ein Weg für mich, mich nahbarer zu zeigen und vor nahbaren Männern nicht mehr zu flüchten beziehungsweise unnahbaren Männern die rote Karte zu zeigen. Ich ließ Nähe zu und merkte, dass sie gar nicht so schlimm ist, wie ich es von früheren Beziehungen abgespeichert hatte. Dieses Zulassen von emotionaler Nähe lernte ich zuerst nicht in einer Beziehung, sondern während meiner Datingpause in Freundschaften, die sich während meiner Männerauszeit intensivierten.

Jedes Mal wenn ich das Gefühl hatte, doch lieber weglaufen zu wollen, hielt ich kurz inne, machte mir meine Befürchtungen in diesem Moment bewusst, glich diese mit der Realität ab und zwang mich, nicht fortzugehen. Ich hielt mich dazu an, es einfach mal anders zu machen, als ich es bisher gemacht hatte – und wie es nie funktioniert hatte. Ich traute mich, zu bleiben und meine Angst vor Vereinnahmung auszuhalten. Mehr noch: Ich machte mich mit ihr vertraut und gab ihr Raum. Allein dieser Schritt von unbewusster Flucht zu bewusstem Innehalten, Reflektieren und Bleiben nahm mir meine Bindungsangst und half mir, mich später endlich auf eine nahbare Beziehung einlassen zu können.

Ehrlicherweise würde ich nicht sagen, dass meine Bindungsangst inzwischen komplett weg ist – allerdings weiß ich besser, mit ihr umzugehen. Ich lasse nicht mehr zu, dass sie mich und mein Liebesleben bestimmt. Am Anfang habe ich noch versucht, gegen sie anzukämpfen, doch nach und nach habe ich verstanden, dass dieser Kampf nicht gewonnen werden kann. Stattdessen habe ich akzeptiert, dass dies eines meiner Muster darstellt, das mich wohl immer unterschwellig begleiten wird. Der Unterschied zwischen heute und damals ist nur, dass ich nicht mehr darunter leide und mich fremdbestimmt fühle. Heute betrachte ich meine Bindungsangst als Signal dafür, dass ich besser auf mich und meine Bedürfnisse achten und mich an den richtigen Stellen abgrenzen muss. Denn sie tritt in der Regel dann auf, wenn ich mich selbst vernachlässige und mein Fokus zu sehr auf der Beziehung liegt. Ich habe erkannt, dass meine Bindungsangst vor allem eine Angst davor ist, mich selbst zu verlieren. Und seitdem ich mir dessen bewusst bin, kann ich mein Verhalten entsprechend steuern. Ich denke dann darüber nach, bei welchen Aspekten ich mir innerhalb der Beziehung zu wenig Raum gebe, und leite in der Folge notwendige Veränderungen ein.

So spürte ich am Anfang meiner jetzigen Beziehung eine gewisse Angst, mich unbefangen einzulassen. Und auch als wir zusammenzogen, kam immer wieder ein mulmiges Gefühl in mir auf. Doch weil ich die Dynamiken aufgedeckt hatte, wusste ich, dass ich dem Weglaufimpuls nicht nachgeben musste. Ich blieb und akzeptierte die unbehaglichen Gefühle, ohne ihnen Folge zu leisten. Auch sprach ich mit meinem Partner über das, was in mir vorging. Er nahm meine Hand und meinte: »Ich verstehe, was du empfindest. Ich hatte früher ebenfalls mit so etwas zu kämpfen. Lass dich doch einfach mal darauf ein. Weglaufen kannst du immer noch, wenn du dich weiterhin mit mir unwohl fühlen solltest.« Ich fühlte mich verstanden, in meinen Unsicherheiten angenommen, und so führte er mich langsam in eine wunderschöne Beziehung.

Wir nutzten weiterhin die Gelegenheit, um darüber zu reden, was wir verändern könnten, damit ich in der Beziehung ausreichend Raum bekam. So richteten wir danach in der Wohnung ein Arbeits- und Yogazimmer für mich ein, das ich nach meinem

Willen gestalten und in das ich mich zurückziehen konnte, wenn ich es brauchte. Die Tatsache, einen Raum ganz allein für mich zu haben, half mir sehr, meine Bindungsangst zu reduzieren.

Bindungsängstliche sollten sich keinen Partner suchen, den sie »zähmen« können, sie sollten ihre eigene Bindungsangst in den Griff bekommen. Es gilt, nicht am anderen, sondern an sich selbst zu arbeiten. Der nahbare Partner kommt dann nämlich von ganz allein. Das ehrliche Ansprechen der eigenen Sorgen und Zweifel kann helfen, dass der andere einem die Hand reichen und einen auf diesem Weg unterstützen kann.

4

Die eigene Unnahbarkeit ablegen

Eine Welt von Fassaden

Früher dachte ich, in einer fassadenreichen Welt nur dadurch überleben zu können, dass ich ebenfalls eine perfekte Fassade hochzog. So wie andere sich hinter ihren aufgeblasenen Egos versteckten, so tat ich dies lange auch. Es fiel mir schwer, einem Mann gegenüberzustehen und genau dieser einen Person zu sagen, dass ich sie mag. Zumindest dann, wenn ich mehr als ein rein freundschaftliches Interesse an ihm hatte. Wo mir sonst das Herz auf der Zunge lag und ich ohne Probleme offenherzig mein Innenleben präsentieren konnte, spürte ich in solchen Situationen nur einen riesigen Knoten in meiner Zunge und fand trotz sonst vorhandener Eloquenz keine Worte. Meine Angst vor Zurückweisung schnürte mir buchstäblich die Kehle zu. Was wäre denn, wenn ich jemanden mehr als nett finden würde, der andere mich aber nicht?

Wer sich in den letzten Jahren in das bunte Single-Dating-Großstadtleben gemischt hat, kennt mit Sicherheit einige unbequeme Situationen der Unnahbarkeit, die das Dating für viele anstrengend machen. Alle beschweren sich darüber – und spielen das Spiel dennoch viel zu oft selbst. Man trifft sich, ist sich sympathisch, trifft sich noch mal und noch mal, aber irgendwie bleibt das Ganze unverbindlich, gewürzt mit einer Prise Unnahbarkeit. Entweder will man den anderen nicht zu früh mit den eigenen Wünschen nach einer Beziehung überfordern, will keine Signale der Ernsthaftigkeit senden, oder man ist sich nicht sicher, was man will – auch wenn man schon längst miteinander im Bett war. Dabei spiegeln zwei Menschen sich oft gegenseitig die Unnahbarkeit wider, die sie in sich selbst oder beim anderen spüren. Doch wenn beide so handeln, wird das nichts mit Nähe.

Die meisten sind mit schnellen und naiven Gefühlsduseleien mehr als einmal auf die Nase gefallen und wollen es daher lieber langsam angehen lassen. Doch zwischen einem schrittweisen Kennenlernen und zwischenmenschlicher Unnahbarkeit liegen Welten. Diese Balance zu verstehen und entsprechend zu agieren, ist aus meiner Sicht einer der wichtigsten Aspekte erfolgreichen Datens und einer meiner essenziellsten Tipps für alle, die sich endlich in einer glücklichen Beziehung finden wollen.

Früher dachte ich, ich dürfte nicht zu früh sagen, was ich vom Leben und der Liebe will. Zu sagen: »Ich sehne mich nach einer festen Partnerschaft«, kam mir bedürftig und unattraktiv vor. Schließlich will man nicht so wirken, als wenn einen sonst keiner haben will. Ich blieb daher oft lange unnahbar, weil ich den anderen mit meinem Wunsch nach Bindung nicht überfordern und in die Flucht schlagen wollte.

Diese Dynamik zeigte sich auch in der On-Off-Beziehung mit Christian. Obwohl wir beide unsere Treffen genossen, spielten wir stets das Spiel der Unnahbarkeit. Ich hatte Sorge, ihn zu vergraulen, wenn ich offen sagte, dass ich gern eine richtige Beziehung mit ihm haben wollte. Deshalb ließ ich mich auf diese »besondere Freundschaft« – wie er unsere Verbindung nannte – ein. Obwohl ich mehr wollte, schaffte ich es nicht, ihm zu verdeutlichen, was ich für ihn empfand und mir von ihm wünschte. In meiner Naivität hoffte ich, dass er selbst erkennen würde, was er an mir hatte, dass er aus sich selbst heraus den Wunsch nach einer Beziehung mit mir kommunizieren würde. Bis dahin, so dachte ich, müsste ich einfach geduldig warten.

Je länger ich es so unverbindlich laufen ließ, desto mehr gewöhnten wir uns an dieses Beziehungskonstrukt, das zeit seines Bestehens von einer großen Portion Unklarheit beider Seiten geprägt war. Im Nachhinein betrachtet waren dies für mich zweieinhalb qualvolle Jahre, in denen ich immer wieder unter Herzschmerz litt, weil wir nicht das miteinander lebten, was ich mir eigentlich wünschte. Statt bereits zu Beginn zu sagen, was ich wollte, und gegebenenfalls mit den Konsequenzen zu leben, begab ich mich in eine unbequeme Warteposition, aus der ich nie wieder so richtig herauskam. Statt ein Ende mit Schrecken wurde unsere Beziehung daher zu einem Schrecken ohne Ende – on und off, von Herzschmerz zu Herzschmerz.

Heute würde ich so nie wieder handeln, und doch weiß ich aus zahlreichen Gesprächen mit Frauen, wie viele sich genauso verhalten. Sie hoffen – genau wie ich damals –, dass sie doch irgendwann noch die Gunst eines Mannes erhaschen können und er sein Herz öffnet. Frauen beherrschen es oft sehr gut, sich selbst in eine unterwürfige Warteposition zu manövrieren, anstatt zu ihren eigenen Bedürfnissen zu stehen. Sie gehen davon aus, dass sie sich nur lang genug ins rechte Licht rücken und geduldig an seiner Seite warten müssten, bis sich ihr Wunsch nach einer echten Partnerschaft mit dieser Person erfüllt. Männer funktionieren aber nicht so. Ein Mann, der eine Frau will, zeigt das und macht sie zu seiner Frau. Ein Mann, der keine Verbindlichkeiten eingehen möchte, will sie auch nicht wirklich als Partnerin an seiner Seite, sondern nur für ein paar kurzweilige Stunden. Wenn du dann deine eigenen Bedürfnisse nicht ausdrückst, wirst du zu einem Spielball, erlebst vielleicht eine heiße Affäre, aber eine Beziehung kannst du meist vergessen. Natürlich gilt das nicht in jedem Fall, aber die Chance ist einfach zu klein, als dass du dich auf solch eine Hängepartie einlassen solltest, wenn du eigentlich mehr willst.

In meinem Tinder-Profil, mit dem ich nach meinem Dating Sabbatical auf Partnersuche ging, stand unter anderem, dass ich »Lust auf eine echte Partnerschaft« hätte. Und ich habe damit die besten Erfahrungen gemacht. Ich sagte genau, was ich wollte und was nicht, und verhielt mich so, wie es sich für mich richtig anfühlte. Meist zeigte sich dadurch sehr schnell, ob man das Gleiche voneinander wollte oder doch unterschiedliche Wünsche an das

Miteinander hatte. Mit solch einer offenen und nahbaren Art konnte ich so einen Menschen herausfiltern, der das Gleiche will, und ließ die Männer, die lieber das Spiel der Unnahbarkeit spielten, rasch hinter mir. Schließlich gibt es Menschen, die einen ähnlichen Beziehungswunsch wie ich haben, und ich muss nicht immer wieder Kraft in etwas investieren, das nicht passt. Ich habe dabei die Erfahrung gemacht, dass es viel leichter ist, jemanden zu finden, der einem entspricht, wenn man offen kommuniziert, was man will. Es bringt ja nichts, das zu verbergen, was ich mir ganz tief in mir wünsche, und mit einer Mogelpackung meiner selbst auf Männerfang zu gehen. Ganz im Gegenteil. Nur wenn ich sage und zeige, was ich will, kann ich Entsprechendes bekommen. Früher oder später wird die Frage nach der Ernsthaftigkeit der Verbindung eh auf den Tisch kommen, und dann ist es doch unsinnig, wenn man erst nach einiger Zeit feststellt, dass man ganz andere Vorstellungen vom Miteinander hat.

Für mich ist die Kommunikation meiner Grundbedürfnisse in der Liebe und in der Partnerschaft heute der beste Filter beim Dating. Schließlich gibt es so viele Menschen dort draußen, die ich potenziell kennenlernen könnte, dass man zwangsläufig irgendwo zu sortieren anfangen muss. Wenn ich von Anfang an klar sage, wer ich bin und wonach ich mich sehne, und der andere das ansprechend findet, kann man sich ohne Unnahbarkeitsspielchen auf Augenhöhe begegnen und die gemeinsame Zeit entspannt genießen. Das macht alles so viel leichter. Und indem ich kurz nach meinem Dating Sabbatical auf diese Weise meine Männerfühler ausgestreckt habe, war das Finden von partnerschaftlicher Nähe nur noch einfach. Keine »verschwendeten« Wochen, Monate oder Jahre mehr, nur um am Ende zu merken, dass der andere sich doch nicht binden will. Stattdessen gut investierte Zeit mit einem Menschen, der Lust hat, sich ein »Wir« aufzubauen. Kein Ziehen, kein Zerren, kein Herzschmerz und keine Tränen der Enttäuschung. Stattdessen Leichtigkeit. Probiere es einfach mal aus. Ich verspreche Wunder!

Die Balance finden

Was allerdings bei einer transparenten Kommunikation wichtig ist: Man sollte sie nicht damit verwechseln, dass man jemandem die Pistole auf die Brust setzt oder einen bestimmten Erwartungsdruck aufbaut. Denn nur weil man prinzipiell für eine Beziehung offen ist, heißt das nicht, dass man diese mit jeder Person führen möchte. Für das gemeinsame Kennenlernen ist daher ausreichend Raum eine entscheidende Voraussetzung. Erst wenn man weiß, wer das Gegenüber ist und wie diese Person in verschiedenen Situationen reagiert, kann man schauen, ob es passt. Inzwischen bin ich ein großer Fan eines langsamen Herangehens beim Dating. Ein Date, um zu reden, ein weiteres in ähnlicher Absicht, vielleicht ein Kuss, Händchen halten, statt Sex gleich nach dem ersten Treffen. Diese Entdeckerphase kommt schließlich nie wieder, sobald man einmal »all in« gegangen ist. Darum ist es so elementar, diese Momente in ihrer Intensität auszukosten, denn sonst bekommt man nichts von der gemeinsamen Reise mit.

Diese Mischung aus klarer Kommunikation und Offenheit dem Ausgang gegenüber ist mein Geheimrezept beim Dating. Ohne Erwartungsdruck jemanden für sich einnehmen und von sich überzeugen zu wollen, ermöglicht es einem, viel authentischer und entspannter in die Begegnung zu gehen. Sobald du nichts erzwingen willst und ein achtsames Interesse gegenüber dem einnimmst, was sich zwischen euch ereignen mag, umschiffst du anstrengende Dynamiken. Du und dein Partner werden dann ganz wunderbare Momente erleben. Ob daraus eine Beziehung fürs Leben, eine Freundschaft oder ein nettes Café-Date wird, ist zweitrangig. Du genießt einfach jeden Augenblick und lässt dich treiben. Sobald du in diesem Flow bist und du dich deinem Liebesschicksal mit Entspannung und Freude hingeben kannst, wirst du nie wieder Probleme beim Dating haben. Grundlegend dafür ist, dass du mit dir selbst im Reinen bist und keine »Lücken« mehr hast, die du mit anderen Menschen zu füllen versuchst.

Mein Dating Sabbatical eröffnete mir den Raum, mir dieses Fundament in meinem Inneren aufzubauen.

Offene Kommunikation bewahrt vor Enttäuschungen

Nur ein offenes Herz und Transparenz im Miteinander bieten die Chance, das zu bekommen, was man sich wünscht. Unnahbarkeit hingegen bewahrt vielleicht vor der Schmach gefühlter Zurückweisungen, aber sie reduziert leider auch die Möglichkeit, dass der andere auf die eigenen Bedürfnisse eingehen kann. Offene Kommunikation macht hingegen alles leichter.

Meinen eigenen Gefühlen Raum zu geben und diese einem anderen gegenüber offen zu kommunizieren, heißt weder, dass dies bei ihm dann sofort auf Widerhall stößt, noch, dass ich mit *jedem* Menschen eine glückliche Beziehung führen werde. Was es jedoch tut, ist die Anzahl der Enttäuschungen zu reduzieren, die ich aufgrund nicht abgestimmter Erwartungen erlebe.

5

Keine Angst vor Verletzungen

Die Angst vor dem Ende

Im Alter von sechzehn Jahren lag ich an einem Sonntagnachmittag in den Armen meines ersten Freundes, und wir dösten zur Musik der Band *Wir sind Helden* vor uns hin. In diesem Moment überkam mich die Angst, dass ich diese Liebe und diesen Menschen womöglich irgendwann verlieren könnte. Die Situation war zu schön, als dass ich sie gehen lassen wollte. Und genau deshalb rissen mich die Emotionen aus diesem wunderbaren Jetzt und trugen mich hinweg in dunkle Zukunftsfantasien voller Trauer und Leid. Statt die Gegenwart zu hundert Prozent zu genießen, machte ich mir Sorgen über das, was kommen könnte. Ich beschnitt dadurch selbst mein Glück.

Viele Jahre gingen vorüber, andere Männer kamen in mein Leben, doch die Angst vor dem Ende und dem damit einhergehenden Schmerz blieb. Mit jedem Menschen, den ich gehen ließ oder gehen lassen musste, fiel es mir schwerer, mich auf neue Personen einzulassen. In der Tat hatte ich mit jeder Trennung den Eindruck, dass es schlimmer werden würde. Nicht weil die Trennungen an sich schlimmer wurden – darin hatte ich mittlerweile genug Erfahrung und wusste damit umzugehen –, sondern weil die funktionierenden Beziehungsversuche gegen null tendierten. Diese Entwicklung befeuerte meine Angst, für immer allein bleiben zu müssen, umso mehr.

Irgendwann hatte ich genug von Trennungsschmerzen und Abnabelungsprozessen, und zwar so sehr, dass ich lieber niemand Neues in mein Leben lassen wollte. Ich hatte einfach zu große Furcht davor, dass ich dann doch eines Tages wieder Abschied nehmen müsste. Schließlich hatte ich durch die Vielzahl der Trennungen, die ich erlebt hatte, erfahren, wie sehr es wehtun kann, wenn zwei Menschen, die als Paar zusammengewachsen waren, getrennt wurden. Ein Bekannter sagte einmal im Hinblick auf den Brexit: »You can't unscramle scrambled eggs.« Bei einem Rührei bekommt man Eiweiß und Eigelb in der Tat nicht mehr getrennt. Dies war mir aus den Endphasen von Beziehungen nur zu vertraut. Wenn zwei Menschen, die vieles miteinander geteilt haben, versuchen, in ihr eigenes Leben zurückzufinden, bleibt der andere immer Teil des eigenen Lebens, auch wenn man alles ordentlich separiert hat. Denn die Momente, die man zusammen erfahren hat, machen auch das eigene Leben aus. Und je mehr gemeinsame Situationen es gab, desto intensiver war die Verbindung und desto länger brauchte ich, um mein Herz wieder frei für einen neuen Mann an meiner Seite zu machen.

Mir fehlten, wenn die Zweisamkeit vorbei war, die gemeinsamen Routinen, das Gefühl der Nähe, die emotionale und auch die körperliche Verbindung. Es war, als hätte man mich zerrissen. Auch deshalb scheute ich mich davor, notwendige Trennungen zu durchleben. Lieber klammerte ich mich aus Angst vor erneutem Schmerz an das, was ich gerade hatte, auch wenn ich wusste, dass es längst Zeit war, weiterzuziehen.

Nach all diesen schlechten Erfahrungen konnte ich kaum noch glauben, dass die große Liebe mich doch eines Tages finden würde. Beim Dating war ich irgendwann so weit, dass ich nur noch die unnahbaren Typen an mich heranließ – bei ihnen hatte ich keine Angst davor, dass es irgendwann wieder zu Ende sein würde. Schließlich war das Zusammensein mit ihnen mehr von Anstrengung geprägt, als dass ich es wirklich genießen konnte. Die Männer hingegen, mit denen ich auf entspannte und bereichernde Weise meine Zeit hätte verbringen können, hielt ich auf Abstand und wehrte jeden Versuch ab, mit ihnen in eine Beziehung zu starten. Ich hatte Angst, diesen wunderbaren Menschen als Freund zu verlieren, wenn wir uns in die unsicheren Gefilde einer

Partnerschaft begeben würden. Zumal es bis dahin immer so war, dass meine Beziehungen an einem bestimmten Punkt scheiterten. Daher hielt ich diese Männer auf Armlänge von mir entfernt und genoss alles, was wir abseits eines »Mehr« miteinander hatten.

Anlässlich meines intensiven »Mit-mir-Seins« während meiner Männerauszeit erkannte ich dann, dass es genau diese Angst war, die es mir so schwer gemacht hatte, mich dem Glück der Liebe zu öffnen. Ich musste mich ihrer entledigen, um wieder voller Leichtigkeit und Zuversicht in mein Liebesleben starten zu können. Ich schickte mich daher an, den Schalter zu finden, mit dem die Liebe für mich endlich einfach werden würde.

Liebe ist kein »Wenn-dann-Spiel«

Durch meine Angst vor erneuter Verletzung operierte ich beim Dating oft aus einer Schutzzone heraus und war nicht mehr bereit, den ersten Schritt zu gehen, wenn es um emotionale Zuwendung ging. Ich wollte einen Menschen kennenlernen, der mich erobern, meine Mauern einreißen und mich mit seiner Liebe überschütten sollte. Ich wollte erst auf Liebe stoßen, bevor ich meine Gefühle für eine andere Person zulassen und zeigen konnte. Ich glaubte, dass ich auf diese Weise nicht mehr den Schmerz des unerfüllten Liebesglücks erleiden würde. Doch da Liebe kein »Wenn-dann-Spiel« ist, hat diese Strategie nie funktioniert. Außerdem habe ich damit nur kleine Casanovas angezogen, die durch eine breite Palette an Erfahrungen eine gewisse Sicherheit im Erobern von Frauen hatten – und dann auch schnell wieder weiterzogen. Die bodenständigen Männer, die ich viel lieber mochte, waren von meiner Unnahbarkeit verunsichert und trauten sich daher umso weniger an mich heran.

Ließ ich Zuneigung zu, fühlte ich mich meist verwundbar. Ich hatte das Gefühl, dass der andere Macht über mich bekam, wenn ich meine Faszination zu früh offenbarte. Jemandem zu sagen, dass ich ihn mag und mehr will, das wagte ich nicht, weil ich Angst hatte, dass er dies nicht erwidern könnte. Für mich wäre solche Zurückweisung der Super-GAU für mein eh schon brüchiges Selbstwertgefühl gewesen.

Folglich wirkte ich oft unnahbar, denn ich agierte sehr vorsichtig und erwiderte nur die Nähe und Zuneigung, die der andere mir zuerst zu geben bereit war. Es war ein permanentes Abwägen und Taktieren darüber, was in welcher Form angebracht sein könnte und was schon wieder zu viel des Guten wäre. Dating war für mich lange etwas, bei dem man strategisch vorgehen musste. Ein entspanntes und natürliches Kennenlernen sieht jedoch anders aus. Meine Gefühle von Anfang an offen zu zeigen – insbesondere dann, wenn ich mir über die genauen Intentionen meines Gegenübers unsicher war –, fiel mir meist schwer. Damit ich meine Zugbrücke herunterließ und meine Schutzmauer abbaute, musste zunächst der andere in Vorleistung gehen.

Emotionale Staudämme abbauen

Das Problem war, dass ich damit einen Staudamm in den natürlichen Fluss meiner Liebe baute. Blockaden sind jedoch bei keinem unserer Gefühle gut. Denn wenn sie nicht fließen, entstehen als Folge davon negative Emotionen, wie etwa Missgunst, Reizbarkeit, Angst, Sorgen oder Wut. Ich musste während meines Dating Sabbatical lernen, mich wieder zu trauen, Liebe zuzulassen, sie zu spüren, zu zeigen und auch mit den Konsequenzen zu leben, sollte diese nicht erwidert werden. Denn auch wenn dies kein schönes Gefühl ist, so sagte ich mir, es bringt mich nicht um und geht vorbei. Außerdem musste ich begreifen, dass die Tatsache, geliebt zu werden, keine Auszeichnung für besonders gute Leistungen ist, und die fehlende Erwiderung dieser nicht bedeutet, dass ich nicht gut genug bin. Ich erkannte dies, indem ich während meiner Männerauszeit begann, Liebe nicht nur den

Menschen zu schenken, mit denen ich in eine Beziehung eintreten wollte, sondern Liebe grundlegender zu betrachten, als etwas, wie ich die Welt sehe, wie ich mein Leben angehe und mit Menschen in Interaktion trete. Ich lernte so, mich nicht mehr aus Angst zurückzuhalten.

Erwarte ich, dass ich zuerst geliebt werde, bevor ich mich selbst zu lieben traue, herrscht ein Ungleichgewicht. Mein Gegenüber wird dann spüren, dass ich meine Liebe an Bedingungen knüpfe, unsicher bin, und zumindest unbewusst wird der andere merken, dass bei mir etwas nicht stimmt. Sobald ich während meines Dating Sabbatical begann, mein enges Herz zu öffnen, mir erlaubte, einen neuen Zugang zur Liebe zu entdecken und dadurch dieses Gefühl freizügig in die Welt auszustrahlen, veränderten sich alle meine menschlichen Beziehungen. Ich hörte auf, Liebe nur dann zu geben, wenn ich sie von dieser Person zurückbekam, und plötzlich war mein Leben voll von Liebe – weil ich so voll von ihr war. Mehr noch: Ich gab Liebe, ohne etwas im Gegenzug zu erwarten. Zuerst begann ich meine Freunde und meine Familie zu lieben, dann Personen, zu denen ich keine engere Beziehung hatte, und zum Schluss Menschen, zu denen mein Verhältnis eher schwierig war, die mich verletzt hatten oder deren Weltsicht ich widersprach. Ich liebe seither einfach alles und jeden – nicht weil ich in allem mit ihnen übereinstimme, sondern weil ich mich für Liebe als grundlegende Lebenseinstellung entschieden habe.

Anstatt meine Liebe zu rationieren und diese nur »besonders erlesenen Geschöpfen« zuteilwerden zu lassen, begann ich sogar, die Personen liebevoll zu betrachten, die mir wehgetan und mich schlecht behandelt hatten. Ich entwickelte Mitgefühl für ihre Taten, denn ich erkannte, dass die Kunst der Liebe darin liegt, andere genau dann zu lieben, wenn sie es am wenigsten verdienen. Diese neue Fähigkeit machte mich im Rückblick erst wirklich beziehungsfähig, weil diese Eigenschaft zwei Partner über die Höhen und Tiefen einer Beziehung trägt. In mir löste sich dadurch der Staudamm auf, den ich in den Fluss meiner Liebe gebaut hatte.

Die Bereiche, die hinter dem Damm lagen, wurden erneut mit Liebe versorgt, sodass auch sie wieder fließen konnten. Sobald ich verstanden hatte, dass Liebe, die an Bedingungen geknüpft ist, keine wahre Liebe ist, konnte ich mich von dem Gedanken frei machen, dass ich nur geliebt werde, wenn ich bestimmte Eigenschaften erfülle.

Folgendes wurde mir dadurch klar:

Liebe wild und frei.
Liebe laut und bunt.
Aber vor allem: liebe!

Sehnst du dich nach Liebe? Dann liebe und strahle sie in diese Welt! Du wirst dann sehen: Je mehr Liebe du aussendest, umso mehr Liebe ist in deinem Leben präsent. Hab keine Angst zu lieben. Angst ist Dunkelheit, und Liebe ist Licht. Willst du im Licht sein, musst du den Schalter Richtung Liebe umlegen. Du musst dich nur für die Liebe entscheiden. Und ja, es ist wirklich so einfach. Ob beim Dating oder in langjährigen Beziehungen – Liebe ist eine Superkraft!

Angst ist nur eine Illusion

Alle meine Entscheidungen wäge ich seitdem anhand dieser Dualität von Liebe und Angst ab. Was tue ich aus Liebe und was aus Angst? Wenn ich mir unsicher bin und merke, wie mein Gedankenkarussell angesichts einer Vielzahl an Sorgen wild kreist, lehne ich mich zurück und frage mich: »Was würdest du tun, wenn du voller Liebe wärst und keine Angst hättest?«

Ich schaue mir dann die Situation an und überlege, welche meiner Überlegungen auf Angst beruhen und welche ihre Wurzeln in der Liebe haben. Nie sollten wir etwas aus Angst machen, sondern einzig aus Liebe, aus Hingabe für eine Sache oder die (eigene) Person. Ich differenziere daher meine inneren Dialoge und entscheide mich ganz bewusst dafür, alles loszulassen, was auf Angst beruht. Angst ist eine Illusion, nur die Liebe zählt wirklich. Wie oft habe ich Dinge nicht getan, weil ich eine irrationale Furcht davor hatte, was dadurch passieren könnte, anstatt darauf zu vertrauen, dass der Weg der Liebe der richtige Weg ist?

So hatte ich nach der Trennung von meiner ersten großen Liebe über zwei Jahre lang den Wunsch gehabt, wieder mit ihm zusammenzukommen. Wieder und wieder überlegte ich, einfach zu ihm zu fahren und ihm zu sagen, dass ich ihn noch immer liebe und es noch einmal mit ihm versuchen wolle. Doch ich traute mich nicht, weil ich Angst vor einer möglichen Zurückweisung hatte. Ich hatte Angst, auf Ablehnung zu stoßen, wenn ich ihm mein Herz ausschütten würde. Und so kämpfte ich nie um ihn, und wir fanden auch nie wieder zusammen. Doch wenn beide aus Angst vor Zurückweisung nicht handeln – wie sollen sie dann zusammenfinden? Das Glück in der Liebe braucht daher ein offenes Herz, das dem anderen ehrlich sagt, was es fühlt.

Den Weg der Liebe gehen

Vor vielen Jahren schenkte mir meine Mutter zu Weihnachten eine Kette mit einem Herzanhänger. Anbei lag ein Zettel mit den Worten: »Folge deinem Herzen, solange du lebst!« Genau dieses Motto versuche ich heute zu tausend Prozent zu leben. Ich habe mich entschieden, mich nicht mehr von den angstvollen Saboteuren in mir klein halten zu lassen, sondern mein wahres Potenzial zu entfalten sowie Licht und Liebe vollends zu verkörpern. Denn Liebe ist heute mein Kompass, und alles, was ich aus Liebe mache, kann nicht falsch sein – auch wenn es mich vielleicht am Ende nicht an das Ziel führt, das ich versucht habe anzusteuern. Wenn ich dabei aus Liebe und nicht aus Angst gehandelt habe, habe ich wenigstens nichts zu bereuen.

Jederzeit habe ich die Wahl, ob ich mich kleinmache oder mein volles Potenzial zur Entfaltung bringe. Ich muss an mich glauben und meine Wahrheit leben, damit auch andere sich mir gegenüber öffnen und authentisch sein können. Indem ich mir während meines Dating Sabbatical erlaubte, mich und alles andere – abseits sämtlicher Bewertungen – vollumfänglich zu lieben und alle meine Entscheidungen auf die Liebe aufzubauen, hörte ich auf, Liebe als seltenes Gut zu begreifen. Nur bei Dingen, von denen wir denken, dass sie rar sind, haben wir Angst, dass wir davon nicht genug bekommen könnten.

Ein Beispiel: Wo hast du Angst, nicht genug Luft zu bekommen? In der Weite der Natur oder in einem engen Fahrstuhl? Alles, was es braucht, um dir deine Angst vor zu wenig Liebe zu nehmen, ist, die Tür deines engen Fahrstuhls – also deines engen und verschlossenen Herzens – aufzumachen.

Sobald wir die Liebe in unserem Inneren als schier endloses Gut erfassen, hat die Befürchtung, einen Mangel zu erleiden, keine Rechtfertigung mehr. Jedes Mal wenn du dich nach Liebe sehnst und lernst, die Quelle der Liebe in dir anzuzapfen, musst du dir keine Sorgen mehr machen, ob dich ein anderer liebt oder nicht. Du kannst einfach lieben und glücklich sein und dabei alle Erwartungen, wie andere über dich denken sollen, aufgeben. Im Lieben ist das Geben nämlich wichtiger als das Nehmen.

So erkannte ich während meiner Exklusivzeit mit mir, dass mir auch ohne einen Mann an meiner Seite nichts fehlen muss. Der Glaube, dass mein Leben erst dann richtig glücklich sein kann, wenn sich ein liebender Partner für mich findet, entpuppte sich als Irrglaube. Jahrelang hatte ich nämlich genauso gedacht und mich als Single immer im Mangel gefühlt. Erst als ich später in meiner Partnerschaft erkannte, dass mich eine Beziehung abseits der ersten verliebten Stunden nicht glücklicher machen kann, als ich es allein mit mir bin, löste sich diese enorm große Anspruchshaltung an ein Zusammensein mit einem Mann auf.

Indem ich lernte, mit mir zu sein und mich vollumfänglich zu lieben, machte ich meinen Selbstwert auch nicht länger von den Bewertungen anderer Menschen abhängig. Ich blieb dieselbe Person, egal ob mich einer verurteilte oder in die höchsten Höhen lobte. Es ist allein das Gefühl, das sich aufgrund der unterschiedlichen Situationen verändern kann. Ich als Person bleibe jedoch stets dieselbe. Und da meine Gefühle wechseln und vergänglich sind, muss ich diese auch nicht zu ernst nehmen. Das, was ich bin, ist tiefer als das, was sich von einem Moment zum nächsten ändern kann.

Angst ist ein Signal, kein Dirigent

So viele Menschen lassen ihr Leben von ihren Ängsten steuern. In meinem Dating Sabbatical stellte ich mich dann auch meiner größten Angst: der Angst vor dem Alleinsein. Ich löste sie dadurch auf, dass ich nicht mehr vor ihr weglief und mich mit der Einsamkeit konfrontierte. Ein Jahr kann verdammt lang sein, und doch entschied ich mich dafür – ich wollte nicht mehr der Sklave meiner Angst vor dem Alleinsein sein. Ängste bearbeitet man nicht mit einem Vermeidungsverhalten, sondern indem man sich ihnen aussetzt und feststellt, dass die befürchteten Konsequenzen ausbleiben. Vergiss daher alles, was du aus Angst tust. Lass es los. Es ist alles nur eine Illusion, die allein in deinem Kopf stattfindet.

Wahrlich, manchmal hat dein Kopf ziemlich gute Argumente. Du setzt eine Intention in eine bestimmte Richtung, und plötzlich kommen sorgenvolle Gedanken in dir auf. Du fürchtest dich davor, was alles Schlimmes passieren könnte, wenn du einen Schritt in diese oder jene Richtung gehst. Vielleicht könntest du deine Arbeit verlieren, deine Miete nicht mehr zahlen oder dein Ansehen bei anderen einbüßen. Die Saboteure in deinem Kopf versuchen einiges an Aufsehen zu erregen, weil sie dich daran hindern wollen, diesen Weg einzuschlagen. Sie wollen dich bremsen und dich in der altbekannten Komfortzone halten. Sie meinen es nicht böse. Sie wollen dich nur schützen – und wissen es nicht besser, wie sie das machen können.

Angst und andere negative Emotionen sind per se nicht schlimm. Sie erinnern dich nur daran, dass du gerade die tiefe Verbundenheit zu dir selbst verloren hast, die dir sonst eine ruhige Zuversicht schenken würde. Sobald du diese inneren Dynamiken und negativen Dialoge in dir wahrnimmst, kannst du die Stimmen, die dich verunsichern, leiser drehen und dich wieder mit dem Anteil in dir verbinden, der dem Lauf des Lebens vertraut. So kannst du dich in jeder herausfordernden Situation mit positiver Energie aufladen, um beherzt und mutig in die Zukunft zu schreiten. Als Folge davon hast du auch keine Angst mehr vor dem Ende, sondern freust dich auf jeden neuen Anfang.

Die Kehrseite der Flexibilität

Angst ist ein omnipräsentes Problem in der Datingwelt. Unsere Beziehungen sind genauso wie unsere Lebensentwürfe meist wenig beständig. Trennungen sind an der Tagesordnung und treffen uns oft unerwartet. Plötzlich meldet sich der Mensch nicht mehr, mit dem wir gerade noch so viel Kontakt hatten, und wir fragen uns, was wir falsch gemacht haben. Da kann man noch so attraktiv, interessant oder intelligent sein – dieses »Ghosting« macht vor keinem halt. Man zieht sich oft zurück, ohne sich zu erklären, weil das meist einfacher ist und man einem möglichen Konflikt so aus dem Weg geht – auch wenn der Zurückgewiesene dadurch nur umso mehr leidet. Aber wen interessiert heute noch das Leid des anderen, den man ja eigentlich kaum kannte und der in der Vielzahl der Dates, die man hatte, nur ein kleiner Schatten im eigenen Lebensfilm ist? Ein weiterer flüchtiger Unbekannter, der für unsere egozentrische Bedürfnisbefriedigung nicht ganz »ausgereicht« hat. Verantwortlich sind wir heute zu oft nur für uns selbst und unser eigenes Weiterkommen. Für jemand anderen Verantwortung zu tragen und die eigene Komfortzone zu verlassen, haben viele entweder verlernt oder nie erlernt. Eine egoistische Gesellschaft zeigt dieses Merkmal eben auch in Beziehungsangelegenheiten. Während meiner Männerauszeit habe ich dieses selbstbezogene Verhalten hinter mir gelassen, indem ich mir selbst gab, was ich brauchte, anstatt jemanden zu suchen, der mir geben sollte, was ich wollte.

Jeder gescheiterte Beziehungsversuch zeigt uns, wie verletzlich wir sein können, und hinterlässt unter Umständen Wunden in unserem Herzen. Diese Erfahrungen konditionieren uns oftmals nach dem Schema: Lieber oberflächlich bleiben, um schnell wieder abhauen zu können. Das soll uns davor schützen, neue Blessuren zu bekommen. Wir lernen, dass sich nicht oder nur begrenzt einzulassen, besser für unser Wohlbefinden ist. Deshalb befinden sich viele auf einem Karussell wenig ernst zu nehmender Liebschaften, bei denen sie möglichen Ängsten nicht ausgesetzt sind, sondern aus einer gewissen Distanz heraus gefahrlos operieren können.

Die immanente Angst, nach einer Trennung das Für-sich-Sein erst wieder neu lernen zu müssen, ist zu groß. Wer sich nicht einlässt, muss nicht loslassen, und alles bleibt beim Alten. In einer Gesellschaft, in der Trennungen häufiger sind als glückliche Langzeitbeziehungen und Ehen, nimmt uns die Angst vor dem Ende häufig den Genuss des Moments. Sie verhindert, dass wir das Heute voll und ganz erleben.

Wir sind wie das Kind, das auf die heiße Herdplatte gefasst hat. Die enorme Freiheit in der Liebe hat uns zu einer Generation von Verletzten gemacht. Mit blutenden Wunden und zerrissenen Herzen liegen viele von uns am Boden. Sie leiden, und um diese Qualen nicht spüren zu müssen, betäuben sie ihren Schmerz mit Dates und Affären, Social Media, Arbeit, Alkohol und Drogen oder zu viel Streaming. Die gesellschaftlichen Zwänge haben wir abgestreift, um dann die andere Seite der Medaille kennenzulernen. Statt Bindungszwang verbreitet sich nun die Angst vor Bindung wie eine Epidemie. Doch wie sieht deren Therapie aus?

Alles, was du im Außen suchst, musst du in dir finden

Immer wieder höre ich von Frauen, die über eine Trennung nachdenken, folgenden Satz: »Was ist, wenn ich nie wieder einen anderen Mann finde?« Früher habe ich auch diese enorme Angst gehabt, all das zu verlieren, was mir in meinem Leben gerade Halt gab. Unbedingt wollte ich daran festhalten, auch wenn die Beziehung meist gar nicht so glücklich war. Der Spatz in der Hand kam mir dabei sicherer vor als die Taube auf dem Dach. Diese Angst vor einem fehlenden Halt im Außen war jedoch nur ein Symptom – die Ursache war der Mangel an Selbstsicherheit in mir, verbunden mit einer großen Menge an Selbstzweifeln. Es galt daher, zuerst an meiner inneren Sicherheit zu arbeiten und diese sukzessiv auszubauen, anstatt im Außen nach Rettungsankern zu suchen. Diese können zwar temporär von Nutzen sein, bergen aber auch die Gefahr, in eine Abhängigkeit von einer anderen Person zu geraten und mit der Zeit die eigene Selbstfürsorge zu verlernen.

Mein Dating Sabbatical nutzte ich also dafür, um die Sicherheit in mir selbst zu schaffen, die ich so lange im Außen gesucht hatte. Jedes Mal wenn ich während meiner Auszeit merkte, dass ich etwas im Außen suchte – Aufmerksamkeit oder das Gefühl der Bestätigung –, hielt ich inne und begann es in mir selbst zu finden. Ich musste selbst stark sein, da ich ja ein Gelübde für mich und gegen die Männer abgelegt und mich so in die tagtägliche Selbstfürsorge gezwungen hatte. Ich lernte, allein und damit glücklich zu sein, anstatt wie früher mein Singledasein als »Problem« zu begreifen, dem abgeholfen werden musste. Mein Glück nicht mehr in die Hände anderer legen zu können, ließ mein Inneres so sehr wachsen, wie ich es nie für möglich gehalten hätte.

Natürlich war das nicht immer einfach, und während meiner

Männerauszeit gab es auch Phasen, in denen ich am liebsten alles hingeschmissen hätte, um in starke Männerarme zu flüchten. Doch je öfter ich das nicht tat und mich auf meine eigenen Fähigkeiten besann, desto stärker wurde ich.

Es war ein kontinuierlicher Wachstumsprozess, in dem ich Tag um Tag lernte, besser für mich einzustehen. Und je öfter ich das tat, desto mehr verstand ich, dass ich das, was ich immer in einer Beziehung gesucht hatte, dort gar nicht mehr zu suchen brauchte, weil ich es bereits in mir gefunden hatte. So wurde ich weniger bedürftig und konnte später mit einem anderen Bewusstsein ins Dating und schließlich in eine Beziehung starten. Anstatt die Unnahbarkeit zu überwinden, die von einem Partner ausging, arbeitete ich an der Unnahbarkeit, die ich mir selbst und anderen entgegenbrachte. Und statt geliebt werden zu wollen, entdeckte ich eine umfassende Liebe in und zu mir. Dies alles in mir zu finden, baute in meinem Inneren eine neue Selbstsicherheit auf. Ich erkannte, dass ich in der Lage war, mir all das zu geben, was ich mir vorher von einer anderen Person erhofft hatte. Auf diese Weise konnte ich erleben, dass ich mich von niemandem abhängig fühlen musste. Ich konnte mein Leben autark gestalten, wenn gerade niemand da war, der es mit mir teilen wollte. Genau diese Erkenntnisse nahmen mir die Angst vor Trennungen und dem Loslassen von Dingen, die mir eine vermeintliche Sicherheit im Außen versprachen.

Erinnerungen sind alles, was bleibt

Eines Tages kam mir während einer Trennung folgender Gedanke: Es ist nicht so, dass ich all die gemeinsamen Momente hatte und sie nun fort sind. Das Gefühl des Verlusts muss mich nicht schmerzen. Denn ich habe all die Erinnerungen in meinem Kopf und kann sie jederzeit abrufen. Sie sind und bleiben Teil meines Lebens. Sie machen mein Sein aus und haben mich zu dem Menschen gemacht, der ich heute bin. Glückliche wie schmerzliche Situationen – all das ist Leben. Wenn wir versuchen, uns davor zu schützen, hören wir auf zu existieren. Diese Sichtweise macht mein Dasein auf Erden bunter. Sie hilft mir, mich wieder einlassen zu können, anstatt aus Furcht wegzulaufen. Sie erlaubt mir, tief in die Momente zu gehen, anstatt oberflächlich zu bleiben. Denn wenn alles, was uns bleibt, Erinnerungen sind, dann will ich bedeutungsvolle Erinnerungen.

Im Verlauf meiner Männerauszeit habe ich mich mit der Vergänglichkeit des Lebens, meiner Gefühle und Gedanken beschäftigt. Ich hatte viele emotionale Hochs und Tiefs, viele wunderschöne, aber auch schmerzhafte Momente mit Männern. Alle gingen jedoch vorbei. Ich fing deshalb an, nicht mehr um das zu trauern, was ich verloren hatte, sondern für das dankbar zu sein, was ich besaß. Dem nachzuweinen, was wir einmal gehabt haben, ergibt keinen Sinn, da sowieso alles vorbeigeht. Einen Verlust anzunehmen und diesen als Chance zu sehen, dass sich dadurch etwas Neues manifestieren kann, hilft mir seitdem, mit Freud und Leid anders umzugehen. Seit dieser Erkenntnis sind meine Tränen Freudentränen, mein Herz lacht und weiß, dass ich in der Zukunft andere wunderschöne Momente erleben werde. Und das einfach deshalb, weil ich keine Lust mehr habe, immer nur traurig und jammernd dem nachzuhängen, was ich nicht bekommen kann.

Ich habe mich bewusst dagegen entschieden, im Mangel zu leben. Stattdessen lernte ich während meines Dating Sabbatical, beispielsweise durch Dankbarkeitsrituale, mir der Fülle in meinem Leben abseits von Beziehungen und Liebesglück bewusst zu werden. Daher bin ich heute viel mehr im Vertrauen als früher, dass alles gut werden wird und dass Trennungen manchmal das größte Geschenk sind. Denn tatsächlich war es die schmerzhafte Trennung von Christian, die mich motiviert hatte, mich auf die Suche nach dem Geheimnis der Liebe zu machen und dieses auch wirklich zu finden.

Das Leben ist eine Sinuskurve

Manchmal brauchen wir schmerzliche Situationen, um motiviert Veränderungen anzugehen. Und auch wenn sich manche Dinge später als Fehler darstellen oder wir uns wünschen, dass es anders gelaufen wäre, sind es oft genau diese Fehler, die uns die wichtigsten Lebenslektionen lehren. Sie sind Entwicklungsschritte auf dem Weg, um glücklich zu sein oder mit einer Enttäuschung umzugehen. Wir probieren uns aus, erweitern unseren Erfahrungsschatz, und wenn wir es besser wissen, machen wir es anders. Seitdem ich das Leben als Aneinanderreihung von Erfahrungen begreife, muss ich im Jetzt auch nicht mehr dem nachweinen, das vergeht. Stattdessen kann ich dankbar für ein weiteres bereicherndes Erlebnis sein. Denn selbst wenn die Momente in Zukunft womöglich anders schön sein werden, sie werden schön sein. Und ich werde lachen, strahlen und glücklich sein. So ist es immer gekommen, egal wie hoffnungslos ich im Moment der Trennung Richtung Zukunft schaute. Ich muss mir nur erlauben, die Wolken wegzuschieben und wieder zur Sonne zu schauen. Denn das wahre Glück liegt allein in mir.

Dies begriff ich, als ich während meiner Auszeit begann, meine alten Männergeschichten aufzuarbeiten. Statt weiterhin in der Opferrolle zu bleiben und mich davon herunterziehen zu lassen, wenn es mit einem Mann nicht passte, fing ich an, mir die Beziehungen genauer anzuschauen und gewisse Aspekte herauszugreifen, für die ich dankbar sein konnte. Ich verstand dadurch, dass Glück oder Unglück nur dadurch definiert werden, wie ich eine Situation betrachte. Durch die Wahl der Perspektive halte *ich* den Schlüssel für mein Glück in den Händen und nicht die Männer, die mich wollen oder nicht wollen. Als ich diesen Zusammenhang erkannte, machte es etwa zur Halbzeit meines Dating Sabbatical endlich »klick«. Danach suchte ich nicht mehr nach einem Partner für mein Glück, sondern nach einem Begleiter für mein Leben – mit seinen normalen Aufs und Abs.

Je öfter ich diese Wandlung aus dem Tal der Tränen zurück ins Glück erlebte, desto mehr Vertrauen bekam ich in den Prozess der stetigen Transformation. Denn wie ein altes chinesisches Sprichwort sagt, ist Veränderung die einzige Konstante im Leben. Und je öfter ich erfuhr, dass nach einigen Regentagen auch wieder die Sonne scheint, desto entspannter und vorfreudiger erlebte ich mich, wenn der Regen noch auf mich einprasselte. Das Unwetter macht mir heute keine Angst mehr. Ich tanze im Regen und genieße den Moment so, wie er ist.

Mir wurde klar, dass ich mich von dieser Angst vor der Zukunft, die mit meinen Verletzungen in der Vergangenheit zu tun hatte, nicht leiten lassen durfte. Denn so verpasste ich, den aktuellen Moment in seiner Fülle zu (er)leben. Ich durfte nicht aus Sorge vor einem möglichen Verlust die Handbremse meines Lebens anziehen oder nur noch langsam im ersten Gang vor mich hin tuckern, um einen Unfall zu vermeiden. Die Angst vor dem Ende durfte mich nicht lähmen, sonst würde es nie wieder einen Anfang geben.

Die Fesseln der Erwartungen auflösen

Ein Buch, das mich verändert hat, trägt den Titel *Jetzt! Die Kraft der Gegenwart* und ist von Eckhart Tolle. Beim Lesen wurde mir bewusst, dass ich immer dann leide, wenn ich im gegenwärtigen Moment eine übermächtige Situation erlebe, in der ich entweder an das Leid meiner Vergangenheit denke oder Angst vor der Zukunft habe. Schneide ich allerdings diese Fesseln namens Vergangenheit und Zukunft ab, so minimieren sich meine Probleme um ein Vielfaches. Ich gehe sogar so weit und behaupte, dass sie sich in dem Moment auflösen, in dem ich mit meinem Bewusstsein im Hier und Jetzt ankomme und in der Lage bin, dort zu verweilen.

Das Loslassen der Vergangenheit sowie der Zukunftsvorstellungen und das vollkommene Ankommen im Moment sind jedoch nicht einfach. Mir haben tägliche Meditationen sowie Yoga dabei geholfen, mehr zu entspannen und den Frieden in meinem Kopf zu finden. Dabei übe ich mich darin, meinen Geist einzig auf den aktuellen Moment auszurichten und das wahrzunehmen, was ich dabei erlebe – Sekunde für Sekunde. Auch die Erkenntnis, dass meine Erfahrungen in der Liebe einem konstanten Wechsel von Liebesglück und Liebesleid unterworfen sind, halfen mir, das Auf und Ab in der Liebe anzunehmen und nicht mehr zu ernst zu nehmen. Die Frage ist nämlich nicht, ob es einen Wandel gibt, sondern wie hoch die Amplituden der Sinuskurve sind und wie nah diese um einen neutralen Mittelwert kreist. Ist meine Beziehung heute wunderschön, kann es morgen schon das nächste Problem geben. Streiten wir uns morgen, können wir übermorgen noch intensiver miteinander verbunden sein.

Während meiner Männerauszeit erkannte ich, dass ich auch abseits von zähen Liebesgeschichten diesen emotionalen Wechseln unterworfen bin und dass es ganz normal ist, mich an einem Tag besser und an einem anderen schlechter zu fühlen. Das Loslassen von festen Vorstellungen darüber, wie Dinge zu sein haben, ist daher äußerst wichtig für ein entspanntes Liebes- und Beziehungsleben. Nehme ich diesen natürlichen Lauf des Lebens an, muss ich nicht immer kämpfen, mich beschweren oder von meinem Gegenüber Veränderung fordern. Ich nehme es so an, wie es ist, und kümmere mich erst dann darum, wenn es nicht nur einen Windhauch darstellt, sondern das Ausmaß eines Problems erreicht hat.

Dadurch habe ich festgestellt, dass meine Geschichten mit Männern immer dann kompliziert wurden, wenn ich eine genaue Vorstellung davon hatte, wie sie ausgehen sollten, wenn ich mich nicht auf den Moment einließ und schaute, wohin mich dieser Weg brachte. Eine Beziehung zu führen oder diese zu kontrollieren, sind zwei grundsätzlich verschiedene Dinge.

Sobald ich diese Fähigkeit während des Loslassens im Rahmen meiner Männerpause sowie durch meine tägliche Meditationspraxis gestärkt hatte und in der Lage war, diese auf mein Leben zu übertragen, konnte ich auf einer breiteren Ebene geduldiger sein und mit mehr innerer Ruhe agieren. Wenn meine Gedanken heute wild in meinem Kopf hin und her sausen, dann mache ich mir das Bild der Sinuskurve bewusst, schließe meine Augen und konzentriere mich auf den Augenblick. Dabei wird mir meist klar, wie wenig wichtig die Gedanken sind, die aktuell in mir präsent sind. Sie sind mehr wie der Sand, der durch eine Windböe aufgewirbelt wurde, oder wie der Schnee in einer Schneekugel, der Zeit braucht, um sich wieder zu setzen, nachdem ich die Kugel geschüttelt habe. Besonders wenn ich Stress habe, funktioniert es wunderbar. Denn sobald ich wie eine Getriebene durch mein Leben renne, bin ich nicht auf die wirklich wichtigen Dinge fokussiert, sondern habe meinen Kopf überall ein bisschen. Dies zu spüren und entsprechende Strategien einzusetzen, um wieder in das Jetzt einzutreten, ist mein liebstes und wirksamstes Anti-Stress-Mittel.

Trennungsangst in Beziehungen

Die Angst vor einer Zurückweisung kommt jedoch nicht nur beim Dating und in der ersten Kennenlernphase auf, in der das Risiko, plötzlich stehen gelassen zu werden, am größten ist. Auch in Beziehungen kann sie an die Tür klopfen, und ihr Besuch kann große Probleme bereiten. Denn in der Liebe gibt es nun einmal keine Versicherung, und auch der Ring am Finger schützt vor Trennung nicht.

Durch eine neue Sichtweise auf das Thema Liebe bin ich heute in der Lage, mich von diesen Sorgen viel besser zu distanzieren und ins Vertrauen zu gehen. Allerdings musste ich über die Zeit lernen, wie sich diese Angst manchmal wieder durch die Hintertür in unser Leben schleicht und meine Gefühle sowie mein Verhalten beeinflusst. Die Angst vor erneutem Trennungsschmerz birgt nämlich zwei Gefahren. Die eine besteht darin, Konflikten aus dem Weg zu gehen, indem man versucht, stets eine Harmoniesuppe zu kochen. Die andere zeigt sich, wenn Harmonie-Menschen Probleme überbewerten, sie sind dann zu sehr auf mögliche Schwierigkeiten fokussiert und versuchen die Beziehung übermäßig zu kontrollieren. Dies kann im Miteinander schnell anstrengend werden – für einen selbst sowie den Partner – und zu Konflikten innerhalb der Partnerschaft führen, die wiederum die eigene Trennungsangst befeuern und die Person noch vorsichtiger und sorgenvoller werden lassen. Steckt man einmal in einem solchen Teufelskreis drin, ist es gar nicht so leicht, aus diesem wieder herauszufinden. Daher ist es wichtig, bereits vor einer Beziehung das eigene Selbstvertrauen zu stärken und sich auch innerhalb der Beziehung immer wieder daran zu erinnern.

Teil III

Ich bin genug!

6

Mich selbst von mir überzeugen

Ein Mann wie eine Handtasche

In der nächsten Phase meines Dating Sabbatical ging es nun, nachdem ich meine Bindungsangst und meine Unnahbarkeit hinter mir gelassen hatte, darum, entsprechendes Selbstvertrauen aufzubauen, um mich in einer späteren Beziehung weniger unsicher zu fühlen. Früher hatte ich meist das Gefühl, dass ich froh sein konnte, wenn sich jemand für mich entschied. Allerdings hatte ich selbst selten das Empfinden, eine Bereicherung für den anderen zu sein. Ich sah meinen eigenen Wert nicht. Deshalb hatte ich in Beziehungen auch ständig die Angst, nicht zu genügen und dass sich mein Partner jederzeit von mir trennen könnte, wenn ich nicht perfekt war.

Viele fragen sich, ob sie gut genug sind – ein solcher Gedanke ist insbesondere am Anfang des Kennenlernens absolut normal, schließlich ist jedes Date eine Art Prüfungssituation. Doch wenn bestimmte Muster von vermindertem Selbstwert die Grundlage für wiederkehrendes Liebesleid darstellen, ist es sinnvoll, mit diesem aufzuräumen und die eigene Perspektive auf das, was man zu bieten hat, zu erweitern. Früher, als ich noch keine Ahnung von echter Liebe geschweige denn von Selbstliebe hatte, fungierte jeder Mann in meinem Leben gewissermaßen als Spiegel. Meine Partner waren oft vergleichbar mit der schicken Designertasche oder den tollen Schuhen, die ich benutzte, um mein Aussehen zu optimieren und in einer oberflächlichen Welt Anerkennung zu bekommen. Weil es mir an innerem Selbstwert fehlte, waren die Männer, die ich datete oder mit denen ich zusammen war, für mich »Ego-Kicks«. Je schöner, sportlicher, erfolgreicher, intelligenter, desto besser fühlte ich mich mit diesem Mann. Ich glaubte, dass andere Menschen auch mich positiver bewerten würden, wenn ich einen beeindruckenden Mann an meiner Seite hätte, und dass dies bedeuten würde, dass auch ich selbst etwas Besonderes sein musste. Schließlich – so dachte ich damals – hätte sich der Mann sonst nicht für mich entschieden.

Die netten Jungs, mit denen ich mich wohlfühlte, ließ ich links liegen. Sie schafften es nicht, mein Ego und meinen Selbstwert auf die gleiche Weise zu verstärken wie die vermeintlichen Supermänner, mit denen ich mich gern schmückte. Dabei vernachlässigte ich das, was für mich und mein inneres Glück am besten gewesen wäre. Für mich stellte meine Datingpause daher ein Selbstwert-Bootcamp dar, während dessen ich lernte, meine Selbstwertlöcher zu stopfen und mein brüchiges Selbstbewusstsein von innen heraus aufzubauen. Denn als ich meinen Wert nicht mehr künstlich durch Dates und die Aufmerksamkeit von Männern erhöhen konnte, musste ich Wege finden, die nervigen Selbstzweifel, die in regelmäßigen Abständen in mein Ohr flüsterten, leiser zu drehen und mich selbst von mir zu überzeugen.

Dazu musste ich mich darauf besinnen, was mich im Zusammensein mit einem anderen Menschen wirklich glücklich machte. Bis dahin bestimmte nämlich nicht mein eigenes Wohlbefinden, sondern eine imaginäre Liste von Dingen, die ein Partner an meiner Seite zu erfüllen hatte, meine Entscheidungen beim Dating. Entsprachen die Männer diesen Mainstream-Kriterien nicht, waren sie automatisch raus. Was sollten denn »die anderen« von mir denken, wenn ich mit so einem defizitären Durchschnittstypen daherkam? Würde das nicht beweisen, dass auch ich »nur« Durchschnitt war?

Und so war ich beim Kennenlernen stets dabei, Vergleiche zu ziehen, statt nachzuspüren, wie ich mich mit diesem Menschen an meiner Seite fühle. Meine Entscheidung für oder gegen eine Person war daher meist nicht allein auf die gegenseitige Sympathie ausgerichtet, sondern auch auf das, was ich aus der Verbindung herausziehen konnte. Ich hatte in der Tat Angst, mich in einen Normalo zu verlieben, weil ich fürchtete, dass er mit seinem Durchschnittsleben auf mich abfärben würde. Schließlich wollte ich auf keinen Fall nur »Mittelmaß« sein.

Weniger ist mehr

Je mehr ich mich auf Äußerlichkeiten ausrichtete, desto stärker verlor ich das Gefühl für mein Inneres. Mein Körper und materielle Dinge wurden dagegen zunehmend wichtiger. Ich hielt mich an meinem Aussehen fest und stellte dieses in den Mittelpunkt, weil ich abseits davon gar nicht wusste, wer ich war. Lange Zeit dachte ich, dass ich einen Mann über ein schönes Äußeres in mich verliebt machen könnte. Daher priorisierte ich mein Aussehen höher als mein Wohlbefinden. Ich aß wenig, machte viel Sport und schminkte mir ein hübsches Gesicht. Alles, was ich an mir als unansehnlich und wenig liebenswert erachtete, versuchte ich hinter der Fassade des schönen Scheins zu verstecken. Über die Zeit wurde ich Meisterin darin, mein eigenes Leben wie eine Rolle zu spielen. Es ging irgendwann nur noch darum, andere von mir zu überzeugen. Stets versuchte ich, meine Selbstzweifel über die Bestätigung von außen zu übertönen – auch wenn das immer nur kurz funktionierte und ich mehr und mehr von der Zuneigung anderer abhängig wurde, um meinen Selbstwert zu regulieren. Weil ich nie das Gefühl hatte, genug zu sein, investierte ich all meine Energie in den Versuch, »mehr« zu werden. Ich dachte damals, dass ich nur klüger und schöner werden müsste, um in der Gunst anderer zu steigen.

Heute weiß ich, dass ich damit vielleicht bei einigen Männern ankommen kann, ihre Herzen werde ich damit allerdings nicht öffnen können. Denn um einen anderen Menschen als Lebenspartner langfristig an sich zu binden, braucht es viel mehr als ein hübsches Äußeres.

Sex sells

Da ich mich in meinem Körper nicht wohlfühlte und ihn als wenig attraktiv einstufte, fand ich mich auch sexuell wenig begehrenswert. So versuchte ich, meine – aus meiner Sicht – mangelnde sexuelle Anziehungskraft über eine gewisse sexuelle Offenheit auszugleichen. Da ich mich als unattraktiv einstufte, hatte ich das Gefühl, nicht auch noch im Bett Nein sagen zu dürfen. Dadurch, so glaubte ich, würde ich nur noch unattraktiver werden. In meinem Schlafzimmer ging es aus diesem Grund – wie in allen Bereichen meines damaligen Lebens – perfektionistisch zu. Ich stand unter Leistungsdruck und versuchte damit, die Sorge zu überdecken, nicht gut genug zu sein. Schließlich hatte ich inzwischen gelernt, dass meine sexuelle Offenheit im Umgang mit Männern mein Ass im Ärmel war, mit dem ich sie zumindest auf dieser Ebene an mich binden konnte. Erotik nahm also einen wichtigen Platz im Miteinander ein, und das sexuelle Gütesiegel wurde zum Qualitätsmerkmal meiner Beziehungen. »Sex sells« galt somit auch für mich. Sex wurde zu meiner Währung in Liebesangelegenheiten, nach dem Motto: »Ich erfülle dir deine Wünsche, aber bleib dafür bitte bei mir und verlass mich nicht.« Interessanterweise sprach ich später mit vielen, auch sehr attraktiven Frauen, die ähnliche Kompensationsstrategien aufgrund eines reduzierten Selbstwerts hatten. Dieser offene Austausch war für mich sehr hilfreich, um mein Verhalten zu hinterfragen und mich auch in meinem Sexleben neu finden zu können.

Heute habe ich zum Glück ein anderes Körpergefühl. Ich liebe jeden Zentimeter meines Körpers und bin mir bewusst, dass ich in jeder Hinsicht genüge – innen wie außen. Indem ich während meiner Datingpause einen besseren Zugang zu meinem Innenleben etablierte, begriff ich, dass ich als Mensch aus mir selbst heraus etwas wert bin und nicht ständig etwas leisten muss, um gemocht zu werden. Ich habe Personen um mich, die zu schätzen wissen, was ich zu geben habe, und die mir dies auch immer wieder sagen. Andere setzen andere Prioritäten und können mit dem, was ich verkörpere, nichts anfangen. Beides ist legitim, aber ich möchte heute gar nicht mehr jedem gefallen. Ich möchte jedoch in jedem Moment ich selbst sein und mich so annehmen, wie ich bin. Für mich bedeutet dies wahre Freiheit. Ich habe daher lieber weniger vertraute Menschen in meiner Nähe, dafür aber Freundschaften mit Tiefgang.

Das Ego in den Urlaub schicken

Während meiner Männerauszeit mietete ich mir für meinen Sommerurlaub einen Bulli Camperbus und fuhr damit von Hamburg nach Dänemark. Ich hatte das Gefühl, dringend raus aus der Großstadt zu müssen, und nahm mir vor, eine Woche lang nur mit mir und in der Natur zu verbringen. Dieser Urlaub, in dem ich auf mich allein gestellt war, half mir enorm, meine egozentrischen Sichtweisen auf meine Männerwahl und das Leben im Allgemeinen abzulegen.

In dieser einen Woche, in der ich das große Glück der kleinen Dinge entdeckte, entschied ich, mich viel stärker auf mein inneres Wohlbefinden zu fokussieren. Denn auch wenn ich weder Dusche noch Toilette hatte, meine Haare unter einem Wasserhahn auf einer Raststätte wusch und mein Essen auf zwei Gasflammen kochte, war ich aus mir selbst heraus so tief erfüllt, dass ich erkannte, dass keine äußeren Umstände mich langfristig glücklich machen konnten. Sie konnten vielleicht kurzfristig ein bisschen Freude triggern und mein Grundgefühl anheben. Doch war dieser Moment vorbei, würde ich wieder auf dieses innere Grundgefühl zurückgeworfen werden. Daher musste ich mich darauf besinnen, meine Glücks-Baseline langfristig anzuheben – und die Arbeit daran wurde seitdem zu einem wichtigen Kernelement meines Lebens.

Noch in diesem Urlaub beendete ich deshalb meine mehr als

zehn Jahre praktizierten zwanghaften Sportroutinen, denen ich selten für mein Wohlbefinden nachgegangen war. Ich hatte damit mein schönes Äußeres im Auge gehabt, mit dem ich andere beeindrucken wollte. Im Camper hatte ich meine tieferen Beweggründe für bestimmte Verhaltensweisen hinterfragt: Tat ich Dinge, weil sie sich gut und richtig anfühlten und meinen aktuellen Bedürfnissen entsprachen? Oder machte ich sie nur, um vor anderen gut dazustehen und neidvolle Blicke zu erhaschen? War Letzteres der Fall, ließ ich sie auf der Stelle sein. Ich hörte auf, meinem Ego weiter Futter zu geben.

Außerdem realisierte ich in dieser Woche, dass ich mich in meinem Liebesleben mit folgenden Fragen auseinandersetzen musste, um grundlegend unabhängiger von der Bewertung anderer zu werden:

- Bin ich bereit, mein Leben und meine Beziehungen unabhängig davon zu führen, was andere Menschen von mir denken?
- Ist mir mein eigenes Glück wichtiger als die Frage, wie andere Menschen mich und mein Leben bewerten?
- Und vor allem: Bin ich bereit, mein Leben mit einem Menschen zu teilen, der mich glücklich macht, unabhängig davon, wie er aussieht und welchen Status er innehat?

Ein Beispiel: Ich bin mit eins achtzig eine sehr große Frau. Einen Partner zu haben, der kleiner ist als ich, war lange undenkbar für mich. Wie sieht das denn aus?, dachte ich dabei meist. Und: Was denken denn dann die anderen über mich, wenn ich größer als der Mann an meiner Seite bin? Ich hatte die Sorge, dass uns die anderen spöttisch betrachten und mit dem Finger auf uns zeigen würden, wenn ich einen kleineren Mann in mein Leben ließ. Nach all den großen und attraktiven Männern kamen mir kleinere Partner wie ein inakzeptabler Rückschritt vor.

Irgendwann traf ich in dem Krankenhaus, in dem ich während meines Medizinstudiums arbeitete, einen jungen Assistenzarzt in der Rettungsstelle. Er war ungemein hilfsbereit, zuvorkommend und hatte eine große Portion an Wortwitz. Ich weiß gar nicht mehr genau, wie es dazu kam, aber ich gab ihm meine Handynummer. Dabei dachte ich: Hoffentlich macht er sich keine Hoffnungen! Denn er war um einiges kleiner als ich und auch sonst optisch überhaupt nicht mein Typ. Aber er war nett und sicher ein guter Gesprächspartner, um mal zusammen ein Bier zu trinken.

Je länger wir uns kannten, desto sympathischer wurde er mir. Bis dahin hatte er mir keinerlei Avancen gemacht, und ich dachte mir nichts dabei, als er mich spontan ins Theater einlud. Irgendwann merkte ich aber, wie er versuchte, seinen Arm um mich zu legen. Oh shit!, war mein erster Gedanke. Wie komme ich aus der Nummer bloß wieder raus? Ich wand mich daher wie eine Schlange aus der Umarmung und schaffte es irgendwie, dieses doch wohl als Date gedachte Treffen ohne weitere unangenehme Momente über die Bühne zu bringen.

Ein paar Wochen später war ich in einer Zwickmühle und brauchte Hilfe. Er bot sie mir ohne jegliches Zögern an, und dabei geschah etwas Magisches. Er berührte mit seinen großherzigen Gesten mein Herz so sehr, dass ich mir erlaubte, meinen Kopf, der mir ständig sagte, was ging und was nicht ging, auszuschalten und mich einfach treiben zu lassen. Ich ließ mich auf sein Wesen ein, das so rein, gut und voller Liebe war, dass ich alles andere, das vermeintlich nicht passte, vernachlässigte.

Mit diesem Mann führte ich ein Jahr lang eine der glücklichsten und entspanntesten Beziehungen, die ich je hatte, bevor uns unsere Lebenswege in unterschiedliche Richtungen führten. Zwischen uns war alles einfach, wir verbrachten gern Zeit miteinander und erlebten viele wunderschöne Momente. Er tat mir und meinem Herzen so gut, dass es mir irgendwann egal war, was andere über uns denken würden. Schließlich konnte er mit seiner charakterlichen Größe die fehlenden Zentimeter an Körpergröße mehr als ausgleichen.

Es gab noch ein paar andere Männer, auf die ich mich einließ, obwohl sie auf den ersten Blick gar nicht mein Typ waren. Meist tat ich dies jedoch immer nur so lange, bis wieder ein Schönling daherkam, von dem ich mir Glück sowie Selbstwertsteigerung in einem versprach. Heute bin ich der Meinung, dass der wichtigste Unterschied zwischen diesen entspannten und glücklichen Beziehungen und den oft zähen und anstrengenden Romanzen, die ich mit sehr attraktiven Männern hatte, nur ein kleines Detail ist, das jedoch einen enormen Einfluss auf mich hatte.

Datete ich Männer, die aus meiner Sicht unterhalb meines »Marktwerts« lagen, war ich total gelassen. Ich hatte das Gefühl, dass ich niemanden von mir überzeugen musste, da ich mir meiner selbst relativ sicher war und die Perspektive einnahm, dass der andere mich von sich überzeugen müsste – schließlich stand er mindestens eine Ebene unter mir. Ich ging tiefenentspannt in unsere Dates, zeigte mich von meiner natürlichen und unaufgetakelten Seite und ließ es laufen. In der Regel war ich weniger geschminkt und gestylt und dachte auch sonst weniger darüber nach, was ich wie tat. Stattdessen war ich vollkommen authentisch. Diese Männer weckten keinen »Unbedingt-haben-Wollen-Impuls«, da sie auf dem Markt der unbegrenzten Möglichkeiten keine übermäßig begehrte Trophäe darstellten. Wenn es mit diesem oder jenem nicht klappen sollte, so dachte ich, gab es noch genügend andere Männer, die in etwa in der gleichen Liga spielten und froh sein konnten, wenn ich mich auf sie »einließ«. Hier möchte ich betonen, dass dies die Gedanken meines alten und sehr egozentrischen Ichs waren, die ich mit dem Ziel einer ehrlichen Schilderung der damaligen Situation wiedergebe. Heute weiß ich, dass viele dieser Männer mir um einiges voraus waren.

Lernte ich allerdings ein Exemplar vom Typ »Adonis« kennen, hatte ich das Empfinden, diesen Mann von mir überzeugen zu müssen. Ich glaubte nicht, dass es ausreichen würde, einfach nur ich zu sein, um ihn von mir zu überzeugen. Stattdessen versuchte ich mich für diese Männer aufzupolieren und meine strahlenden Seiten besonders stark zu betonen, während ich meine Makel unter den Teppich zu kehren versuchte.

Das Gefühl, aus mir selbst heraus nicht gut genug zu sein, sondern mir Zuneigung verdienen zu müssen, setzte mich gewaltig unter Druck. Daher konnte ich das Kennenlernen mit dieser Gruppe von Männern nicht so entspannt angehen wie bei denen, die unter meinem »Marktwert« waren. Ich begann die Kontrollzügel fester anzuziehen, zu taktieren und auch ein klein wenig manipulierend zu agieren. Außerdem dachte ich viel mehr nach, anstatt alles ganz entspannt anzugehen und darauf zu vertrauen, dass alles gut werden würde. Sobald ein Mann aus dieser Kategorie nämlich mein Interesse geweckt hatte, war mein Jagdinstinkt aktiviert, und ich wollte mich beweisen. Die Dates mit diesen Adonissen waren daher keine lockeren Treffen, sondern Werbeveranstaltungen, auf denen ich sie von mir als »Produkt« überzeugen wollte.

Ich verhielt mich so, wie ich dachte, dass es interessant, attraktiv und verführerisch wäre, und hoffte, dass der andere darauf anspringen würde. Ich wollte überzeugen und tat alles dafür – inklusive sexy Klamotten, roten Lippen und High Heels. Ich wollte der Typ Frau sein, der Männer anzieht wie das Licht die Motten. Dadurch hatte ich das Gefühl, mich besonders herausputzen zu müssen, um aus der Masse der Optionen herauszustechen und überzeugen zu können. Ich sah nicht, dass ich auch ohne perfekte Maskerade – einfach so, wie ich bin – beeindruckend sein kann. Nicht nur vom Äußerlichen her, sondern aufgrund meines Wesens und meines großen Herzens, das voller Liebe ist.

Sonnen- und Schattenseiten

So datete ich zum Beispiel eine Zeit lang ein Model aus den USA. Wir lernten uns auf einem Flug von New York City nach Philadelphia kennen, tauschten Handynummern aus und blieben in Kontakt. Als ich ihn im Flugzeug kennenlernte, wirkte er auf mich ziemlich verlottert. Seine Jogger-Klamotten hatten überall Löcher, und auch sonst war er zwar nett und wir verstanden uns gut, direkt umgehauen hatte er mich jedoch nicht.

Dies änderte sich an dem Punkt, als er mir erzählte, dass er Model sei. Diese Welt der Reichen und Schönen übte damals noch eine enorme Faszination auf mich aus. Ich wollte auch dazugehören, und er war meine Eintrittskarte. Mehr noch, auf seinen Modelfotos, auf denen er auch mal mit dem perfekten Schlafzimmerblick und Super-Sixpack in Unterwäsche abgebildet war, sah er aus wie ein Gott. Auf Bildern und dem Runway war er stets perfekt gestylt und wirkte atemberaubend. Je öfter ich ihn auf solchen Aufnahmen sah, desto mehr wollte ich ihn haben – auch wenn er im »echten« Leben und abseits der Kamera viel weniger glamourös wirkte.

Je näher wir uns kennenlernten, desto mehr lernte ich auch seine Schattenseiten jenseits des Rampenlichts kennen. Um seine perfekte Figur zu halten, betäubte er sich mit Cannabis, Alkohol und anderen Drogen. Er war seit Jahren abhängig und litt unter Wutanfällen, die teils extreme Ausmaße annahmen. Jedes Mal wenn ich etwas tat, das nicht seiner Vorstellung entsprach, rastete er völlig aus, schrie mich an oder haute ab. Er war alles andere als der entspannte Sonnyboy, den er auf den Fotos verkörperte. Im Gegenteil, in ihm tobte ein Monster, das sich hinter einer schönen Fassade versteckte. Ein Wolf im Schafspelz sozusagen.

Ich merkte schnell, dass wir große Differenzen hatten, denn ich hatte mit Drogen noch nie etwas am Hut gehabt, Alkohol vertrage ich nur in homöopathischen Dosen, und Konflikte kläre ich auch lieber in einem ruhigen und reflektierten Gespräch als in wilden Streitereien mit Geschrei. War ich deshalb in der Lage, diesem Mann Lebewohl zu sagen? Nein, das war ich natürlich nicht! Ich war todunglücklich mit ihm, weinte viel, war hochgradig genervt, und dennoch war er der attraktivste Mann, den ich bis dahin gedatet hatte. Ich wollte ihn an meiner Seite behalten und hoffte, dass ich seine negativen Eigenschaften einer Generalüberholung unterziehen konnte. Ich wollte quasi die schöne Hülle behalten und die Persönlichkeit austauschen, die darin steckte – ein hoffnungsloses Unterfangen. Ich klammerte mich jedoch so sehr an den Gedanken, nie wieder einen solch begehrenswerten Mann kennenzulernen, dass ich bereit war, bis aufs Blut – in diesem Fall mein eigenes – um ihn zu kämpfen.

Schaue ich heute auf diese und ähnliche Situationen in meinem Leben, dann frage ich mich, warum ich nicht in der Lage war, Nein zu sagen und zu gehen. Ich hatte schließlich sofort gemerkt, dass vieles nicht passte, und doch hielt ich an der Hoffnung auf ein Happy End fest. Warum tat ich das?

Dieser Frage bin ich auf den Grund gegangen und habe herausgefunden, dass ich mich vor allem in meine Fantasien mit ihm verliebt hatte, die sich unabhängig von der Realität in meinem Kopf abgespielt hatten. In diesen waren wir ein glückliches und harmonisches Paar, das seine Konflikte entspannt und auf Augenhöhe klären konnte. Wir hatten wunderhübsche Kinder und führten ein Jetset-Leben an den Stränden von Los Angeles, der Stadt, in der er damals lebte. Es war daher nicht er, den ich nicht loszulassen vermochte, sondern es waren meine Vorstellungen davon, wie es zwischen uns sein könnte, die ich nicht ziehen lassen wollte.

Die Heilung des Selbstwerts
kann nur von innen kommen

Das Problem beim Loslassen lag für mich vor allem darin, dass ich mein Selbstwertgefühl an diese Supermänner band, und je mehr ich dies tat, desto schwieriger wurde es, diese aus meinem Leben gehen zu lassen. Sobald ich das nämlich tat, fühlte ich mich wieder so minderwertig, wie ich mich vorher ohne sie gefühlt hatte – und das wollte ich unbedingt vermeiden. Stattdessen versuchte ich auf Teufel komm raus zu behalten, was sie mir gaben, und nahm dafür einige Qualen in Kauf.

Es dauerte lange, bis ich verstand, dass diese Strategie nicht erfolgreich war und mich immer wieder direkt ins Unglück führte. Letztlich muss ich nämlich niemand anderen von mir überzeugen – ich muss nur mich selbst von mir überzeugen. Denn wenn ich nicht in meinem Inneren von mir selbst überzeugt bin, dann können andere dieses Selbstwertloch vielleicht temporär abdecken, niemals aber bewirken, dass es sich dauerhaft schließt. Um in meiner Männerwahl unabhängiger von den Bewertungen anderer zu werden, musste ich zuallererst dieses Loch erkennen und ausheilen. Statt ständig Männer als Pflaster zu benutzen, die mit jeder Trennung abgerissen wurden und die Wunde erneut zum Bluten brachten, musste ich das Ganze endlich professionell versorgen.

In der Medizin ist es für eine adäquate Wundbehandlung wichtig, die Wunde zuerst zu reinigen und dann dafür zu sorgen, dass die mechanische Belastung reduziert wird, damit sie in Ruhe und vom Wundgrund (dieser befindet sich tief im Fleisch) zuwachsen und abheilen kann. Mein Verzicht auf Männer, die immer auch meine Selbstwert- und Ego-Booster waren, war genau die Reinigung und Ruhe, die meine Selbstwertwunde brauchte. Während meines Dating Sabbatical konnte daher endlich das heilen, was früher immer nur notdürftig versorgt und immer wieder aufgerissen worden war.

Ich bin gut so, wie ich bin

Zum Schluss waren es die vollkommene Liebe zu mir selbst und die Annahme all meiner Eigenheiten, die mich von meinen Selbstzweifeln heilten und es mir erlaubten, auch andere in ihrer Gänze anzunehmen. Während meiner Datingpause stellte ich mich häufig vor den Spiegel, betrachtete mich und sagte mir, dass ich genug bin. Ich sagte es meinem Spiegelbild so oft, bis ich es selbst glaubte und meinen Wert sah. Außerdem schrieb ich kleine Erinnerungen mit dem Satz »Du bist genug!« und hinterließ sie an verschiedenen Orten in meiner Wohnung, etwa an meinen Spiegeln sowie am Kleiderschrank, und stellte mir eine tägliche Erinnerung daran in meinem Kalender ein. Je öfter ich diese Worte las und mir selbst voller Liebe begegnete, desto mehr glaubte ich an mich und meinen Wert. Weil es mir gelungen ist, mich vollumfänglich zu lieben, kann ich heute auch alle anderen auf dieser Welt lieben.

Du bist, was du glaubst

Es ist daher ganz egal, wie viele Dinge du im Außen anhäufst, wenn sich dein Gefühl in deinem Inneren nicht verändert. Du kannst ganz viel Zeit darin investieren, Chinesisch zu lernen und dich wunderbar in dieser Sprache verständigen können. Wenn jedoch in deinem Bewusstsein nicht angekommen ist, dass du jetzt wirklich gut Chinesisch kannst, wirst du deinen Fokus immer wieder auf deine Fehler und Unkenntnisse legen.

Dein gefühlter Mangel kommt nur zustande, weil du glaubst, dass es einen Unterschied zwischen der Version von dir gibt, die du denkst zu sein, und der Version, die du sein möchtest. Und je größer der Unterschied zwischen diesen zwei Versionen ist, desto größer fühlt sich dein Defizit an. Desto länger und anstrengender scheint der Weg zu sein, den du zu gehen hast, um dein Ziel zu erreichen. Es ist allerdings nicht dein Zustand, der Druck und Stress verursacht, es ist allein dein Denken, mit dem du agierst.

Du erkennst, dass du alles in dir trägst, was du benötigst, wenn du den Versuch beendest, etwas zu werden, und verstehst, dass du bereits alles bist. Manchmal braucht es dazu die Abkehr von allem, um im Nichts alles zu finden. An dem Punkt, an dem ich aufhörte, etwas sein zu wollen, und lernte, mich stattdessen so anzunehmen, wie ich bin, erkannte ich, dass mein früher so oft gefühlter Mangel allein deshalb entstand, weil ich glaubte, dass mir etwas fehlen würde. Zu glauben, etwas nicht zu haben, und etwas in der Tat nicht zu haben, sind zwei komplett verschiedene Dinge, was ich durch folgendes Beispiel verdeutlichen möchte:

Du kannst den ganzen Tag mit einem Eine-Million-Euro-Scheck in der Tasche herumlaufen. Solange du nicht weißt, dass du diesen Scheck tatsächlich besitzt, wirst du dich nicht reicher fühlen, nur weil du ihn mit dir herumträgst. Andere Menschen können dir noch so oft sagen, wie reich du bist, du wirst es erst glauben, wenn du den Scheck siehst. Dich reich zu fühlen, ist also kein Ergebnis dessen, was du hast, sondern abhängig davon, was du zu haben glaubst.

Ganz ähnlich ist es mit deinem Selbstwert. Wir alle haben nämlich diesen Eine-Million-Euro-Scheck in der Tasche. Manche von uns wissen davon, und andere glauben fest daran, dass ihnen niemals so viel Glück widerfahren wird. Sie würden nicht einmal in ihrer Tasche nachschauen, wenn man es ihnen sagen würde, weil sie überzeugt davon wären, dass man sie an der Nase herumführen will. Dein Selbstwert ist auch nichts anderes als ein Wert, an den du glauben oder eben nicht glauben kannst – und daher bestimmst immer du allein, wie viel du wert bist.

Wir sind alle gleich

Früher dachte ich, dass manche Menschen mehr und andere weniger wert seien – einfach deshalb, weil sie mehr oder weniger leisten würden, mehr oder weniger beliebt oder erfolgreich wären. Das war die Denkweise, mit der ich aufwuchs. Heute habe ich verstanden, dass das der größte Blödsinn ist, den unsere Gesellschaft hervorgebracht hat. Wir alle sind großartig, und selbst wenn wir verschieden sind, sind wir absolut gleich viel wert. Kein Mensch ist wichtiger oder wertvoller als ein anderer. Dinge werden nur subjektiv wichtiger, weil wir ihnen eine höhere Wertigkeit zuschreiben, zum Beispiel weil sie eine emotionale Geltung für uns haben.

Ein Mensch kann so für eine Person das Wichtigste auf der Welt sein, weil sie mit diesem liiert ist, für eine andere jedoch absolut keine Bedeutung haben, weil sich diese zwei Leute nie über den Weg gelaufen sind. Ist der Mensch deshalb mehr oder weniger wert? Mit Sicherheit nicht! Denn er bleibt – objektiv gesehen – immer derselbe. Es ist allein die subjektive Geschichte über ihn in den Köpfen anderer, die sich ändert. Wir sollten unseren Selbstwert daher nicht von diesen Geschichten in den Köpfen anderer Personen abhängig machen, sondern uns auf uns selbst besinnen.

Ich kenne einige, die ihren Wert mit einem möglichst großen Fußabdruck, den sie auf der Welt zu hinterlassen versuchen, untermauern wollen. Menschen, deren Namen man kennt, kann man ihren Wert für die Gesellschaft meist nicht so einfach absprechen. Bei Lieschen Müller, die lange arbeitslos war, fällt dies vielen hingegen leichter. Wir sind jedoch alle nur aus Fleisch und Blut, haben ungefähr die gleiche Anzahl an Chromosomen, ein Herz, ein Hirn usw. Was soll denn da mehr oder weniger wert sein? Das Loch, das man am Ende unseres Lebens für uns aushebt, hat für alle die gleiche Größe.

Und wer ist schließlich perfekt? Der rastlose Topmanager etwa, der sein Leistungsstreben auf einem defizitären Selbstwert und einem überhöhten Geltungsanspruch aufbaut und abends nur mit Schlaftabletten einschlafen kann? Wir alle sind unperfekt, und das macht uns so grandios einzigartig! Dies anzuerkennen und daran zu glauben, dass die Welt dich braucht – genauso wie du bist –, führt dich in ein glückliches Leben. Nicht der Versuch, Mainstream-Idealen hinterherzulaufen und ein Mensch zu sein, der du nicht bist.

Nicht perfekt, sondern perfekt du selbst sein

Ich brauchte lange, um zu verstehen, dass es im Liebesleben nicht darum geht, stets die perfekte Show abzuliefern. Du kannst nicht die Kraft aufbringen, dauerhaft zu schauspielern. Zwar kannst du dieses Spiel meist für eine gewisse Zeit spielen – es wird dich nur nicht glücklich machen. Anstatt zu versuchen, perfekt zu sein, solltest du danach streben, bei allem einfach nur perfekt du selbst zu sein. Wenn du perfekt bist, versuchst du allen zu gefallen. Dabei reicht es doch, nur einer Person zu gefallen, um eine glückliche Beziehung zu führen. Und unabhängig von allen anderen um dich herum musst du zuallererst dich davon überzeugen, dass du genug bist. Nur wenn du davon überzeugt bist, kannst du dauerhaft authentisch sein und die Menschen und Momente anziehen, die zu dir passen und die für dich gemacht sind.

Außerdem umgehst du so die Gefahr, dass der schöne Schein irgendwann zusammenbricht. Schließlich ist es nur logisch, dass man einen anderen nicht zu sehr in sein Leben hereinlässt, wenn es in der Wohnung anders aussieht als vor der Haustür. Menschen, die sich zurückziehen, wenn es ihnen schlecht geht, zweifeln unter Umständen daran, ob sie sich anderen »so« antun können. Vielleicht finden sie in diesen Augenblicken nicht die Kraft, die Maske hochzuhalten. Ein Rückzug ist in Zeiten des Selbstzweifels dann oft die einfachere Lösung, als zu riskieren aufzufliegen.

Je echter du bist, desto anziehender wirkst du

Ich will dir damit sagen, dass es nicht darum geht, perfekt zu sein. Das ist ein falscher Glaubenssatz. Keiner ist perfekt. Je mehr du es versuchst, desto mehr wirst du scheitern. Selbstverständlich gibt es ein natürliches und gesundes Streben nach Selbstoptimierung. Aber es sollte mit realistischen Zielen verbunden sein, die dir auch langfristig guttun, anstatt dir zu schaden. Je mehr du du selbst bist, desto selbstsicherer und strahlender wirst du sein. Der Begriff »in sich ruhen« passt hier sehr gut.

Menschen spüren unbewusst, ob du dich verstellst. Du hast beispielsweise ein anderes Lachen, wenn du den Witz wirklich lustig findest, als wenn du nur lachst, um mitzulachen. Bei Variante eins lachst du mit deinem ganzen Gesicht, inklusive deiner Augenpartie. Zwingst du dich zum Lachen, sind nur deine Mundwinkel aktiv. Dein Gegenüber merkt es vielleicht nicht bewusst, aber unbewusst nimmt er diese kleinen Zeichen wahr. Wenn verbales und nonverbales Verhalten nicht kongruent sind, ergibt sich auf Dauer ein eigenartiges Bauchgefühl. Es ist daher viel leichter, authentischen Menschen zu vertrauen. Und Vertrauen ist in Beziehungen schließlich ein integraler Bestandteil.

Die Herausforderung für viele ist, dass sie gar nicht mehr wissen, was genau ihr Selbst ausmacht, wenn sie jahrelang mit dem Perfektionismus-Hammer daran herumgewerkelt und darauf eingeschlagen haben. Es kann also sein, dass vieles verdeckt oder versteckt ist, was dich selbst ausmacht, und es erst ausgegraben werden muss. Dich selbst zu finden, kann sich anfühlen, wie aus einem groben Marmorblock eine wunderschöne Statue herauszuarbeiten. Es ist anstrengend, manchmal frustrierend und zäh, aber eine Arbeit, an deren Ende Belohnung, Glück und Erfüllung warten.

Vom Mangel- ins Füllebewusstsein

Um in dem glücklichen und erfüllten Leben anzukommen, das ich heute führe, half mir ein tägliches Dankbarkeitsritual. Dabei schreibe ich mir auch heute noch jeden Abend die Dinge auf, für die ich an diesem Tag dankbar bin. Ich erinnere mich an die bereichernden Situationen des zurückliegenden Tages, und mit den Erinnerungen kommt nochmals eine sehr positive Stimmung vor dem Schlafengehen in mir auf. Je länger ich dieses allabendliche Ritual durchführte, desto mehr änderte sich in meinem Leben. Ich begriff, dass mein Jammern über das, was mir fehlte, nur einen Teil meines Lebens betraf, während ich in vielen anderen Bereichen über alle Maßen gut aufgestellt und reich beschenkt war. Plötzlich waren die Probleme, die ich in gewissen Bereichen meines Lebens hatte, nicht mehr so dominierend. Sie verloren ihre Bedrohlichkeit, und ich konnte sie im Gesamtzusammenhang meines Lebens begreifen. Ja, es gab Baustellen, aber es gab eben auch blühende Landschaften. Das Leben ist immer eine Mischkalkulation. Wichtig ist, dass der Großteil passt.

Menschen tendieren leider oft dazu, ihren Fokus darauf zu richten, was ihnen fehlt oder was schlecht läuft. Ständige Vergleiche sind jedoch das Schlimmste, was eine Person machen kann, denn dabei kann man nur verlieren. Es gibt immer jemanden, der etwas besser kann oder in einem bestimmten Bereich mehr hat als man selbst. So ist das Leben. Das Ziel sollte nicht sein, als Reaktion darauf mehr anzuhäufen, sondern seinen Frieden mit weniger zu machen. Sobald du die unendliche Fülle in dir entdeckst, ist es egal, wie viel du im Außen dein nennen kannst. Wenn du die Erfüllung in dir findest, ist es egal, wie viel Materielles andere haben. Ein Leben in Fülle ist nur dauerhaft zu erreichen, indem du die Quelle des Wohlbefindens in dir findest – und diese Quelle heißt Selbstliebe.

7
Körperliebe

Körperkampf, nein danke!

Weil mich während meiner Männerauszeit eh niemand nackt sah und ich daher auch in keine bestimmte Form passen musste, konnte ich meinen Kampf um ein perfektes Äußeres beenden und mir erlauben, endlich mal weniger oder gar keinen Sport zu machen. Dadurch lernte ich einiges Neues über meinen Umgang mit meinem Körper und baute eine neue Beziehung zu diesem auf. Früher war es nämlich so, dass ich mich fast jeden Tag mehr oder weniger dazu zwang, Sport zu machen. Ich glaubte, dass es viel Training bräuchte, um einigermaßen »normal« auszusehen und mich in meinem Körper wohlfühlen zu können.

So viele Frauen kennen diese zweifelnde Einstellung ihrem Körper gegenüber und haben ähnlich wie ich früher immer wieder das Gefühl, körperlich nicht genug zu sein. Nur wenige haben von Natur aus »Traummaße«, und die Mehrheit muss dafür ordentlich schwitzen oder verzweifelt regelmäßig im Kampf um die Kilos. Meine Männerauszeit nutzte ich deshalb dazu, mich von meinem Äußeren zu distanzieren und ein entspannteres Verhältnis zu meinem Körper aufzubauen. Schließlich merkte ich, wie ich mit ihm vor allem den Männern dieser Welt gefallen wollte und mich dieses Gefallenwollen immer sehr unter Druck gesetzt hatte. Daher dachte ich, mein Dating Sabbatical sei die perfekte Zeit dafür, auch in meinem Umgang mit meinem Körper aufzuräumen und eine neue Beziehung zu diesem aufzubauen. Ich wollte meinem Körper endlich wie etwas Göttlichem und nicht mehr als Prügelknabe begegnen. Daher entschloss ich mich, mich nur noch dann zu bewegen, wenn ich Lust darauf hatte und es zu meinem Wohlbefinden beitrug. Statt täglicher Sportroutinen machte ich längere Spaziergänge und versuchte, im Wochendurchschnitt auf 10 000 Schritte pro Tag zu kommen – ein Aktivitätsniveau, das einer gesunden Alltagsaktivität entspricht. Ich gestand mir zu, nicht immer funktionieren zu müssen, so wie mein Ego es wollte, sondern mehr den Bedürfnissen meines Körpers und meiner Seele zu lauschen. In dieser Zeit hörte ich auf, meine Hülle ständig so zu modellieren, wie ich sie haben wollte. Ich fing an, sie so sein zu lassen, wie sie von Natur aus ist.

Nach mehreren Monaten fast komplett ohne sportliche Aktivitäten machte ich einen Vorher-nachher-Vergleich meines Körpers und teilte ihn auf meinem Blog. Ich veranstaltete mit den Menschen, die mir auf Instagram gefolgt waren, ein kleines Quiz und ließ sie raten, welche Fotos vor und welche nach meiner Sportpause aufgenommen wurden. Das Ergebnis: Außenstehende konnten den Unterschied überhaupt nicht erkennen. Dieses Resultat nahm eine riesengroße Last von meinen Schultern, denn es schien absolut ausreichend zu sein, regelmäßig spazieren zu gehen und auf ein gesundes Maß an Alltagsaktivitäten zu achten. Ich lernte dadurch, endlich meinen Frieden mit meinem natürlichen Körperbild zu schließen und alles an meinem Körper zu lieben – auch meine dünnen Arme sowie die Dellen an meinem Po. Das war ein weiterer wichtiger Schritt meiner Transformation zu mehr Authentizität und Selbstliebe.

Ich musste also gar nicht so viel Zeit in Sport investieren, um gut auszusehen und mich auf diese Weise wohlzufühlen. Außerdem begriff ich, dass ein schönes Äußeres viel mehr mit dem zu tun hat, wie ich mich in mir selbst fühle und ob ich aus mir heraus strahle. Denn je weniger Sport ich machte und je mehr ich an meiner inneren Schönheit arbeitete, desto mehr Komplimente bekam ich für mein Aussehen – ohne dass ich es darauf angelegt hätte. Immer wieder sagten mir Bekannte, wie glücklich ich aussehen würde, und das Feedback zu meinem positiven inneren Gefühlszustand wurde zu meinem liebsten Kompliment. Wirkliche

Schönheit hat nämlich nichts mit einer Traumfigur zu tun, sondern mit einem lachenden Herzen. Und es fiel mir leichter, mein Herz zum Strahlen zu bringen, als ich mich auf mein inneres Wohlbefinden besann, statt mich jeden Tag zum Sport zu zwingen. Natürlich bedeutet das nicht, den ganzen Tag untätig auf der Couch zu liegen und sich mit Chips vollzustopfen, aber eben auch nicht das andere Extrem, ständig gegen den eigenen Körper anzukämpfen.

Warum mir mein perfektes Äußeres früher so wichtig war, habe ich bereits beschrieben. Hier möchte ich nun darauf eingehen, wie es mir gelang – ergo auch dir gelingen kann –, eine positive Verbindung zum eigenen Körper aufzubauen und in wahre Körperliebe einzusteigen.

Wenn Laufen ein Weglaufen ist

Früher war allein die Vorstellung, länger als zwei Tage keinen Sport machen zu können, für mich der absolute Horror. Immer wenn ich mir eine Erkältung eingefangen hatte und dies bedeutete, eine Sportpause machen zu müssen, kam Panik in mir auf. Die Angst, dass ich ohne regelmäßiges Training dicke Oberschenkel bekommen oder meinen knackigen Po verlieren könnte, war immens. Wie oft habe ich vor dem Spiegel gestanden und geschaut, ob ich gerade irgendwo ein wenig Fett angesetzt hatte – und damit meine ich die zehn Gramm, die man nur selbst und unter der Lupe sehen kann. So oft habe ich mich wegen meines Körpers fertiggemacht und gedacht, dass ich nicht liebenswert wäre, wenn ich auch nur das kleinste bisschen zunehmen würde. Weil ich gestählte Männerkörper so liebte, entsprach mein Körperideal viel mehr dem eines durchtrainierten Sportlers als einer gewissen Weichheit, die eine weibliche Figur ausmacht. Meine Laufroutinen stellten daher auch immer ein Weglaufen vor meinem wahren Wesen und meinem naturgegebenen Körperbild dar.

Mensch oder Skulptur?

Mein Körper war lange wie eine Skulptur, an der ich gleichsam regelmäßig mit Hammer und Meißel arbeitete. Dieses Kunstwerk wird vielleicht gern bewundernd angeschaut – aber lieber aus gewisser Distanz. Man kommt nicht so schnell auf die Idee, es sich in seine Arme zu legen und damit kuscheln zu wollen. Natürlich sah das – unter Modelstandards betrachtet – schön aus, doch wenn man mir in die Augen oder in mein Herz schaute, bemerkte man, dass die äußere Schönheit mehr und mehr mein inneres Glück verdrängt hatte. Denn oft musste ich mich sehr quälen und die Wohlfühlzeit mit mir gegen meine Sportroutinen eintauschen, um dieses Körperbild halten zu können. Der Zweck dieser Mauer aus Make-up, Styling und Körperkult war es, mich vor abwertenden Angriffen auf meinen Selbstwert zu schützen. In dieser schönen Hülle fühlte ich mich zwar weniger angreifbar, doch gleichzeitig zunehmend einsamer, da auch ein schönes Äußeres einen gegenüber anderen meist mehr abschottet als zugänglicher macht.

Sosehr ich versuchte, über ein schöneres Äußeres liebenswerter zu sein und von anderen Menschen angenommen zu werden, so sehr kehrte sich dies in sein Gegenteil um. Die Logik war nicht: Je perfekter ich aussah, desto mehr wurde ich angenommen und geliebt. Ganz im Gegenteil. Für mich galt eher: Je makelloser ich wirkte, desto einsamer und ausgegrenzter fühlte ich mich. Doch es waren nicht die anderen, die mich ausgrenzten: Ich grenzte mich selbst aus, weil ich auf keinen Fall normal sein und normal aussehen wollte. Ich wollte nicht so sein wie die anderen, und gleichzeitig wollte ich so gern zu diesen anderen gehören – ein Paradoxon, das mir viel Leid bescherte. Denn später sagten mir viele, dass sie sich früher nie getraut hätten, mich anzusprechen, ich hätte zu perfekt gewirkt. Erst als ich mein Äußeres zugunsten meiner Authentizität während meiner Datingpause weniger in den Mittelpunkt stellte, änderte sich das, und ich konnte mehr und tiefere Verbindungen zu anderen aufbauen. Es war, als wenn mir mein Leben sagte, dass Äußerlichkeiten allein gar nichts bewirken.

Indem ich von meinem Styling Abstand nahm und mir erlaubte, mehr und mehr natürlich zu sein, begriff ich, dass ein roter Lippenstift in der Tat sexy sein kann. Doch wenn ich mir auf Instagram die unzähligen Fotos von Frauen anschaue, die beide Seiten zeigen – die Make-up-freie sowie die gestylte –, finde ich die natürlichen Bilder oft viel anziehender. All die Schminke bewirkt, dass man vielleicht äußerlich schön ist, aber sie verdeckt eben auch das Individuelle, das Menschen authentisch und damit erst anziehend macht. Zum Schluss ist es nämlich immer das Wesen hinter der Maske, in das man sich verliebt.

Kraft für Neues

Wenn ich heute zurückschaue und realisiere, wie gering der Unterschied zwischen meinem Körper vor und nach dem Aufgeben meiner zwanghaften Sportroutinen ist, kann ich es oft selbst kaum glauben. Es fällt mir dann schwer nachzuvollziehen, warum ich mich so oft so sehr gequält habe. Wie viel Kraft und Zeit habe ich investiert, um etwas Vergängliches in Form zu halten, anstatt die Zeit lieber in mein Wohlbefinden und ein glückliches Leben zu stecken? Seitdem ich mit dem regelmäßigen Laufen aufgehört habe, habe ich vielleicht ein oder zwei Zentimeter Hüftumfang dazubekommen, die man – wenn überhaupt – nur sieht, wenn man ganz genau hinschaut. Was ich dagegen aber gewonnen habe, ist eine völlig andere Leichtigkeit, mit mir und meinem Körper umzugehen. Es fühlt sich an wie eine Tonne neue Lebensfreude. Die Langsamkeit eines ausgedehnten Spaziergangs passt heute viel besser in meinen achtsameren Lebensrhythmus als das schnelle »an der Natur Vorbeirennen«. Die Zeit, die ich früher in meine Sportroutinen investierte, nutze ich nun für Meditation,

Yoga, Selbstreflexion, Bücherlesen, das Pflegen von Freundschaften sowie neue Hobbys. Es ist nicht so, dass ich heute gar keinen Sport mehr mache. Aber ich mache weniger und bin bei allem, was ich tue, mehr in meiner inneren Balance.

Seither stelle ich mir im Hinblick auf sportliche Aktivitäten daher immer folgende Frage: Würde es gerade wirklich *mir* guttun, mich zu bewegen und Sport zu machen, oder würde es nur meinem Ego guttun? Wenn die Antwort Letztere ist, dann lasse ich es und gehe stattdessen Dingen nach, die mein Glücksniveau anheben. Merke ich jedoch, dass ich gerade tatsächlich Lust auf Bewegung habe, spüre ich in mich hinein, welche Art und Intensität mir gerade guttun würden – und gehe genau dem nach.

Zuerst fiel mir das alles andere als leicht. Die Saboteure in meinem Kopf trieben ihr Unwesen und flüsterten mir altbekannte Sorgen und Selbstzweifel zu. Sie sagten mir, dass ich ganz schnell dick und hässlich werden würde, wenn ich nicht bald wieder in die Laufschuhe stieg und mein tägliches Trainingsprogramm absolvierte. Ich hatte Furcht, meine schöne Körperform unwiederbringlich zu verlieren. Es war daher mit einigem Mut verbunden, sie einfach mal »labern« zu lassen, nicht wieder in ihre Fallen zu laufen und trotz der Gegenargumente stark zu bleiben. Ich habe nur einen Tipp, um sich von zu viel Körperkult zu befreien, und der lautet: »Einfach machen!«, um dann festzustellen, dass die befürchteten Konsequenzen nicht oder deutlich weniger schlimm eintreten.

Mein Körper, das erkannte ich, ermöglicht mir den Zugang und das Leben in dieser Welt, er ist jedoch kein Werkzeug, das ich ausbeuten kann, bis es krank und kaputt ist. An dieser Grenze war ich nämlich bereits einige Male, und zumindest in diesem Leben habe ich nur diesen einen Körper und kann ihn nicht austauschen. Wie alles, was ich tue, sollte ich auch ihn voller Liebe und Wohlwollen betrachten und ihn dazu einsetzen, liebevolle Handlungen in diese Welt zu tragen. Daher geht es mir heute innerlich wie äußerlich um einiges besser.

Wie finde ich eine gesunde Balance?

Immer wieder spreche ich mit Menschen, die anzweifeln, dass eine solche Herangehensweise an Sport und ein gesundes Aktivitätsniveau funktionieren kann. Sie kontern meine Erfahrungen beispielsweise mit folgenden Aussagen: »Wenn ich das mache, sitze ich nur noch auf der Couch und esse Kartoffelchips.« Oder: »Wenn ich mich nicht dazu zwinge, habe ich keine Lust auf Sport und esse lieber Schokolade.« Ich entgegne dann: »In diesem Fall hast du wohl noch nicht ganz zu dir gefunden. Es gibt noch gewisse Konflikte in dir, die dich davon abhalten, dein volles Potenzial zu entfalten und im Einklang mit deinem Körper sowie deiner Seele zu leben.«

Ich bin mir nämlich sicher, dass jeder Köper gesund sein will, wenn er die Wahl dazu hat, frei von inneren Konflikten und Schattenseiten der eigenen Seele, die sich auf ihm abbilden (bestimmte Erkrankungen sind hierbei ausgeschlossen). Wie dies für ihn und damit für dich zu bewerkstelligen ist, kann ich hier nur anreißen. Die Vertiefung muss dann in weitergehender Selbstreflexion, Psychotherapie oder spiritueller Arbeit erfolgen.

Um eine wohlwollende Beziehung zum eigenen Körper aufzubauen und sich selbst lieben zu können, muss man tatsächlich nicht Marathon laufen. Stattdessen geht es darum, einen gesunden Zugang zu Art und Umfang von Bewegung zu finden, die dir langfristig guttut. Vielleicht macht es nicht jedem Freude zu joggen, aber ein Spaziergang an der frischen Luft oder eine Runde mit dem Fahrrad kann eine Bereicherung für dein Leben sein. Und du wirst merken, wie dir dies helfen wird, dein Glücksniveau anzuheben. Je mehr du bei dir ankommst und aufhörst zu versuchen, jemand zu sein, der du nicht bist, desto eher gibst du dir die Chance, deinen eigenen Rhythmus zu finden und in Übereinstimmung mit deinen wahren Bedürfnissen zu leben.

Sich die richtigen Vorbilder suchen

Auf Instagram und in anderen sozialen Netzwerken habe ich viele tolle Menschen kennengelernt, die ihren Körper allumfassend lieben und stolz auf ihn sind – auch beziehungsweise *gerade* weil dieser nicht den Size-Zero-Modelvorbildern entspricht. Wahre Körperliebe ist nämlich bedingungslos und nicht abhängig davon, in welche Kleidergröße wir passen. Natürlich fällt es mir leicht, so etwas zu behaupten, denn ich habe offensichtlich »gute Gene«. Und doch gibt es bei der Körperliebe viele Vorbilder, die es lohnt, sich genauer anzuschauen, um sich vom Zugang zu ihren Körpern etwas abzuschauen. Ich meine damit die Menschen, die unabhängig von den Pfunden auf der Waage eine sensationelle Ausstrahlung haben. Nina Witte, die Fotografin, die die meisten Bilder für meinen Blog fotografiert hat, ist für mich ein solches Beispiel. Sie zeigt sich auf Instagram mit ihrem Übergewicht so natürlich, dass ihre Fröhlichkeit ansteckend ist. Sie nimmt sich so, wie sie ist, und vor allem nimmt sie sich selbst nicht so wichtig. Davon können sich viele einiges abschauen und sich von Ninas Lebensfreude anstecken lassen.

Menschen, die mit sich zufrieden sind, strahlen. Das Glück, das sie in sich spüren, inspiriert andere. Und wenn wir ehrlich sind, werden wir von perfekten Körpern vielleicht visuell angezogen. Aber unser Herz verliebt sich in einen Menschen, der Glück ausstrahlt und mit sich im Reinen ist. Wenn du also attraktiv sein willst, dann nimm dir Zeit, gut zu dir zu sein, Dinge zu tun, die dich glücklich machen, und nimm dir Zeit, bei dir anzukommen. Es gibt nämlich nichts Anziehenderes als einen Menschen, der bei sich angekommen ist und Zufriedenheit in die Welt strahlt. Und wenn du jemanden triffst, der dich wegen ein paar Gramm mehr auf der Waage nicht attraktiv findet und deshalb nicht mit dir zusammen sein will, dann willst du mit diesem Menschen auch sicher nicht dein Leben verbringen. Du hast mehr verdient als jemanden, der sich nur mit deiner Hülle schmücken möchte.

Teil IV

Emotionale Wellen surfen

8

Einfach mal die Perspektive wechseln

Ein Abend, und dann?

An einem lauen Sommerabend während meines Dating Sabbatical zog ich mit meiner Freundin Maja und deren Freunden durch ein paar Hamburger Bars, bevor wir schließlich gemeinsam zu einer Party gingen. Mit einem von Majas Freunden verstand ich mich besonders gut, und wir saßen stundenlang draußen an einem Feuer und redeten, während die anderen drinnen tanzten. Irgendwie mochte ich ihn spontan sehr gern, auch wenn er etwas schüchtern und zurückhaltend auftrat. In dieser Phase meines Dating Sabbatical wusste ich jedoch bereits, dass ich die ruhigen Männer viel angenehmer finde als die lauten Typen, die ständig Aufmerksamkeit brauchen. Also genoss ich die Zeit und war ganz im Moment, während Maja uns immer wieder angrinste.

Als wir die Party verließen, liefen wir noch ein Stück des Weges gemeinsam, weil wir in die gleiche Richtung mussten. Ich merkte, dass es uns beiden schwerfiel, unsere Gespräche zu beenden. Natürlich war mir klar, dass ich das Kennenlernen eigentlich nicht weiter ausdehnen durfte, weil es mir sonst womöglich Probleme bereiten würde, mein Dating Sabbatical überzeugt weiterzuführen. Schließlich hatte ich noch mehr als sechs Monate vor mir, in denen ich Abstinenz von Dates geschworen hatte. Und durch die Erfahrung mit Sebastian zu Beginn meiner Männerauszeit wusste ich, dass es nicht funktionierte, sich nur ein bisschen kennenzulernen, wenn man doch eigentlich mehr Interesse aneinander hat.

Als wir zu der Straße kamen, an der sich unsere Wege trennten, bat ich ihn daher nicht, mir seine Handynummer zu verraten. Als er mit verstohlenem Blick vorsichtig versuchte, meine zu erfragen, sagte ich mit einem Zwinkern im Auge, dass er ja Maja danach fragen könnte. Ich lachte, umarmte ihn und freute mich auf mein Bett. Ich war stolz auf mich, dass ich in der Lage war, den Augenblick wertzuschätzen, ohne daraus mehr machen zu wollen. Ich spürte, wie viel besser ich in den letzten Monaten darin geworden war, bei mir zu bleiben, Grenzen zu setzen und mich in der Gegenwart zu verankern. Daher war ich dankbar für diesen Abend und übergab den Rest dem Schicksal.

Zu meiner Überraschung hörte ich nie wieder etwas von ihm. Und obwohl es mir zu Beginn so gut gelungen war, den Abend als Moment zu genießen, wartete ich in den nächsten drei Wochen doch insgeheim darauf, dass er sich bei mir melden würde. Bei jeder Nachricht auf meinem Telefon hoffte ich ein bisschen, dass er es war. Nach mehreren Monaten emotionaler Ausgeglichenheit erlebte ich mich wieder unruhiger – ich schlief schlechter, dachte oft über die Situation nach und fühlte mich aus meiner inneren Balance gebracht. Es war dieses unbestimmte Warten, ob er sich noch einmal melden würde, das mich in Anspannung versetzte und alte Gedanken- und Gefühlsmuster in mir aufsteigen ließ.

Indem ich den Wechsel zwischen entspanntem Genuss und angespanntem Warten in mir bemerkte, fragte ich mich, wo gerade das Problem lag. Schließlich war nicht viel passiert – ein schöner Abend und nicht mehr. Doch die Bereicherung, die ich erlebt hatte, veränderte sich plötzlich und wurde zur Last. Was war geschehen?

Ich erkannte, dass nicht die Situation das Problem darstellte, sondern meine Bewertung, die es erzeugte. Denn weil Majas Freund nicht anrief, kamen Gedanken in mir hoch, womöglich nicht gut genug zu sein. Ich fühlte mich von ihm zurückgesetzt und nicht gewollt. Schließlich hätte ich ihn gern näher kennengelernt: Sein Nicht-Melden interpretierte ich als Zeichen dafür, dass ich ihn an dem Abend nicht genug fasziniert hatte, als dass er mehr daraus machen wollte. Das Problem lag also nicht darin, dass er sich nicht meldete, sondern wie ich sein Verhalten deutete und auf mich bezog. Es war die Geschichte, die sich in meinem Kopf parallel zu meinem Erleben in der Realität spann, die bewirkte, welchen Einfluss eine Situation auf mein Leben nahm.

Dabei hätte ich mich auch genauso gut darüber freuen können, dass ich nichts mehr von ihm hörte und ich nicht in der Zwickmühle steckte, ob ich ihn daten oder mein Dating Sabbatical fortsetzen wollte. Ich hätte Erleichterung empfinden können, denn so konnte ich meinen Weg fortsetzen wie geplant. Doch ich begab mich emotional in eine defizitäre Opferrolle und quälte mich mit der Geschichte. Selbstverständlich gab es mindestens hundert andere Möglichkeiten, warum er es bei diesem Abend beließ, Optionen, die emotional weniger aufwühlend für mich gewesen wären. Weil es so war, erkannte ich, dass ich selbst dafür verantwortlich bin, welche Bedeutung ich Situationen zuspreche und welchen Kanal in meinem Kopfkino ich anschalte.

Eingefahrene Sichtweisen

Im Rückblick muss ich oft schmunzeln, wenn ich an gewisse Situationen denke, in denen ich enttäuscht davon war, wie sich ein Mann mir gegenüber verhielt. Ob beim Dating oder in Beziehungen, meist fühlte ich mich dem Verhalten meines Partners ausgeliefert und hatte das Empfinden, wenig Kontrolle über mein Liebesleben zu haben. Ich war so eingefahren in meinen Interpretationen und Reaktionen. Wenn sich ein Mann von mir zurückzog – egal ob ich ihn wirklich mochte oder nicht –, generalisierte und katastrophisierte ich das Ganze gern und war überaus verzweifelt. Ich sah dies als einen Beweis dafür, dass ich einfach nicht genug bin und dass sich nie wieder ein Mann für mich entscheiden würde. Dieses negative Kopfkino, dessen Geschichte von Vorerfahrungen, medialen sowie familiären Prägungen inszeniert wurde, stürzte mich in die tiefsten Tiefen meines emotionalen

Erlebens und war das eigentliche Problem in diesen Situationen. Es war nie der Moment an sich, der mich so sehr leiden ließ, sondern der immer gleiche Film, der sich in meinem Kopf abspielte. Mit ein wenig emotionaler Distanz betrachtet, handelte es sich nur um einen Mann, der sich entschied, einen anderen Weg zu gehen, bei Weitem war es nicht das Ende meines Lebens. Doch genauso fühlte es sich an, und es fiel mir schwer, diese eingefahrenen Sichtweisen zu verlassen. Egal mit welchem Mann ich diese Erfahrung machte, meine verzweifelte Reaktion darauf war stets identisch. Daher ist es so wichtig, nicht immer wieder zu versuchen, die anderen oder die Situationen an sich zu verändern, während die Knoten im eigenen Kopf die gleichen bleiben. Das wäre vergeblich. Stattdessen gilt es, an der eigenen Wahrnehmung, an der Interpretation der Wirklichkeit zu arbeiten.

Erst als ich erkannte, dass ich mein Leben auch anders betrachten kann, konnte ich den Film, der in meinem Kopf ablief, anhalten und mich dafür entscheiden, eine andere Geschichte anzuschauen. Statt eines Liebesdramas kann ich nämlich auch eine Geschichte mit Happy End wählen. Also sah ich mir meine innere Filmsammlung einmal genauer an und sortierte all die alten Geschichten aus, die ich mir nicht mehr länger angucken wollte. Zu diesem Zeitpunkt hatte ich endlich verstanden, dass ich nicht das arme Opfer äußerer Umstände und »blöder Männer« bin, sondern selbst etwas tun kann, um mein Liebesleben zu verbessern.

Meine Probleme liegen in mir

Frauen sind evolutionsbiologisch in der Tat viel stärker auf das Eingehen und Aufrechterhalten von sozialen Beziehungen ausgerichtet. Daher tut es uns oft mehr weh als Männern, wenn wir verlassen werden. Doch nicht alle Frauen empfinden in Trennungssituationen auf diese Weise. Es musste also einen Trick geben, den ich finden wollte, um mir diese schmerzhaften Stunden zu ersparen und gelassener mit Momenten umzugehen, die anders liefen, als ich sie mir wünschte.

Verliebtsein und alles, was dem folgt, sind nämlich meist nicht deshalb so kompliziert, weil das, was wir objektiv erleben, so aufwühlend wäre, sondern weil das, was wir dabei in uns als Euphorie oder Unsicherheit oder Enttäuschung erfahren, sich so intensiv anfühlen kann. Wenn wir unsere Beziehungen und deren Versuche ganz pragmatisch ohne Empfindungen erleben würden, wäre daran meist gar nicht viel Schlimmes zu entdecken. Menschen kommen zusammen und trennen sich wieder. Dann lernen sie neue Menschen kennen, verlieben sich und trennen sich möglicherweise abermals. Manchmal sind sie zwischen diesen Phasen der Verliebtheit für sich und kümmern sich um außerpartnerschaftliche Aktivitäten. Ohne dramatisierende Bewertungen und eingefahrene Wahrnehmungsmuster ist das alles völlig unproblematisch. Eine Trennung ist demnach nur eine Entscheidung von zwei Menschen, ihr Leben fortan physisch weniger nah zu verbringen, und muss daher niemanden in tiefes Leid stürzen. Der Herzschmerz beginnt erst dann, wenn eine bestimmte leidvolle Geschichte in unserem Kopf anspringt, die uns erzählt, dass wir niemals eine langfristig glückliche Partnerschaft führen würden. Es sind solche emotionalen Muster und automatischen Gedanken, die uns überschnell reagieren statt besonnen agieren lassen. Deshalb wollte ich lernen, mein Liebesleben etwas pragmatischer und weniger theatralisch anzugehen.

Andere sind der Spiegel meiner Innenwelt

Mir half es, im Umgang mit Männern entspannter zu sein, indem ich verstand, dass andere die Projektionsfläche meiner inneren Welt sind. Über die Art und Weise, wie ich meine zwischenmenschlichen Beziehungen erlebe, kann ich erfahren, welche inneren Konflikte sich gerade in mir abspielen, und meine Anteile daran erkennen. Durch die Reibungen mit anderen Menschen kommen wir mit den blinden Flecken in uns in Kontakt und können über die alte Version unseres Selbst hinauswachsen. Die Frage ist daher in allen Beziehungen nicht, *ob* man Konflikte hat, sondern *wie* man mit diesen umgeht.

Es gilt dabei, die eigene Sichtweise zu erweitern und Konflikte nicht als Probleme zu sehen, die man mit seinem Gegenüber hat, sondern zu denen man auch selbst beiträgt. Dieser Perspektivwechsel eröffnete mir die Möglichkeit, Konflikte in einer Beziehung nicht als Belastung, sondern als Chance zu sehen, miteinander zu wachsen und mehr Verantwortung für das eigene Leben zu übernehmen. Denn immer dann, wenn mir im Miteinander etwas fehlt oder mich etwas nervt, bekomme ich dadurch gezeigt, was ich mir selbst gerade zu wenig gebe, womit ich mich selbst nerve. In meiner Männerauszeit habe ich verstanden, dass es nie die Situationen an sich sind, die mich stressen, sondern einzig und allein meine unbewussten Bedürfnisse und ungeprüften Gedanken ihnen gegenüber. Um das aufzudröseln, hat mir insbesondere die Methode »The Work« der US-amerikanischen Autorin Byron Katie geholfen.

Raus aus der Opferrolle

Früher war ich extrem gut darin, stets den Männern die Schuld in die Schuhe zu schieben, wenn es zwischen uns nicht funktionierte. Ich beschwerte mich, dass sich der andere nicht oft genug meldete, mir nicht genug Nähe schenkte oder sich auf anderen Ebenen nicht genug um mich bemühte. Ich suhlte mich in Selbstmitleid und erkannte nicht, dass ich damit jede Chance vergab, die Situation positiv zu gestalten. Ich musste zuerst verstehen, dass ich an jedem Problem mit Männern sowie in allen anderen Lebensbereichen immer auch selbst einen Anteil habe. Denn ich habe mich auf diesen oder jenen Mann eingelassen, bestimmte Situationen bewusst ausgesucht und muss nun mit den Konsequenzen meiner Entscheidungen leben.

Durch das Lesen von Byron Katies *Lieben was ist. Wie vier Fragen Ihr Leben verändern können* habe ich den Prozess der Überprüfung der eigenen Gedanken und den damit einhergehenden Perspektivwechsel während meines Dating Sabbatical eine Ebene tiefer geführt. Ich deckte dadurch auf, was hinter dem Frust, der Wut oder der Enttäuschung steckte, die ich gegenüber einer anderen Person oder Situation empfunden hatte. Ich konnte so erforschen, dass meine Gefühle, die ich im Hinblick auf andere hege, in Wahrheit mit mir selbst zu tun haben. Und ich fand heraus, was ich für mich selbst tun konnte, um die Situation zu befrieden.

Byron Katie hat eine wunderbar einfache Technik entwickelt, mit der man in wenigen Schritten jeden Gedanken überprüfen kann. Dadurch wird offenbart, was hinter diesem in der Tiefe der eigenen Innenwelt liegt. So gelingt es, die eigene festgefahrene Perspektive auf ein Problem zu erweitern und flexibler damit umzugehen. Ich verwende diese Methode immer dann, wenn mich etwas stresst, ich emotional aufgewühlt bin oder ich mir wünsche, dass sich eine Person mir gegenüber anders verhält. Dies kann der Fall sein, wenn jemand nicht auf meine Nachrichten antwortet oder ich mir von meinem Partner mehr emotionale Nähe und Verständnis wünsche. So konnte ich aufhören, die Menschen um mich herum ändern zu wollen. Stattdessen blicke ich in meine Innenwelt und bearbeitete die dort liegenden Konflikte.

Niemand muss sich für mich ändern

Da ich in Liebesangelegenheiten heute eine besonnene Ruhe gefunden habe und mich nichts mehr so einfach aus meiner Mitte bringen kann, kommen immer wieder Freundinnen auf mich zu und fragen mich um Rat. Dabei muss ich oft schmunzeln, da sie häufig ganz ähnliche Probleme haben, wie ich sie früher erlebte.

Doch das, was ich einst im Umgang mit Männern als belastend, verworren und quälend empfand, ist heute für mich leicht zu lösen. Daher versuche ich, ihnen das zu vermitteln, was ich während meiner Datingpause und meiner darauffolgenden Beziehung gelernt habe.

Ich verstehe das Leid meiner Freundinnen, die Fragezeichen in ihren Köpfen und das Gefühl der Unsicherheit. Etwas in mir denkt dann: Ach, Liebes, Kopf hoch! Das ist alles gar nicht so schlimm, wie du es gerade siehst. Und doch weiß ich, dass es für den Menschen, der sich mitten im Liebeskummer befindet, meist viel schlimmer ist, als es ein Außenstehender mit weniger gefühlsmäßiger Betroffenheit nachvollziehen kann. Daher fühle ich aus der Tiefe meines Herzens mit ihnen und versuche gleichzeitig, ihnen mit ein wenig emotionalem Abstand zu helfen, die Situation zu lösen.

Im Gespräch zeige ich ihnen Möglichkeiten auf, mit ihrem aktuellen Problem umzugehen und ihre Situation aus einem anderen Blickwinkel zu betrachten. Meist wollen sie nämlich, dass ihr Partner etwas anders macht, wie sich klarer zu ihnen zu bekennen oder sich mehr um sie zu bemühen. Ich drehe die Perspektive dann gern um, will wissen, was sie selbst tun können, damit es ihnen wieder besser geht, und versuche, mit ihnen zu erarbeiten, was der Konflikt gerade über ihr eigenes Innenleben verrät. Plötzlich entsteht dadurch ein Raum, in dem Neues wachsen kann, und sie fühlen sich nicht mehr so abhängig von dem, was ihr Partner tut oder nicht tut. Abhängigkeiten geben uns stets das Gefühl, klein und schwach zu sein. Aktive Selbstfürsorge jedoch ist das Heilmittel gegen diese als eng erlebte Erfahrung – sie macht uns frei und unabhängig.

Aus meiner Erfahrung liegt die Lösung nämlich nie darin, beim Partner ein anderes Verhalten zu bewirken, sondern darin, die eigene Perspektive auf die Situation zu überarbeiten. Der Knoten, den es zu entwirren gilt, liegt allein in mir und niemals in einer anderen Person. Mit den Knoten der anderen Person muss ich leben oder mich gegen ein gemeinsames Leben entscheiden, und solange ich nicht ihr Therapeut bin, kann ich nur an mir und meinem Umgang mit bestimmten Situationen arbeiten. Indem ich mit den Versuchen aufhörte, den anderen zu ändern, und jeweils meine Seite der Beziehungsprobleme aufräumte und mir selbst das gab, was ich mir vom anderen erhoffte, hörte das Ziehen und Zerren auf. Mein Liebesleben wurde um einiges leichter.

Damit auch du in Beziehungskonflikten zunehmend entspannt reagieren kannst, möchte ich dir die einzelnen Schritte von »The Work« kurz erläutern. Wichtig ist, dass du den Prozess schriftlich durcharbeitest und deine Gedanken und Überzeugungen aufschreibst. Das hilft dir, dich zu fokussieren und dich nicht von dir selbst manipulieren zu lassen. Das Vorgehen ist folgendes:

1. Inventur

Mache dir bewusst, was dich gerade ärgert, verwirrt, traurig macht oder enttäuscht und warum. Dabei kannst du so vorgehen:

- »Ich bin (Gefühl) auf/wegen … weil …« (Beispiel: Ich bin enttäuscht von einem Mann, weil er sich nicht bei mir meldet.)
- Frage dich dann, wie sich die Person ändern, was sie tun sollte. (»Ich will, dass …« Beispiel: Ich will, dass sich dieser Mann öfter bei mir meldet und wir einen intensiveren Austausch miteinander haben.)
- Welchen Rat würdest du dieser Person anbieten? (»Person XYZ sollte/sollte nicht …« Beispiel: Sie sollte sich jeden Tag bei mir melden und beständig mit mir kommunizieren. Sie sollte fragen, wie es mir geht, wie mein Tag war, und sich auch allgemein mehr für meinen Alltag, meine Erlebnisse und meine Gefühle interessieren.)
- Was brauchst du, was diese Person sagt, denkt, fühlt oder tut? (Beispiel: Ich brauche von ihr, dass sie sich mir öffnet, ihr Leben mit mir teilt und sich für mein Leben interessiert.)

- Was denkst du über die Person? Erstelle eine Liste mit Dingen, die dich an ihr stören. (Beispiel: Sie ist verschlossen, kühl, wenig kommunikativ; ihr ist die Arbeit wichtiger als ich. Sie interessiert sich nicht für mich, und es ist ihr egal, wie es mir geht.)
- Was willst du bezüglich dieser Situation/Person nie wieder erleben? (Beispiel: Ich will nie wieder auf eine Nachricht von ihr warten müssen.)

2. Stelle dir zu deinen Aussagen vier Fragen
Gehe nacheinander jede deiner gemachten Aussagen mit diesen Fragen durch:
- »Ist das wahr?«
- »Kannst du mit absoluter Sicherheit und ohne jeden Zweifel sicher sein, dass das wahr ist?« (Es ist egal, ob du bei deiner Meinung bleibst oder erkennst, dass deine Aussage doch nicht zu hundert Prozent wahr ist und auch angezweifelt werden kann.)
- »Wie reagierst du auf deinen Gedanken?«
  - Bringt er Stress in dein Leben?
  - Welche Bilder der Vergangenheit oder Vorstellungen in der Zukunft kommen in dir auf? Welche Empfindungen tauchen in dir auf, wenn du diesem Gedanken glaubst?
  - Welche Verhaltensweisen zeigst du als Antwort auf diesen Gedanken?
  - Wie behandelst du die Person in dieser Situation, wenn du dem Gedanken glaubst? Wie behandelst du dich selbst?
  - Wer wärst du ohne den Gedanken?

3. Kehre die Gedanken aus dem ersten Schritt um
Lerne jetzt, was die einzelnen Aussagen und Gedanken, die du über eine andere Person hast, über dich selbst verraten. Die Umkehrungen laufen nach folgendem Schema ab:
- Was sollte ich stattdessen für mich tun?
- Was sollte ich stattdessen im Hinblick auf die andere Person tun?
- Was sollte die andere Person nicht für mich tun?

Aus einem Satz wie »Er soll sich jeden Tag bei mir melden und beständig mit mir kommunizieren« können in der Umkehrung etwa folgende Aussagen werden:

»Ich sollte mich jeden Tag bei mir melden und beständig mit mir kommunizieren.«

»Ich sollte mich jeden Tag bei ihm melden und beständig mit ihm kommunizieren.«

»Er sollte sich nicht jeden Tag bei mir melden und nicht beständig mit mir kommunizieren.«

Du wirst merken, dass manche Umkehrungen bei dir wie ein Blitz einschlagen, vielleicht lehnst du sie auch im ersten Moment radikal ab, oder sie kommen dir eigenartig vor. Der Wunsch, dass du dich bei dir melden und mit dir selbst beständig kommunizieren sollst oder dass der andere sich nicht jeden Tag bei dir melden und nicht beständig mit dir kommunizieren soll, kann auf dich zunächst komisch wirken. Jedoch ist an diesen irritierenden Gedanken sehr viel dran.

Wie oft bist du in einem wirklich guten und beständigen Kontakt mit dir selbst? Wie oft bist du im Autopilot- oder Verdrängungsmodus und erwartest von anderen, dass sie dir dein Leben schön machen? Denn wenn du dir wünschst, dass sich eine andere Person öfter bei dir melden sollte, könntest du womöglich mit einem Rollenkonzept aufgewachsen sein, das davon ausgeht, dass Männer ihre Gefühle nicht zeigen, verschlossen sind und wenig reden. Wie würdest du dann damit umgehen, wenn ein Mann, den du datest, mit dir so kommuniziert, wie es deine engsten Freundinnen tun? Womöglich würde es dir schwerfallen, ihn weiterhin in seiner Männlichkeit ernst zu nehmen. Und du könntest dich plötzlich nicht mehr über ihn beschweren, müsstest aus deiner Opferrolle heraus und eine neue Eigenverantwortung für dein Leben ergreifen. Manchmal kann auch das auf den ersten Blick wie eine Hürde erscheinen und einen inneren, zum Teil unbewussten Widerstand erzeugen.

Doch genau deshalb ist es das Wunderbarste, was uns in Wahrheit passieren kann, wenn andere nicht tun, was wir von ihnen erwarten. Sie lehnen es ab, uns das zu geben, was wir lernen müssen, uns selbst zu geben. Sie sind deshalb nicht unser Feind, sondern unser bester Freund. Denn sie geben uns in dem Moment genau das, was wir brauchen und was für unsere eigene Entwicklung wichtig ist: eine Lektion in Selbstfürsorge. Auch wenn das für uns vielleicht anfangs unangenehm ist, bringt es uns auf lange Sicht ganz viel. Ich bin heute jedem Menschen dankbar, der mir nicht das zugestand, was ich mir von ihm ersehnt habe. So lernte ich, es mir selbst zu geben, und wurde unabhängig in meinem Tun.

Es hat eine Weile gedauert, bis ich diese Sichtweise annehmen und aus dem Erwartungs- in den Annahmemodus wechseln konnte. Hat man es sich angewöhnt, immer die anderen für die eigenen Probleme verantwortlich zu machen, kann man erst Schritt für Schritt andere Denk- und Verhaltensmuster aufbauen. Doch im Rückblick war es das, was meine Männerpause so bereicherte. Da ich in ihr niemanden datete, konnte ich auch keine Erwartungen stellen. So begriff ich, dass Situationen auch dann akzeptabel sind, wenn sie nicht so laufen, wie ich es mir gewünscht habe. Noch heute bin ich manchmal kurz enttäuscht, wenn etwas nicht so läuft, wie ich es wollte. Wenn etwa mein Partner meinen Wünschen nach einem gemeinsamen Abend nicht nachkommen möchte oder nicht zeitnah auf eine meiner Nachrichten antwortet. Doch es gelingt mir inzwischen viel schneller, den Perspektivwechsel zu starten und nicht in der Enttäuschung zu verharren. Ich freue mich dann darüber, dass ich mich selbst wieder darin üben kann, mir das zu geben, was ich an diesem Abend brauche, und genieße die Zeit mit mir.

Es ist dabei egal, wie wahr diese Umkehrungen sind. Wichtig ist, dass es unterschiedliche Betrachtungsweisen gibt, die alle zumindest ein Fünkchen Wahrheit in sich tragen. Letztlich gibt es nicht die eine Wahrheit, sondern immer nur unterschiedliche Perspektiven auf eine Situation. Sich dessen bewusst zu werden und von allen möglichen Betrachtungsoptionen die zu wählen, die am wenigsten Leid und am meisten Freude bei dir und den anderen verursacht, ist der Schlüssel zum Glück.

4. Die Umkehrung dessen, was du nie wieder erleben willst

Im letzten Schritt öffnest du dich der Erfahrung, die du bisher versucht hast abzuwenden. Aus meiner Sicht ist das der befreiendste Schritt von allen, wenn er auch nicht unbedingt der einfachste ist. Du nimmst dazu den Satz, den du zu folgender Frage unter »Inventur« aufgeschrieben hast: »Was willst du bezüglich dieser Situation/Person nie wieder erleben?« Und anstatt Angst und Abwehr aufzubauen, nimmst du die Realität an, auch die, dass diese Situation wieder eintreten wird. Du nimmst diese Erfahrung mit offenen Armen an und lässt sie bereitwillig Teil deines Lebens sein. Indem du die Tür öffnest, muss sie diese nicht immer wieder aufs Neue eintreten.

In unserem Beispiel war das: »Ich will nie wieder auf eine Nachricht von ihr warten müssen.« Daraus wird nun:

»Ich bin bereit dazu, auf Nachrichten von ihm zu warten.«
»Ich freue mich darauf, auf Nachrichten von ihm zu warten.«

Auf diese Weise blickst du den Tatsachen ins Auge und freundest dich mit ihnen an. Denn selbst wenn dein Partner deine Wünsche erhört und sein Verhalten ändert, wird es sicher – aus welchen Gründen auch immer – weitere Situationen geben, in denen du auf Rückmeldungen von ihm wartest. Schließlich ist er keine Maschine und hat auch andere Dinge zu tun, als ständig auf sein Telefon zu schauen und dir sofort zu antworten. Indem du dies anerkennst, nimmst du dem Gefühl des Wartens seine Macht über dich, und du musst nicht mehr versuchen, es unter großem Energieeinsatz zu vermeiden.

Wenn du nach dem Durcharbeiten aller Schritte noch Widerstand spürst, überlege, was es noch ist, das dir Stress und Unmut verursacht.

Dann gehe auch mit diesen Gedanken alle Schritte durch. Jedes Mal wenn du spürst, dass gerade emotionaler Staub aufgewirbelt wurde, solltest du dich dieses Prozesses besinnen und deine Gefühle und Gedanken überprüfen.

Mir hilft diese Methode sehr, das Leben als Geschenk mit verschiedenen Erfahrungen zu sehen. Solange es noch etwas gibt, das mich stresst, weiß ich, dass ich gerade die Chance habe, etwas aufzudecken und mich von alten Überzeugungen zu befreien. Ich hoffe, sie hilft auch dir, deine Gedankenfesseln abzulegen und dahinterzukommen, was dich quält. Denn die Befreiung, nach der so viele von uns suchen, liegt in uns selbst und niemals im Außen.

Emotionale Lastenverteilung

Durch »The Work« wurde ich bereit, mit Männern das zu erleben, was ich immer zu vermeiden versuchte. Bei mir war es das Gefühl, nicht gewollt zu sein und zurückgewiesen zu werden. Indem ich diese Angst annahm und einlud, Gast in meinem Leben zu sein, verlor sie an Macht. Ich konnte mich von nun an freier in Situationen mit Männern begeben, weil ich mich innerlich auf bevorstehende Zurückweisungen eingestellt hatte. Ich musste jetzt auch nicht mehr so viel Energie investieren, um diese Furcht abzuwehren. Denn Zurückweisungen sind normal, und auch in einer liebenden Beziehung bin ich immer wieder damit konfrontiert. Mein Partner will nicht jeden Tag so mit mir verbringen, wie ich es mir wünsche. Wenn ich zu einem Konzert will, muss er keine Lust dazu haben. Das betrifft auch körperliche Nähe. Mein Freund hat schließlich seinen eigenen Willen, der nicht immer mit meinem übereinstimmt.

Nur wenn ich meine Probleme da löse, wo sie entstehen, bin ich in der Lage, Konflikte langfristig zu klären.

Mein Partner muss deshalb keine schweren emotionalen Lasten für mich tragen. Und wir beide führen so eine deutlich einfachere Beziehung.

9

Gefühlen ausreichend Raum geben

Einfach mal nicht weglaufen

Bis zu meinem neunundzwanzigsten Lebensjahr war ich Meisterin darin, meine Gefühle zu verdrängen. Immer dann, wenn mein Inneres mit unbekannten und emotional beunruhigenden Situationen konfrontiert wurde, hatte ich mehrere Verhaltensweisen parat, um mich dieser Anspannung zu entledigen. Dazu gehörten Sport, Essen, Arbeit und Sex. Alle diese Beschäftigungen zielten darauf ab, meine Unsicherheiten und Ängste zu überspielen und meine inneren Konflikte mit lauten Ablenkungsversuchen zu übertönen. Denn je mehr im Außen los war, desto weniger musste ich in mich hineinhören.

Während meiner Datingpause stellte ich fest, dass meine Sehnsucht nach Zweisamkeit mit einem Mann immer dann zunahm, wenn es mir emotional weniger gut ging oder ich viel Stress im Beruf hatte. Tatsächlich suchte ich auch eine Beziehung vor allem dann, wenn mir mein eigenes Leben allein zu schwer wurde und ich mich nach einem Mann sehnte, der mir helfen sollte, diese Last zu tragen. Ging es mir blendend, hatte ich hingegen meist wenig Interesse daran, zu daten oder eine Beziehung anzufangen. Viele Frauen kennen das: Sie denken, dass eine Partnerschaft ihr Leben erleichtern würde. In diesem Zusammenhang vergleiche ich den Wunsch nach intimer Zweisamkeit gern mit einem Saunagang, bei dem zuerst der Kreislauf angekurbelt wird, damit man danach entspannt, glücklich und zufrieden einschlafen kann. Ich hatte gelernt, mich mit Sex zu beruhigen, auch deshalb, weil es mir alleine oft schwerfiel, abzuschalten und runterzufahren. Andere Menschen trinken Wein mit ähnlichen Absichten, rauchen oder gönnen sich ein gutes Essen. Sex war für mich die kleine Auszeit vom Alltag und vom Stress in meinem Leben.

Früher war es für mich meist unmöglich, einen Abend allein auf der Couch zu verbringen und dabei nichts zu tun. Zeit mit sich allein zu verbringen und dabei mit sich selbst konfrontiert zu sein, ist für viele Menschen in der Tat eine große Herausforderung. Manchmal sah ich mir vielleicht einen Film an, doch meist arbeitete ich nebenbei oder machte parallel ein paar Sportübungen. Mein gesamtes System war auf Leistung und ständige Beschäftigung ausgerichtet. Verbrachte ich den Abend auf der Couch jedoch mit einem Mann, konnte ich nicht nebenher arbeiten oder Sport machen. Und so schaffte ich es, durch die Kuscheleinheiten wirklich mal herunterzufahren und in die Entspannung zu kommen. Ich empfand es als beruhigend, wenn mich jemand in seinen Armen hielt und ich nicht dem nächsten Projekt hinterherlaufen konnte. Ein Kuschelabend war für mich die Gelegenheit, einen Moment innezuhalten.

Indem ich aufhörte, mich mit Männern von meinen Inneren abzulenken, konnte ich schauen, welche Gefühle und Konflikte in mir aufkamen, wenn ich nicht versuchte, sie zu verdrängen.

Alles rauslassen

Albert Einstein sagte einmal über sich, dass er nicht besser als andere darin sei, Lösungen zu finden, er nehme sich nur mehr Zeit, das Problem im Detail zu verstehen. Denn ist es einmal klar erfasst, sei es viel leichter, die Lösung dafür zu finden. So ist es oft auch mit unseren Gefühlen: Wir versuchen zu früh, Lösungen für unsere emotionalen Ausnahmezustände zu finden, ohne das Problem vorher ausreichend analysiert zu haben. Oft wissen wir noch gar nicht richtig, was wir eigentlich genau fühlen und warum, und werfen unsere unreflektierten Gedanken dennoch schon einer anderen Person mit aller Härte an den Kopf.

Doch um dieses Muster vorschneller Reaktionen, das Konflikte nicht löst, sondern höchstens verschlimmert, zu durchbrechen, müssen wir uns Zeit nehmen, den Grund dieser zu verstehen. In der Regel liegt er in uns selbst. Meine emotionalen Knoten lösen sich meist von selbst auf, sobald ich diese schriftlich darlege. Jedes Wort, das ich schreibe, hilft mir, mich selbst besser zu verstehen. Es ist, wie eine Taschenlampe ins Dunkel zu halten – sobald ich sehe, dass die Geräusche nur von einem alten Balken stammen, der keine unmittelbare Gefahr darstellt, ist die Angst vor einem Einbrecher oder bösen Geistern schnell verflogen.

Was ich in meinem Blog gemacht habe (und auch hier in diesem Buch fortsetze): Ich habe meinen Gedanken und Gefühlen Raum gegeben und sie offen ausgesprochen – egal wie unangenehm, kindisch oder peinlich diese vielleicht waren. So schrieb ich über mein Sexleben genauso offen wie über meine unreifen Beziehungsideen. Durch diese radikale Ehrlichkeit mir selbst und anderen gegenüber lernte ich viel über mich und den Kern meiner Probleme. Und ich lernte dadurch auch, dass alle meine Gefühle in Ordnung sind und die Unterscheidung, ob ich sie zeigen darf oder nicht, keine Relevanz hat. Gefühle und Gedanken, die wir nicht herauslassen, sind nämlich wie ein Damm, der nach und nach das Flussbett verlegt. Das, was in uns vorgeht, muss sich Luft machen, damit es sich nicht in uns anstaut und unser Innenleben verstopft.

Was dich nicht umbringt, macht dich stärker

Meine Gefühle – auch die tabuisierten – in meinem Blog offen zu teilen, half mir, zu erleben, dass es in Ordnung ist, mich auch verwundbar zu zeigen. Es war wie eine Art Selbsttherapie: Ich sprach über alles, was mich belastete, um mich davon zu befreien. Jeder Post nahm einige der schweren emotionalen Steine von meinen Schultern, die ich mich vorher nie getraut hätte, mit anderen zu teilen. Und mit der Zeit fühlte ich mich immer leichter. Ich beschrieb in meinen Texten Dinge, die man sonst nicht einmal seinen besten Freunden hinter vorgehaltener Hand und im stillen Kämmerlein erzählt. Dadurch machte ich mich frei von allen Konventionen darüber, wie ich zu sein habe, um geltenden Normen zu entsprechen.

Nicht jeder in meinem Umfeld konnte jedoch damit umgehen, dass ich mich so ungezügelt im Internet präsentierte. Mein damaliger Chef drohte mir zum Beispiel mit einer Kündigung, wenn ich nicht damit aufhören würde. Er hatte Angst, dass man unsere Professionalität anzweifeln würde. Daher entschied ich mich etwa nach der Halbzeit meines Dating Sabbatical, meinen Blog zunächst offline zu stellen, um den Konflikt zu beruhigen und meinen Arbeitsplatz zu sichern. Doch nach wenigen Wochen merkte ich, dass diese Texte meine Wahrheit sind, die ich viel zu lange verheimlicht hatte. Ich wollte ein Beispiel dafür sein, dass jeder Mensch so sein darf, wie er sein möchte, und sich kein anderer anmaßen sollte, dies zu bewerten. Eine Welt voller Fassaden wird nämlich nicht authentischer, wenn wir alle weiterhin unsere Masken tragen. Erst wenn sich Einzelne trauen, anders zu sein und sich auch emotional nackt auf den Marktplatz des Lebens zu stellen, wird sich etwas ändern. Ich stellte die Beiträge also wieder online und lebte damit, bei meinem Vorgesetzten in Ungnade gefallen zu sein. Ich hatte keine Angst mehr, von anderen abgewertet zu werden, weil ich mich selbst nicht mehr abwertete. Wer sich selbst liebt, wie er ist, braucht nicht ständig die Bestätigung anderer, um sich seiner Person zu versichern.

Am Anfang war es noch sehr ungewohnt, mich so frei auszudrücken. Und gleichzeitig tat es gut, die rebellische und provokante Seite in mir zeigen zu dürfen. Im Netz konnte ich all meine Gedanken und Gefühle in die Welt hinausposaunen, die sich in den ersten drei Dekaden meines Lebens in mir angestaut hatten. Einige meiner Blogartikel hatten beispielsweise Titel wie »Erst denken, dann ficken« oder »Ich will ficken wie ein Mann«, und ich erinnere mich noch, wie ich zögerte, ob ich solche Worte wirklich benutzen sollte. Doch ich tat es, und es fühlte sich wie eine Befreiung an, die mich stärker werden ließ. Und je mehr ich dafür positive Verstärkung erfuhr, desto mehr traute ich mich, auch in der »echten« Welt zu meiner Innenwelt zu stehen.

Lange verfolgte mich das Gefühl, dass da eine verschlossene Kiste in mir war, zu der ich keinen Zugang hatte. Ich verglich sie mit der Kiste der Pandora, in der ich alles Unangenehme weggesperrt hatte. Ohne Dates hatte ich endlich Zeit, einen Zugang zu dieser Kiste in mir zu finden und meine Emotionen zuzulassen. Anfangs war die Auseinandersetzung mit meinen verbotenen Gefühlen noch unbekannt und unbequem für mich. Doch das Unbekannte wird nicht bequemer, indem man davor wegläuft. Das Unbekannte wird bequemer, indem man sich mit ihm bekannt macht. Deshalb spürte ich jeden Abend ein wenig mehr in diese Kiste hinein – so lange, bis ich irgendwann keine Angst mehr vor ihrem Inhalt hatte.

Ich zwang mich dazu, mich abends nach der Arbeit auf meine Couch zu legen und in mich hineinzufühlen. Mit neugierigem Interesse betrachtete ich, was ich gerade in meinem Körper spürte, und zoomte mich dorthin. Spürte ich zum Beispiel Wut in mir, wendete ich mich dem Gefühl zu und sagte: »Aha, da ist jetzt also Wut. Dann schaue ich mir doch mal genauer an, wie sich diese Wut anfühlt und was sie mir sagen möchte.« Ich spürte dabei in mich und das Gefühl hinein und tastete mich immer weiter vor. Am Anfang war es sehr unangenehm, solche Empfindungen auszuhalten, aber ich wusste, dass sie mich nicht umbringen würden, und so gewöhnte ich mich langsam an deren Präsenz. Irgendwann hatte ich dann gelernt, Ärger, Frustration und Wut in mir auszuhalten. Als ich dies mit allen unangenehmen Gefühlen gemacht hatte, die ich vorher immer versucht hatte zu unterdrücken, waren danach auch die vielen Abwehrmechanismen gegen dieses unangenehme Erleben nicht mehr nötig. Ich fühlte mich zum ersten Mal in meinem Leben emotional frei.

Die Handbremse des Lebens lösen

Vielen wurde anerzogen, die eigenen Gefühle zu vernachlässigen und stattdessen ein braves, fleißiges, ruhiges Kind zu sein. Das Verdrängen der eigenen Gefühle und Impulse ist daher nicht selten die Norm. Diese zuzulassen und sich zu erlauben, das zu tun, was sich gerade gut anfühlt, anstatt das zu tun, was vermeintlich erwartet wird, muss dann erst geübt werden. Leider ist solch ein Leben mit einer Vielzahl unterdrückter Emotionen wie Autofahren mit angezogener Handbremse. Man kommt irgendwie vorwärts, doch man ist dabei viel langsamer und braucht viel mehr Kraft. Sobald ich dies erkannt hatte, konnte ich entscheiden, ob ich mein Leben lieber mit angezogener Handbremse oder ohne solche Beschwernisse führen wollte.

Das Problem mit dem Unterdrücken von Gefühlen ist nämlich folgendes: Man kann nie nur eines niederhalten. Versucht man die Intensität nur einer Emotion abzustellen, schränkt man gleichzeitig auch die aller anderen Gefühle ein. Es existiert nur ein Lautstärkeregler für die gesamte Gefühlspalette. Versuche ich also meinen Herzschmerz von mir fernzuhalten und abzuschalten, nehme ich mir damit die Chance, auch alle anderen Gefühle, etwa das große Glück in der Liebe, in ihrer Fülle zu erleben.

Emotionale Nebelschleier

Da meine Mutter ja harmoniesüchtig war, hatte ich in meiner Kindheit und Jugend nie gelernt, dass Gefühle – auch unangenehme – sein dürfen. In unserer Familie mussten sich alle immer lieb haben, und beginnende Streits wurden augenblicklich erstickt. Sobald ich als Kind etwas tat, was meine Mutter nicht wollte, fing sie an zu weinen und aktivierte damit mein schlechtes Gewissen. Und ich lenkte ein. Ich durfte nie wütend oder rebellisch sein und hatte somit auch nie gelernt, diesen Gefühlen

Raum zu geben. Stattdessen musste ich meine Emotionen unterdrücken. Diese Gefühle, die ich nie zulassen durfte, stauten sich daher in mir an und moderten vor sich hin.

Sobald ein Trigger wie etwa eine Trennung oder eine gefühlte Zurückweisung beim Dating mein emotionales Erleben aktivierte, zeigte mein Innenleben eine Dynamik wie in einer Schneekugel. Einmal in Bewegung versetzt, konnte ich vor lauter Flockenwirbel erst einmal nichts mehr sehen, und es brauchte Zeit, bis sich dieser beziehungsweise die Gefühle in mir wieder setzten. In mir war in emotionalen Spannungssituationen meist so viel los, dass ich meine Innenwelt nicht geordnet bekam und deshalb auch nicht wusste, was das Kernproblem war, an dem ich arbeiten musste.

Da ich Auseinandersetzungen in meiner Ursprungsfamilie nicht gewohnt war, hatte ich nie Strategien gelernt, mit ihnen umzugehen. Wenn man keine negativen Gefühle haben darf, lernt man auch nicht, diese auszuhalten. Ein Streit mit einem Partner war für mich daher immer ein emotionaler Ausnahmezustand, der mich komplett überforderte. Deshalb lenkte ich meist schnell wieder ein: Mich für Harmonie zu verbiegen und Streits zu vermeiden, war mir schließlich weniger fremd, als meine Bedürfnisse zu verteidigen. Doch beginnt man einmal damit, Probleme in sich hineinzufressen, wird es sehr bald schwer, überhaupt noch etwas anzusprechen. Probleme türmen sich nämlich gern auf und verknoten sich dabei noch miteinander. Der aktuelle Konflikt hat daher meist mit dem zu tun, was man zu Beginn der Beziehung nicht ausgetragen hat. Er ist oft nur ein Symptom für etwas, das andere Ursachen hat. Gerade in langen Beziehungen kann das zu unüberwindbaren Problemen führen, die nicht mehr unter Kontrolle gebracht werden können und schließlich zur Trennung führen. Es ist in Partnerschaften daher wichtig, es nicht erst so weit kommen zu lassen und Konflikte mit einer gewissen Tragweite direkt zu klären, anstatt sie über die Jahre Schimmel ansetzen zu lassen.

Ohne Arbeit geht es nicht

Mein Innenleben verglich ich vor meiner Datingpause gern mit einem riesigen, verfilzten Wollknäuel, in dem sich meine emotionalen Probleme versteckten und miteinander verknotet hatten. Wie viele andere hatte auch ich nie gelernt, sie zu lösen, und schleppte sie wie einen schweren Rucksack durch mein Leben. Doch wenn sich erst einmal vieles darin angesammelt hat, wird es nicht leichter, das innere Chaos zu ordnen. Oft stellt sich dann in Hinblick auf Beziehungs- oder Liebesprobleme schnell die Frage, wo man anfangen soll, wenn man sich der Vielzahl der Baustellen bewusst geworden ist. Sobald man realisiert, dass nicht die anderen, sondern zuallererst man selbst »Schuld« an den eigenen Liebestragödien hat, beginnt plötzlich eine neue Verantwortung für das persönliche Glück. Die meisten Frauen, die sich für diesen Weg entscheiden, verkriechen sich nicht länger im Bett und schimpfen über die »blöden Männer«, die sie »ganz gemein« behandeln. Sie beginnen damit, in sich selbst aufzuräumen.

Eines solltest du allerdings vorher wissen: So wie das Entrümpeln einer Messie-Wohnung beängstigend sein kann, kann auch die innerliche Aufräumaktion erst einmal ganz schön überfordernd wirken. Doch das geht fast jedem so, der sich auf einer Reise zu sich selbst befindet. Die eigene Seelenstruktur zu entwirren und neu zu ordnen, braucht eine Portion Mut und einiges an Motivation und Ausdauer, um dieses Projekt erfolgreich umzusetzen. Wichtig ist jedoch, sich von Hürden nicht abschrecken zu lassen und Stück für Stück weiterzumachen. So lange, bis man Kiste um Kiste neu sortiert und den ganzen alten Plunder weggegeben hat.

Am Anfang hatte ich nicht die geringste Ahnung, wie ich diesen verknoteten Wollknäuel in mir und damit mein verfilztes Liebesleben entwirren konnte. Dennoch war mir klar, dass ich irgendwo mit dem Entknoten beginnen musste. Ich spürte, dass es nur Schritt für Schritt und nicht auf einmal gehen konnte, da ich ja an die innen im Wollknäuel befindlichen Knoten gar nicht herankam. Sie waren noch zu versteckt. Ich konnte nur mit dem beginnen, was ich zu greifen und zu bearbeiten vermochte. So ließ ich mich auf die Reise in meine Innenwelt langsam ein. Lernte mich besser kennen, mich mit meinen Gefühlen und den dahinterliegenden Konflikten. Ich fing mit kleinen und einfachen Problemen an, von denen ich annahm, dass ich sie leicht und schnell bewältigen konnte. Danach tastete ich mich immer weiter vor, von Herausforderung zu Herausforderung. Ein kleines Problem bestand etwa darin, mein Datingverhalten in der Theorie zu analysieren. Etwas anspruchsvoller war es, meine tiefer liegenden Konflikte, die die Ursache für mein dysfunktionales Liebesleben waren, aufzudecken. Und wirklich schwer war es, das ganze Wissen dann auch in der Praxis anzuwenden und nicht wieder in alte Muster zurückzufallen.

Ja, es ist viel leichter, theoretisch über die Liebe nachzudenken und ihre Fallstricke mit etwas emotionalem Abstand zu verstehen, als diese Kenntnisse dann auch anzuwenden, wenn man persönlich betroffen und emotional involviert ist. Es ist nämlich etwas anderes, sich vorzunehmen, ruhig zu bleiben, und dann auch ruhig zu sein, wenn man von seinem Partner enttäuscht wurde und ganz viel Wut oder Trauer im Bauch oder im Herzen hat. Ich brauchte mehrere Übungssituationen, um mein Erleben und Verhalten erfolgreich zu ändern, und auch in meiner jetzigen Beziehung läuft nicht immer alles rund. Ich weiß oft, wie es in der Theorie laufen sollte, bekomme es dennoch nicht immer in der Praxis umgesetzt.

So weiß ich, dass es in den meisten Situationen nicht sinnvoll ist, übermäßig emotional zu reagieren, wenn ich vom Verhalten meines Partners enttäuscht bin. Dennoch konnte ich meine Emotionen nicht von Beginn an sofort einfangen. Nach Streitigkeiten gelang es mir aufgrund meiner inneren Anspannung oft nicht, einzuschlafen, und ich lag viele Stunden wach. Auch wenn ich wusste, dass mein Erleben gerade total dumm war und ich doch eigentlich einen Plan hatte, wie ich mich aus solchen belastenden Situationen navigieren könnte, schaffte ich es nicht immer, mich in einen ausgeglichenen Zustand zu bringen. Die Gefühle waren in mir und grollten vor sich hin. Doch je öfter ich mich darin übte, all diese unangenehmen und ungewohnten Gefühle auszuhalten, desto mehr Knoten konnte ich lösen und desto leichter fiel es mir, solche Situationen aufzulösen. Heute kann ich auch die komplizierteren Knoten aufdröseln beziehungsweise in emotionalen Krisen ruhig und sachlich bleiben. Bis dahin brauchte es einfach noch ein paar partnerschaftliche und zwischenmenschliche Reibereien, um mich in meinem Umgang mit ihnen zu üben und mein Verhalten anzupassen. Noch heute nutze ich jeden Streit, um besser zu verstehen, wie ich ticke und wo ich weiterhin innere Baustellen habe, die bearbeitet werden müssen. Ich frage mich dann schon während des Zusammenpralls oder mit ein wenig Abstand dazu, was diesmal im Umgang mit meinen Emotionen gut geklappt hat und wo es ruckelig war. Diese Situationen beleuchte ich später genauer und überlege mir, was ich beim nächsten Mal besser machen kann.

Auseinandersetzungen werfen mich nicht mehr so sehr aus der Bahn wie zu Beginn unserer Beziehung. Differenzen wurden für mich wie Tage emotionalen Hochgefühls: Sie kommen und gehen. Entscheidend ist nicht, *dass* sie sich ereignen, sondern *wie* ich mit ihnen umgehe und ob ich es schaffe, sie nutzbar zu machen. Meine Reise zu mir selbst hatte mit meinem Dating Sabbatical zwar einen Anfang gemacht, sie war aber nicht beendet, als ich mich wieder mit Männern traf. Meine jetzige Partnerschaft ist also mindestens genauso Teil davon, meine inneren blinden Flecken aufzudecken und mit Gefühlen und Konflikten in Kontakt zu kommen, die ich bis dahin stets vermieden hatte.

Alles annehmen und nichts wegdrücken

Der Trick ist, Gefühle nicht in »gut« und »böse« zu kategorisieren, sondern alle Emotionen als verschiedene, jedoch gleichberechtigte Nuancen der eigenen Innenwelt zu begreifen und zuzulassen. Keine deiner Stimmungen ist an sich negativ, so wie auch keine an sich positiv ist. Es ist allein deine Bewertung, die sie positiv oder negativ macht. Bewerten wir unsere Emotionen auf diese Weise, bekommen sie Label wie »will ich« oder »will ich nicht«. Doch Ablehnung ist genauso schwierig wie übermäßiges Verlangen nach einem Empfinden.

Hedonisten – Menschen, die ihr Leben auf Lustgewinn ausrichten und versuchen, jegliches Leid zu vermeiden – sind oft deshalb so sehr in das Eintauchen und das eigene Verwöhnen mit aus ihrer Sicht angenehmen und erstrebenswerten Gefühlen vernarrt, weil es eine ganze Menge an Emotionen gibt, die sie damit überdecken wollen. Ihre hedonistische Lebensgestaltung stellt dabei meist eine Kompensation dar, um die schmerzhaften und unangenehmen emotionalen Bereiche zu übertönen sowie ihnen aus dem Weg zu gehen.

Hinter Enttäuschung, Frustration und Wut, die ich zum Beispiel gegenüber Männern oft empfand, stand eigentlich ein ganz großer Wunsch nach Liebe. Je vehementer ich einen Mann aus meinem Leben warf, desto mehr wünschte ich mir, dass er meine Bedürftigkeit sehen und um mich kämpfen würde. Leider konnte ich meine Bedürfnisse erst auf diese Weise formulieren, nachdem ich mir meiner inneren Konflikte bewusst geworden war. Dazu habe ich tief in diese Empfindungen hineingespürt und die dahinterliegenden emotionalen Muster aufgedeckt. Dies brauchte einiges an Zeit, doch je mehr ich aus meinem Unbewussten zutage förderte, desto besser kann ich seither in schwierigen emotionalen Situationen navigieren.

Dampf ablassen

Viele Menschen schämen sich dafür, wenn ihnen Tränen kommen oder sie Wut empfinden. Das hat aber mehr mit anerzogenen Glaubenssätzen zu tun, als dass dies sinnvolle Gründe hätte. Jeder Mensch sollte alle Gefühle spüren und zulassen. Jemand mit einer Störung diesbezüglich hat blinde Flecken und somit Blockaden in der Gefühlswahrnehmung. Jede deiner Emotionen will ihren adäquaten Platz bekommen und sein dürfen. Nur dann wird sie nicht mehr versuchen, sich dir aufzuzwingen, um angenommen zu werden.

Über viele Jahre hatte ich ein Problem damit, Wut zuzulassen. Lange dachte ich, dass ich so ein Sonnenschein wäre und nicht wütend werden könnte. Doch irgendwann bemerkte ich, dass meine Wut mir nur aberzogen und verdrängt war. Als ich anfing, in Kontakt mit meiner Wut zu kommen, spürte ich einen gewaltigen Kloß in meinem Hals. Ich wünschte, meinen Ärger herauszuschreien zu können. Immer wieder hatte ich die Vorstellung, wie ich auf einem offenen Feld stand und alles herausbrüllte, was sich über Jahre in mir angesammelt hatte. Da ich im Zentrum einer Großstadt wohnte, war das mit dem Feld nicht so leicht zu realisieren. Ich wehrte diesen Impuls daher zunächst einige Male ab – insbesondere deshalb, weil ich mir sagte, dass man so etwas nicht machen dürfe. Was könnten denn andere Menschen von mir denken, wenn sie dies mitbekämen? Irgendwann überwand ich mich und traute mich, da das Bedürfnis, endlich einmal alles herauszuschreien, über Wochen in mir präsent blieb. Ich schloss also alle Fenster und Türen, nahm mir ein Kissen, hielt es vor mein Gesicht und schrie, so laut ich konnte, in dieses hinein.

Es war so unglaublich befreiend, dass mein Schreien in ein großes und lautes Lachen überging. Etwas lang Unterdrücktes konnte über dieses Schreien frei werden und löste eine uralte Blockade. Danach fiel es mir zunehmend einfacher, Wut und Ärger in mir zu spüren. Ich merkte, dass die befürchteten Konsequenzen – die

Ablehnung durch andere – nicht eintraten. Auch die Gefühle, die mir am Anfang so große Angst gemacht hatten, übermannten mich nicht und brachten mich nicht um. Ich lernte, sie anzunehmen, mit ihnen zu leben und erlaubte mir auch mal, ärgerlich zu sein und meinen Unmut auf sachliche und reife Art gegenüber anderen Menschen zu kommunizieren. Je öfter ich diese Emotionen zuließ und ihnen Raum gab, desto weniger bedrohlich wirkten sie auf mich. Seither habe ich mir angewöhnt, regelmäßig Dampf abzulassen, wenn sich dieser in mir angestaut hat. Ich schreie dann im Auto, wenn ich auf der Landstraße durch menschenleere Gegenden fahre oder auf der Autobahn unterwegs bin. Manchmal mache ich meinen Gefühlen auch nur mit einem energischen Ausruf wie »Ahhhh!«, »Scheiße!« oder »Verdammt!« Luft. Das reicht oft schon, um Druck abzubauen und erst gar nicht so viel Wut in mir anzustauen. Das wütende Monster in mir, das mir am Anfang so martialisch vorkam, wurde über die Zeit zu einem guten Bekannten und schließlich zu einem Freund.

Pubertät 2.0

So wie ich mir zugestanden habe, richtig wütend zu werden und meine Aggressionen herauszubrüllen, gab es während meines Sabbatical nach einer Coaching-Session auch eine Nacht, in der ich meiner größten Angst ins Auge geblickt und so sehr geweint habe, dass man mit den Tränen einen ganzen Swimmingpool hätte füllen können. Meine größte Angst war immer, dass ich womöglich niemanden finden würde, mit dem ich mein Leben verbringen könnte. Die Tatsache, keinen Partner an meiner Seite zu haben, war ja lange gleichbedeutend mit der Bewertung, nicht gut genug zu sein. Jede Zurückweisung, jeder Abend, den ich allein war, obwohl ich ihn gern in Zweisamkeit verbracht hätte, streuten daher Salz in diese Wunde. Mein Fokus war auf das gerichtet, was ich nicht hatte, anstatt auf das, was mein Leben erfüllte. Aufgrund dieser Sichtweise war das Alleinsein für mich manchmal so schwer. Was stimmt mit mir nicht, und warum will mich keiner? Das waren die Gedanken, die meinen Herzschmerz verursachten. Menschen, die ihren Selbstwert aus Beziehungen ziehen und nur schwer allein sein können, kennen solche Fragen. Irgendwie fühlt man sich dann falsch, wenn plötzlich alle im Bekanntenkreis heiraten und eine Familie gründen. Die Fragen der anderen, warum man denn immer noch Single sei und ob man denn keine Kinder wolle, tun ihr Übriges.

An diesem Abend erkannte ich, dass ich bisher nicht einen einzigen Mann getroffen hatte, mit dem ich gern mein Leben verbracht hätte. Es gab nicht einmal einen Sandkastenfreund, der mich bis in mein Erwachsenenalter begleitet hatte. Würde ich womöglich nie diesen einen Menschen finden, mit dem ich den Rest meines Lebens verbringen wollte? Wenn es so sein sollte, so dachte ich weiter, könnte ich ja, statt weiter zwanghaft nach dem einen Lebenspartner Ausschau zu halten, diese Vorstellung aufgeben und mein Leben so weiterführen, wie es ist. Denn auch wenn ich nicht diesen einen Menschen an meiner Seite habe, bin ich glücklich und habe einen wunderbaren Freundeskreis. Als ich mir dessen bewusst wurde, spürte ich, wie alles in mir weiter wurde und ich entspannte. Ein Singledasein war gar nicht so schlimm, wenn man es genauer betrachtete.

Ohne Partner zu sein, hieß ja nicht, auf Liebe verzichten zu müssen. Es bedeutete nur, den Traum vom Märchenprinzen zu begraben, mit dem alles einfach sein und mit dem man bis ans Ende der Tage über grüne Blumenwiesen laufen und sich verliebt anlächeln würde. Ich hatte in der Tat märchenhafte Vorstellungen gehabt, die in dieser Nacht einem realistischeren Partnerschaftsmodell wichen. Denn diesen Mann, der meine Wunden lecken, mein Herz auf Händen tragen, mir all meine Wünsche von den Augen ablesen würde, mit dem ich nie streiten müsste, der immer für mich da wäre, wenn ich ihn brauchte (diese Liste könnte ich noch lange weiterspinnen), diesen Mann gibt es nicht. Und es ist gut, dass es ihn nicht gibt. Denn so konnte ich aufhören, auf ihn zu warten, und mir stattdessen mein eigenes Leben schön machen.

Adios, Märchenprinz

In dieser Nacht war ich zum ersten Mal dankbar dafür, dass ich den Mann meiner Träume noch nicht gefunden hatte, weil ich mit ihm nur eine unreife und auf Abhängigkeiten basierende Partnerschaft hätte führen können. Ich erkannte, dass meine Probleme in Beziehungen auf meinen unrealistischen Erwartungen an das Zusammensein mit einem Mann und daran, wie sich dieser mir gegenüber und innerhalb unserer Partnerschaft verhalten sollte, beruhten. An diesem Abend machte ich Tabula rasa. Ich machte mich von allem frei, was ich bislang über Männer, Beziehungen und zwischenmenschliches Miteinander dachte, und fing noch einmal komplett von vorn an, mir meine Beziehungswelt zusammenzubauen.

Am nächsten Morgen wachte ich auf und fühlte mich befreit – befreit von einer Illusion, die mich blind gemacht und mich mit falschen Hoffnungen überschüttet hatte. Ich suchte nach etwas, das es nicht gab, und deshalb konnte ich es auch nicht finden.

Diese Erkenntnisse rückten die Verantwortlichkeiten in meinem Leben zurecht. Ich wusste nun, dass ich nicht am Boden zerstört sein musste, wenn meine realitätsfernen Beziehungsfantasien nicht erfüllt wurden. Alles, was es brauchte, war eine neue Erwartungshaltung. Ich wollte nicht mehr nach dem Mann suchen, der auf einem weißen Pferd angeritten kam, mich aus meiner traurigen Welt herausriss und in eine andere entführte. Denn dies war eine Schimäre, die allein darauf ausgerichtet war, es mir einfacher zu machen und nicht selbst aktiv werden zu müssen. Und vor allem suchte ich nicht mehr nach dem Mann, mit dem von Tag eins an nur noch gut war. All das gibt es nur in Märchen.

Befreit von dieser Illusion und ohne in Stein gemeißelte Vorstellungen in meinem Kopf, wie mein Partner sein und was er tun müsste, damit ich mit ihm glücklich würde, konnte nun etwas anderes wachsen. Etwas Echtes. Etwas Realistisches. Etwas, das nicht beim ersten Windhauch zusammenfällt: eine bedingungslose Liebe. Und im Nachhinein freute ich mich über die Tränen in dieser emotionalen Samstagnacht, die so viel Ballast weggespült hatten.

Indem ich all die traurigen Gefühle durchlebte und feststellte, dass sie mich nicht umbrachten, konnte ich die entscheidende Veränderung bewirken. Ich beschloss, dass ich keine Lust mehr hatte, weinend in meinem Bett zu liegen. Ich wollte nicht wegen eines nicht daherkommenden Mannes Tränen vergießen, und schon gar nicht wollte ich länger auf einen solchen warten. Genau dieses Warten hatte mein Leben nämlich in den letzten Jahren eingeschränkt. So entschied ich an diesem Morgen, stets das Beste aus einer Situation zu machen und meine Gefühle nicht mehr so ernst zu nehmen. Sollten sie doch versuchen, mich zu deprimieren! Ich hatte genug Schönes in meinem Leben, um ihnen etwas entgegenzusetzen und mich von ihnen nicht mehr in das dunkle Tal der Tränen wegtragen zu lassen.

Ich begann, mein Leben selbstbestimmt zu führen und das zu machen, was sich im Moment richtig anfühlte. Als ich nicht mehr auf »den Richtigen« hoffte, tat ich all die Dinge, die ich sonst mit dem Mann an meiner Seite hatte tun wollen. So zog ich um und richtete mir ein neues Leben ein, in dem ich für mich glücklich war, ohne einen Platz für einen möglichen Partner frei zu halten. Ich tanzte und lachte auf jeder Party plötzlich viel entspannter, weil ich nicht mehr mit einem halben Auge und einem halben Herzen schaute, ob ich hier womöglich einen Mann kennenlernen würde, mit dem sich mehr entwickeln könnte. Ich war angekommen – im Moment, in mir –, und es fühlte sich verdammt gut an.

Je weiter meine Männerauszeit voranschritt, desto mehr merkte ich, wie glücklich ich als Single war und dass mir viel weniger fehlte, als ich angenommen hatte. Seitdem betrachtete ich meinen Singlestatus anders. Ich versuchte ihn nämlich nicht mehr abzuschaffen, sondern feierte ihn in vollen Zügen. Ich genoss es, Single zu sein, und sah all das Gute und all die Freiheiten, die daraus erwuchsen. Daher kam mir mein Dating Sabbatical wie eine zweite Pubertät vor, in der ich viel nachholte und aufhörte, in jedem sympathischen Mann einen potenziellen Partner zu sehen. Da ich mich selbst dazu entschieden hatte, auf Männer zu verzichten, kam mir mein Singledasein auch nicht wie eine Schwäche vor. Nicht mehr daten zu müssen, empfand ich nicht als Beschränkung, sondern als eine Erleichterung.

Das Innehalten, also nicht mehr weiter nach einem passenden Mann suchen zu müssen, zählte zu den größten Geschenken, die mir meine Männerauszeit bescherte. Die Partnersuche und das damit verbundene Dating können nämlich manchmal ganz schön anstrengend sein. Ich war froh, dass ich einen Grund zum Pausieren hatte, denn ich merkte, wie lästig es doch sein konnte, ständig irgendwelche Dates auszumachen, Männer kennenzulernen und mit ihnen ausloten zu müssen, ob daraus langfristig mehr werden konnte.

Als ich begriff, dass meine Einstellung bezüglich meines Beziehungsstatus mein Problem darstellte, konnte ich beginnen, diese Perspektive zu ändern. Ab diesem Moment konnte ich auch als Single glücklich und mir selbst genug sein. Außerdem befreite ich mich von der Vorstellung, unbedingt mit einem Mann eine Familie gründen zu müssen. Denn nur weil viele das tun, hieß das noch lange nicht, dass es auch das Richtige für mich sein musste. Seither hatte ich eine andere Ruhe in mir – ich konnte einen Mann finden, musste es aber nicht. Ob ich mich auf die Suche begeben oder meine Zeit lieber anders verbringen wollte, das war meine Entscheidung – abseits von konservativen Beziehungskonzepten. Schließlich, so dachte ich, kann ich auch ohne Beziehung ein erfülltes Leben führen.

10

Emotionen bändigen

Gefühle brauchen ein Gleichgewicht

Gefühle können manchmal ganz schön mit einem durchgehen, so wie ein wildes Pferd. Weil ich sie inzwischen immer besser zulassen konnte, musste ich auch lernen, adäquat mit ihnen umzugehen, wenn sie sich zeigten.

Das Schöne an der Liebe ist ja, dass sie so unglaublich intensiv sein kann. In Sekunden vermag sie uns in den siebten Himmel fliegen zu lassen – und genauso schnell können wir aus diesem auch wieder abstürzen und einen harten Aufprall auf dem Asphalt des Lebens zu spüren bekommen. Dieses Wechselbad von »himmelhochjauchzend, zu Tode betrübt« habe ich in meinem Liebesleben oft erlebt. Das, was wir in der Liebe erfahren, ist oft so intensiv, dass es für einige Menschen zum Problem werden kann. Wir fühlen uns von unseren Emotionen dann beispielsweise übermannt oder fremdgesteuert und reagieren auf eine Art und Weise, die wir später unter Umständen bereuen. Wir sagen in einem Streit mit unserem Partner im Affekt Sachen, die wir in einer neutralen Gemütslage so niemals sagen würden. Wir verhalten uns übermäßig aufgebracht oder motzen ihn auf unfaire Weise an.

In Beziehungen und auch anderen zwischenmenschlichen Bereichen geht es in Konflikten meist viel weniger um die Inhalte als vielmehr um die emotionalen Reaktionen, die damit einhergehen und die zwei Menschen von der einstmals großen Liebe auf die absehbare Trennung zusteuern lassen. Es sind die unfairen Worte, die aufgrund verletzter und nicht gezügelter Emotionen dem anderen an den Kopf geschleudert werden und dazu führen, dass die

Liebe schwindet. Ich bin mir sicher, dass viele Beziehungen »gerettet« werden könnten, wären sich beide Partner ihrer emotionalen Prägungen bewusst und könnten dadurch flexibler damit umgehen. Zu verstehen, warum ich auf gewisse Trigger immer wieder mit dem gleichen, oft dysfunktionalen Verhalten reagierte, hat mir geholfen, heute in bestimmten Situationen mit Männern ruhiger zu bleiben.

Daher ist eine weitere wichtige Zutat für eine gelingende Beziehung zu einem anderen Menschen ein reifer Umgang mit den eigenen Gefühlen sowie denen des Partners. In der Beziehung zu uns selbst ist er essenziell, weil unsere Emotionen uns darüber informieren, welche Bedürfnisse wir gerade in uns tragen. Um eine gute Partnerschaft zu sich selbst zu führen, ist im Rahmen der Selbstfürsorge ein gesunder Zugang und ausreichend Raum für die eigenen Gefühle wichtig. Sie helfen uns, in Balance zu bleiben, und zugleich müssen wir sie mit dem Ziel eines guten Gleichgewichts regulieren. Denn so wie es wichtig ist, Emotionen zuzulassen, ist es auch wichtig, dass sie uns nicht immer wieder übermannen und unser Leben auf den Kopf stellen.

Alte Muster ablegen

Andere Menschen hätten in vielen der Situationen, in denen ich früher emotionale Herausforderungen durchlebte, überhaupt keine Schwierigkeiten gehabt. Wo ich mich tränenüberströmt und deprimiert auf meinem Bett wiederfand, hätten sie über ein solches Verhalten nur den Kopf geschüttelt. Meine Konflikte lagen nämlich nicht in meinen Männergeschichten an sich, sondern in den Gefühlen und Reaktionen, die diese aufwirbelten.

Oft sind es die festgefahrenen Gedanken und Befürchtungen über Beziehungen, die uns dazu veranlassen, quälende Wahrnehmungs- und Verhaltensweisen anzunehmen. Diese bestätigen dann unsere Sicht der Dinge, und der Teufelskreis beginnt. Glaube ich beispielsweise, dass Männer mich nicht wollen, werde ich erstens meine Wahrnehmung auf ablehnende Aspekte im Zusammensein legen und mich zweitens vorsichtig verhalten und mich nicht völlig öffnen. Ich muss mich dann nicht wundern, warum das Ganze schnell ein Ende findet – denn warum sollte sich jemand mir gegenüber offen zeigen und mich annehmen, wenn ich ihm mit verschränkten Armen und verschlossenem Herzen gegenübersitze? Ich könnte mich aber auch anders verhalten, sodass der andere wiederum anders auf mich zugehen kann. Wäre ich im Vertrauen gewesen, dass andere Menschen mich mögen und gern mit mir zusammen sind, hätte ich andere Aspekte des Miteinanders wahrgenommen und mich stärker auf die positiven Interaktionen fokussiert. Mein Gegenüber hätte mich dann freudiger und entspannter wahrnehmen können und wäre wahrscheinlich viel eher bereit gewesen, mich in sein Leben zu lassen. Indem ich meine Reaktionen und damit einhergehenden Beziehungsangebote hinterfrage, kann ich meine Erfahrungen beim Dating grundlegend verändern.

Das Joch der eigenen Gefühle

Wahrscheinlich gehörst du auch zu den Menschen, die von ihren Gefühlen immer mal wieder aus der Bahn geworfen werden. Menschen, die Liebeskummer und Herzschmerz wie ihre eigene Westentasche kennen und deren Liebesleben oft ins Liebesleid umspringt, können diese Emotionen meist sehr intensiv spüren. Oftmals fühlen sie sich von der Intensität dieser Gefühle aber auch überfordert, wenn sie keine adäquaten Strategien gelernt haben, um emotionale Ausnahmezustände zu steuern. Gefühlsmenschen fällt es deshalb oft nicht leicht, ihre Emotionen mit Distanz wahrzunehmen und sie neutral zu beobachten. Ihnen fehlt die rationale Kontrolle als Gegenstück ihres emotionalen Erlebens. Sie sind von dieser Emotion dann so ausgefüllt, dass sie denken, sie seien diese Emotion und müssten alles tun, was dieses Gefühl ihnen gerade sagt und was es von ihnen will.

Ich weiß, wovon ich spreche. Früher konnte ich mich auf der Stelle verlieben und euphorisch in Zukunftsfantasien schwelgen, genauso gut konnte ich auch in weniger als drei Sekunden in schmerzliche Gefühlslagen rutschen. Manchmal reichte dafür ein Wort oder ein Blick, damit alte Muster ansprangen. Durch das Lesen psychologischer, neurowissenschaftlicher und spiritueller Bücher sowie durch meine Meditationen habe ich gelernt, dass ich weder meine Gefühle noch meine Gedanken oder mein Verhalten bin. Es ist mein Bewusstsein, das diese Erfahrungen macht und auf dem sich meine verschiedenen emotionalen Zustände widerspiegeln, so wie ein Film mittels Projektors auf eine weiße Leinwand gebracht wird. Das Bewusstsein ist sozusagen die Leinwand, die immer gleich bleibt, auch wenn sich unterschiedliche Geschichten auf ihr abbilden.

Meine Gefühle und mich nehme ich heute wie ein Orchester mit einem Dirigenten wahr – meine Emotionen sitzen auf der Bühne, aber ich gebe Lautstärke und Rhythmus vor. Am Ende ist es die Balance von emotionalen und rationalen Aspekten, die einen gesunden Menschen ausmachen. Weder das völlige Unterdrücken jeglicher Gefühle und Impulse noch deren komplettes Ausleben sind sinnvoll. Beides sind radikale Pole, und Radikalität ist nie gut. Es gilt daher, beide Aspekte miteinander in Einklang zu bringen, und ich möchte hier einen kleinen Einblick geben, wie das gelingen kann.

Emotionen sind Energie

Emotion = E + Motion = Energy in Motion =
Energie in Bewegung

Diese Gleichung verdeutlicht das Wesen unserer Gefühle. Sie sind Energien, die aufkommen, mit uns kommunizieren und wieder verschwinden. Deshalb sind wir bei Wut oder Liebeskummer auch meist so aufgekratzt – viele Gefühle in uns bedeuten nämlich viel Energie, die in uns freigesetzt wurde.

Immer dann, wenn sich mein Liebesglück schneller als erwartet ins Liebesleid verkehrte, fühlte ich mich überfordert und stürzte in Krisen. Eine Trennung war nicht einfach nur eine Trennung, sondern fühlte sich an wie ein Weltuntergang, wie das Ende meines Lebens. Einen anderen Menschen in emotional aufgeladenem Gefühlszustand neutral betrachten zu können und sinnvolle Entscheidungen zu treffen, war dann kaum möglich. Ich heulte wie ein Schlosshund und hatte das Gefühl, dass mein Herz zerbrechen würde. Diese emotionalen Reaktionen waren psychisch sowie körperlich immer extrem anstrengend. Denn sobald meine Emotionen in mir in Gang kamen, war in mir plötzlich ganz viel los. Mein Inneres war dann so in Bewegung, dass ich abends nicht ins Bett kam und morgens um fünf schon wach dalag. Aufgrund der vielen Gedanken in meinem Kopf verschwand die friedvolle Klarheit in mir, die ich sonst so sehr liebte.

Während meines Dating Sabbatical brachten mich meine Gefühle immer dann aus meinem Gleichgewicht, wenn sich ein Mann aus meiner Vergangenheit bei mir meldete und wir wieder ein wenig ins Flirten kamen. Dadurch wurden alte Gefühle in mir aufgewirbelt. Und auch wenn ich in dieser Zeit keine offiziellen Dates hatte, eröffneten die digitalen Medien, Seminare oder Partys doch immer mal wieder die Möglichkeit, neue interessante Menschen kennenzulernen und eine gewisse Anziehung zu spüren. Plötzlich war mein Leben – ausgelöst durch ein paar Nachrichten, ein Telefonat oder eine nette Unterhaltung – viel unruhiger als ohne Männer. Jedes Mal wenn ein Mann es schaffte, meine Aufmerksamkeit zu erlangen, begannen sich meine Gedanken mehr und mehr um diese eine Person zu drehen.

Laut der Psychologin Stefanie Stahl ist Verliebtsein und insbesondere die Phase des gegenseitigen Kennenlernens vergleichbar mit einer Prüfungssituation. Deshalb geht diese erste Phase des Zusammenseins und gegenseitigen Beschnupperns meist mit einer gehörigen Portion Aufregung einher. Je besser man sich vorbereitet wähnt und je fähiger man sich fühlt, die Prüfung zu meistern, desto entspannter kann man in diese gehen. Habe ich stattdessen jedoch zu wenig gelernt und bin mir dessen auch bewusst, klopft mein Herz schon deutlich mehr, wenn ich den Prüfungsraum betrete und meinem Prüfer gegenüberstehe. Meine Hände schwitzen, meine Beine fühlen sich an wie Wackelpudding, und ich bin so aufgeregt, dass ich nicht recht weiß, was ich sagen soll. Genauso fühlte ich mich zum Teil beim Dating, und ich weiß, dass es vielen Menschen ähnlich geht.

Im übertragenen Sinne gilt für das Kennenlernen einer anderen Person Folgendes: Je höher mein Selbstwert ist, je mehr ich mich selbst liebe und je weniger Lücken ich in meinem Leben habe, die ich gerade versuche mit meinem Gegenüber zu füllen, desto entspannter kann ich in solche Situationen gehen. Zweifele ich jedoch daran, ob ich gut und liebenswert genug bin, und habe ich oft erlebt, zurückgewiesen zu werden, dann sind oben beschriebene Zeichen der Unsicherheit meist stärker ausgeprägt. Dates fungieren dabei wie eine Prüfung des eigenen Marktwerts, der wiederum eine positive Feedbackschleife auf den Selbstwert hat.

Ich kann es auch allein!

Wenn ich also von meinen Emotionen von links nach rechts geschüttelt werde und mich wie in einer Gefahrensituation fühle, liegt das meist daran, dass ich eine Zurückweisung durch eine andere Person als lebensbedrohliche Situation einstufe. Ein eindeutig evolutionsbiologisches Muster, denn gehöre ich zu einer Sippe und finde dort Anschluss und Schutz, muss ich mich nicht alleine durch den Wald kämpfen. Als Höhlenmensch und Mammutjäger hatte man es ohne Anschluss deutlich schwerer zu überleben. Doch da ich heute nicht mit einer Keule in der Hand umherlaufe, stellt eine Zurückweisung keine Gefahr mehr dar. Denn selbst wenn ich von einem oder mehreren Menschen zurückgewiesen werde, ist das vielleicht ein Angriff auf mein Selbstwertgefühl, nicht jedoch auf mein Leben. Ich kann nämlich auch weiterhin alleine im Supermarkt mein Essen einkaufen oder sonstige Bedürfnisse abdecken. Die emotionalen Ausnahmesituationen sind daher gar nicht nötig, weil die vermeintliche Lebensgefahr nicht existiert.

Weise wählen

Bei allen Gefühlsregungen gilt es zu unterscheiden, ob ich gerade in einem produktiven oder destruktiven emotionalen Prozess bin. So ist es sehr nützlich, sich aktiv mit meinen Emotionen auseinanderzusetzen, um meine Probleme zu reflektieren sowie deren Ursachen aufzulösen. Doch Emotionen können auch unproduktiv oder sogar destruktiv, selbst- oder fremdverletzend sein. Wenn sich beispielsweise ein Gefühl in dir festsetzt und sich dein ganzer Tag nur noch darum dreht, blockiert es dein Erleben sowie dein Verhalten. Du kannst an nichts anderes mehr denken, es hindert dich womöglich am Schlafen, du fühlst dich hilflos und wie fremdgesteuert. Das sind die Momente, in denen du von einem Gefühl ergriffen wirst und Schwierigkeiten hast, über eine gesunde Regulation wieder in deine Balance zu kommen. Statt aus deinem emotionalen Teufelskreis herauszutreten, wirst du immer tiefer in einen Gedankenstrudel gezogen. Es ist, als wenn es über Wochen regnet und die Sonne weit weg scheint.

Mir hilf es dann, mir bewusst zu machen, dass die Sonne noch da ist, egal wie viele Regenwolken gerade am Himmel hängen. Die Sonne ist das, was bleibt, und nur das, was sich davorschiebt, ändert sich. Die Sonne steht hier für meinen ausgeglichenen Gefühlszustand und die Regenwolken für unangenehme Emotionen. Ja, es gibt Phasen, in denen wir wochenlangem Regen ausgesetzt sind, aber dieser geht vorbei, und die Sonne kommt wieder hervor. Dies passiert jedoch nicht schneller, wenn wir uns über jeden einzelnen Regentropfen beschweren, der gerade vom Himmel fällt. Lassen wir uns davon frustrieren, berauben wir uns nur der Zeit, die wir mit angenehmen Aktivitäten füllen könnten. Wir können stattdessen den Regen Regen sein lassen und uns darauf besinnen, dass selbst das schlechteste Wetter nur temporär ist. So kann ich mich, während es noch regnet, auf den nächsten Sonnenschein freuen. Dies hilft mir immer sehr, mich in einem positiven und gelassenen Gemüt zu verankern.

Wir haben die Wahl, welchen Einfluss wir bestimmten Faktoren auf unser Erleben und Verhalten geben wollen. Und wenn uns etwas stresst, können wir die nächste Stufe der emotionalen Selbstregulation in Angriff nehmen und die aktive und bewusste Umstrukturierung der eigenen Bewertungen und Gefühle beginnen. Ich möchte hier darauf hinweisen, dass es niemals dein Ziel sein kann, keine negativen Emotionen mehr zu haben. Es geht allein darum, besser mit ihnen umzugehen. Es geht nicht darum, dass kein Wind mehr aufkommt, der Wellen erzeugt, sondern darum, auf den Wellen deiner Gefühle zu surfen, anstatt immer wieder vom Brett zu fallen und im Wasser zu ertrinken.

Damit du besser mit deinen Gefühlen klarkommst, gebe ich dir jetzt ein paar Informationen, die dir deutlich machen, was in deinem Körper vorgeht, wenn du emotional wirst.

Gefühle mit Vernunft anreichern

Stelle dir vor, du sitzt im Auto, und plötzlich kommt dir auf deiner Spur ein anderer Wagen mit hoher Geschwindigkeit entgegen, der mitten im Überholvorgang ist. Der andere Fahrer rast heran, und du siehst vor deinem inneren Auge schon, wie ihr zusammenkracht. Dein Herz schlägt schneller, deine Hände beginnen zu schwitzen, die Kehle schnürt sich zu, in dir steigen Angst und Panik auf, und in deine Magengrube schießt ein unbehagliches Gefühl. Kurz bevor es zum Zusammenprall kommt, schlägt der andere Fahrer das Lenkrad ein und ordnet sich vor dem Lkw ein, den er gerade überholt hat. Die Gefahrensituation ist also gebannt, aber dein Herz schlägt immer noch schnell, deine Hände sind immer noch schweißig, du ringst immer noch nach Luft, und das komische Gefühl in deinem Magen ist auch noch da. Der Auslöser für all das ist weg, aber deine Reaktion darauf, die in diesem Moment absolut gerechtfertigt war und dazu da ist, dein Leben zu retten, hat eine gewisse Verzögerung. Die Gefühle und Gedanken, die darauf beruhen, dass in Sekundenbruchteilen Botenstoffe, also chemische Stoffe, die zur Übertragung von Signalen dienen, in deinem Körper freigesetzt wurden, bleiben weiterhin präsent. Das hat damit zu tun, dass die sie auslösenden Botenstoffe, auch Neurotransmitter genannt, nicht einfach verpuffen, sondern eine gewisse Zeit brauchen, bis sie abgebaut sind. Deshalb können die Angst und alle mit ihr assoziierten Gefühle noch existent sein, selbst wenn der andere Fahrer mit seinem waghalsigen Überholmanöver schon längst über alle Berge ist und er überhaupt keine Bedrohung mehr für dich darstellt. Es ist nicht die Gefahr, die an diesem Punkt gegenwärtig ist, sondern die Botenstoffe, die aufgrund der Gefahrensituation vom Gehirn ausgeschüttet wurden und bestimmte Gedanken und Gefühle in dir aktivieren.

Stress kann somit sehr sinnvoll sein, um dein Überleben zu sichern, indem er dich schnell und auf das Wesentliche fokussiert handeln lässt. Problematisch wird er erst dann, wenn es nicht nur einzelne Momente sind, die zu einer Stressreaktion führen, sondern wir in ein chronisches Stressmuster geraten und es nicht mehr schaffen, aus der Belastung auszusteigen. Dann klettern wir auf der Stresstreppe Stufe für Stufe nach oben, bis uns irgendwann Anspannung, innere Unruhe und angstbesetzte Gedanken komplett eingenommen haben.

Dem Unbehagen Glücksgefühle beimischen

Wenn du dir vergegenwärtigst, dass jede Emotion, die dich quält, nur deshalb da ist, weil deren biochemische Spur dich noch beeinflusst, kannst du sie rational beiseitelegen. Wenn ich mich dabei ertappe, dass ich belastenden Emotionen hinterherhänge, obwohl sie gar keine Relevanz mehr für mich haben, kann ich mich dazu motivieren, bereichernde Gefühle in mir zu aktivieren. Spüre ich eine Enttäuschung, weil jemand eine Verabredung mit mir abgesagt hat, kann ich mich entweder den ganzen Abend darüber ärgern, oder ich kann dieses Gefühl wahrnehmen, annehmen und schauen, was es mir sagen will. Gegebenenfalls kann ich mich darum kümmern und es dann auch wieder weiterziehen lassen, weil ich seine Botschaft verstanden habe. Wenn ich weiß, dass sich die Botenstoffe von alleine abbauen, ohne dass ich reagieren und etwas tun muss, um mich ihrer zu entledigen, höre ich auf, bestimmte Gefühle zu befeuern. Denn gegen emotionalen Stress anzugehen, kann ihn sogar verstärken. Dann denken wir an nichts anderes mehr und schenken dem Ganzen zu viel Aufmerksamkeit. Besser ist es, sich aus den Fängen des kleinen Gefühlsmonsters zu befreien, das gerade versucht, Einfluss auf mich auszuüben. Das schaffe ich etwa, indem ich den Emotionen, die mich quälen, die unproduktiv sind und mich nicht weiterbringen, bewusst eine Pause verordne. Stattdessen aktiviere ich andere Gefühle, dazu kann ich mir schöne Erinnerungen wachrufen, oder ich wiederhole neue positive Glaubenssätze, um die emotionale Einbahnstraße zu beenden.

Dazu atme ich einmal bewusst ganz tief ein und aus und besinne mich darauf, was es an Wunderbarem in meinem Leben gibt. Ich atme Entspannung ein und Anspannung aus, und mit jeder neuen Einatmung fülle ich mich mit positiven Gefühlen wie Dankbarkeit und Liebe auf. Alle mich behindernden Gefühle wie Ärger, Frustration oder Traurigkeit atme ich dagegen aus – so lange, bis ich voll von Schönem bin und alles Unschöne aufgelöst ist.

Dabei sage ich mir – laut oder still im Inneren – Sätze, die mich selbst bekräftigen:

- Ich bin ruhig und gelassen.
- Mein Leben ist schön.
- Ich liebe das Leben.
- Ich bin dankbar für die Erfahrungen, die mir das Leben schenkt.
- Auch das geht vorbei.
- Alles ist gut.
- Auch wenn mein Leben mich gerade auf die Probe stellt, bleibe ich entspannt und glücklich.

Welche Sätze für einen Ausgleich deiner emotionalen Schlechtwetterlagen sorgen, das hängt von der Situation und von deinen individuellen Bedürfnissen ab. Überlege dir deshalb, welcher emotionale Konterspruch dir in schwierigen Momenten guttun würde. Du kannst ihn so lange wiederholen, bis sich dein Anspannungsniveau reduziert hat, ihn aufschreiben, malen oder dir als Sprachmemo einsprechen und in Endlosschleife hören. Außerdem ist es Teil meiner Morgenroutinen, mir zu überlegen, welche positive Selbstbekräftigung ich an diesem Tag gebrauchen könnte, um die aktuellen Herausforderungen zu meistern oder mich einfach in dem zu bestärken, was gut läuft. Diesen Satz schreibe ich dann auf und nutze ihn wie ein Mantra, an das ich mich tagsüber mehrmals erinnere. Fühle ich mich gerade gestresst, atme ich kurz durch, vergegenwärtige mir mein Mantra und wiederhole es ein paarmal. Danach bin ich wieder mehr mit mir verbunden und mit positiver Energie aufgeladen, sodass ich dem Alltag besser begegnen kann.

Auch in zwischenmenschlichen Beziehungen hilft mir diese Technik, mich zu entspannen und nicht in alte Muster von Angst und Selbstzweifel zu rutschen. Habe ich Stress mit meinem Partner, sage ich mir Folgendes: »Ich bin liebenswert, so wie ich bin.

Für das, wofür ich gemacht bin, bin ich absolut gut genug. Ich liebe mich und muss niemanden von mir überzeugen. Alles wird gut – wie auch immer es ausgehen mag. Die Dinge werden sich so entwickeln, wie sie für uns alle am besten sind.«

Diese Gedanken helfen mir, bei einem Streit entspannt zu bleiben und nicht wie früher übermäßig emotional zu werden. Ich kann den Verlauf meiner Beziehung dann besser annehmen, weil ich weiß, dass es keine Versicherung für die Liebe gibt, jedoch ein tiefes Vertrauen in den Lauf der Dinge.

Reicht das noch nicht, starte ich eine kleine Fantasiereise zu meinen Lieblingsorten oder erlebe in Gedanken herrliche Momente mit meinen Lieblingsmenschen. Unser Körper kann in emotionaler Hinsicht nicht unterscheiden, ob wir Dinge in der Wirklichkeit oder vor unserem inneren Auge erleben – seine biochemische Antwort ist bei beiden Optionen die gleiche. Deshalb werden identische Glückshormone ausgeschüttet, wenn ich an einem Strand leibhaftig sitze oder wenn ich mir diesen Moment am Strand sehr plastisch und realitätsnah vorstelle. Je detailreicher ich mir dabei die Situation ausmale und auf verschiedene Ebenen der Wahrnehmung wie Riechen, Schmecken, Spüren oder Sehen eingehe, desto intensiver wird die körperliche Reaktion darauf sein. Sobald ich diese Strategien einsetze, werden weitere Botenstoffe in mir freigesetzt, die mein Erleben in Richtung Glück verschieben.

Ganz anders ist es, wenn ich eine negative Situation in meinem Kopf aufrechterhalte und in Endlosschleife abspiele. Zwar kommt es auch hier zur Freisetzung neuronaler Botenstoffe – allerdings führt diese zu einer Verstärkung meines negativen emotionalen Erlebens. Fühle ich mich von meinem Partner angegriffen oder habe Angst, ihn zu verlieren, wird mein negativer emotionaler Status quo dadurch bewahrt oder sogar noch verschlimmert, wenn ich mir wieder und wieder das Geschehene oder Gedachte lebhaft vorstelle. Die Angst vor einer Trennung erzeugt Bilder einer möglichen Entzweiung in meinem Kopf, und das triggert eine ähnlich schmerzhafte emotionale Reaktion, als wenn ich in der Realität mit einer Trennung konfrontiert wäre.

Du kannst das mit einem Wasserglas vergleichen, in das ein Esslöffel Zitronensaft gegeben wurde. Das Wasser schmeckt dann säuerlich und entspricht dem Ausmaß deiner negativen Botenstoffe in deinem Körper in der Anfangsphase deines Erlebens: Es ist eine gewisse Säure im Wasser, aber du kannst es noch trinken, weil es noch ausreichend verdünnt ist. Als Nächstes kannst du bestimmen, ob du noch mehr Zitronensaft in das Glas gießen möchtest (weitere negative Emotionen), sodass der Inhalt immer saurer wird. Oder ob du stattdessen einen Esslöffel Honig (positive Emotionen) dazugeben willst, sodass dein Zitronenwasser zusätzlich eine angenehme Süße bekommt. Wie du die Flüssigkeit mischst, ist allein deine Entscheidung – so wie es auch deine Entscheidung ist, welche Botenstoffe und daraus resultierenden Gefühle du in dein System schüttest. Doch je mehr Säure du hinzufügst, desto mehr Süße brauchst du, um sie zu neutralisieren. Das heißt: Je länger du im negativen Bereich verweilst, desto mehr Anstrengung braucht es, um wieder zurück in einen neutralen Gefühlsbereich zu kommen.

Emotionale Brücken bauen

Welche Strategien du anwendest, um dein emotionales Gleichgewicht in Richtung Wohlbefinden zu verschieben, ist von dir abhängig. Mir hilft es sehr, den Ort und die Situation zu verlassen, die meinen emotionalen Ausnahmezustand getriggert haben. So komme ich leichter auf neue Gedanken und befreie mich aus dem unangenehmen Gefühlsmuster. Die Bewegungen des Geistes folgen nämlich den Bewegungen des Körpers. Indem ich also meinen Körper mit einem Spaziergang in Bewegung bringe, aktiviere ich auch andere Gedanken und Gefühle. Ich habe mir inzwischen eine Liste mit Strategien gemacht, um meine wild gewordenen

Gefühle wieder in den Griff zu bekommen. Auf ihr stehen beispielsweise folgende Dinge:

Gute-Laune-Musik hören und ausgelassen dazu tanzen: Sobald ich eine Musik aussuche, die ich mit positiven Momenten verbinde, werden viele Glückshormone freigesetzt. Tanze ich dann noch und bewege mich, wirke ich emotionalen Blockaden entgegen und schüttle sämtliche Emotionen ab, die mich gerade belasten. Habe ich Zeit, gehe ich in meinem Fitnessstudio zu Tanzkursen: Jeder Hüftschwung lockert mich auch emotional.

Positive Interaktionen haben: Habe ich mich mit einem Menschen gestritten (es kann auch eine andere negative Interaktion sein), schwirrt dieses Erlebnis oft noch sehr lange in meinem Kopf herum. Dann hilft es mir, diese negative Interaktion mit einer positiven zu überschreiben, in solchen Fällen rufe ich eine gute Freundin an. Indem ich spüre, dass es Menschen gibt, die mich lieben und so annehmen, wie ich bin, ist alles nicht mehr so schmerzhaft. Ich versüße mir das saure Wasser, und am Ende eines meist etwas längeren Telefonats sieht die Welt auch schon wieder viel sonniger aus. Außerdem zwinge ich mich dazu, meinen Stolz abzulegen und auf die Person, mit der ich aneinandergeraten bin, positiv zuzugehen. Je nach Art der zwischenmenschlichen Beziehung kann das verschieden aussehen. Einem Kollegen bringe ich einen Kaffee mit, und meinem Partner begegne ich mit einem Thema, das kein Konfliktpotenzial bietet. So können wir uns wieder auf neutralem Boden miteinander verbinden.

Briefe lesen, die ich in einer emotional neutralen Situation an mich selbst geschrieben habe: Man lernt ja aus seinen Fehlern. Ich habe deshalb angefangen, mir nach Situationen, in denen ich emotional überreagierte, selbst Briefe zu schreiben. Sie sind mehr oder weniger Handlungsanweisungen und sollen mir helfen, mich in einer ähnlichen Lage selbst am Schopf aus dem Gefühlsschlamm zu ziehen, in dem ich gerade bade und zu versinken drohe. Ich habe verschiedene Briefe für unterschiedliche emotionale Zustände geschrieben. Hast du dir selbst derartige Briefe verfasst, kannst du sie dir auch als Sprachnotiz einsprechen und bei Bedarf anhören. Diese energetischen Power-Talks, die von deinem reifen und ruhigen Selbst stammen, wirken in emotionalen Ausnahmesituationen wahre Wunder. Sie erinnern dich nämlich daran, wie ruhig und entspannt du sein kannst und helfen dir, wieder in diese Energie zu kommen.

Meditation und den Blick nach innen richten: Was ich mir bei meiner Achtsamkeitspraxis außerdem angewöhnt habe, ist, nach jedem Streit den Blick nach innen zu richten. Ich gehe dabei tief in mich und frage mich:

- Warum hat mich dieses Thema gerade gereizt?
- Was ist da in mir noch nicht aufgeräumt?
- Betrachte ich gerade nur die negativen Seiten einer Situation? Was gibt es an positiven Aspekten, die ich stattdessen in meinen Fokus nehmen könnte?
- Wie kann ich das Thema mit ein wenig mehr Abstand betrachten? Was werde ich in einem Monat oder einem Jahr darüber denken?
- Was würden mir ein guter Freund oder Mentor raten, also Personen, die alle weniger emotional involviert sind als ich?
- Ist meine aktuelle Sichtweise auf das Thema hilfreich? Wie kann ich es anders angehen, damit es mich weniger stresst? Was wären in dem Zusammenhang hilfreichere Gedanken?

Meist finde ich dadurch einen neuen Zugang zu dem Konflikt: Aus einer destruktiven Auseinandersetzung wird ein produktiver Prozess, der viele Dankbarkeitsgefühle in mir aktiviert.

Natürlich sind das nur Beispiele. Jeder Mensch ist anders und braucht in emotional aufgeladenen Situationen unterschiedliche Lösungsstrategien. Du kannst dir überlegen, was dir in solch einer Situation helfen würde, wenn du mal wieder abseits jeglicher Rationalität in emotionale Liebesfluten gerätst.

Ich möchte dich ermutigen, diese Liste nicht nur in deinem Kopf zu verfassen, sondern deine Strategien wirklich zu verschriftlichen und so abzulegen, dass du jederzeit an sie herankommst. Du kannst dir einen Zettel in deine Geldbörse legen oder deine Notizen digital festhalten. Idealerweise ergänzt du deine Handlungsanweisungen nach einer gewissen Zeit um das, was du über dich lernst. Hast du einen Partner, kannst du auch mit ihm euer Vorgehen in emotional aufgeladenen Situationen besprechen. Ihr könnt dann gemeinsam Strategien entwerfen, die euch beiden dabei helfen, einen kühlen Kopf zu bewahren.

Veränderung bedeutet nicht, sofort alles richtig zu machen

Mach dir hier keine Gedanken, wenn deine Strategien nicht sofort zu hundert Prozent funktionieren. Probiere dich aus und spiele mit verschiedenen Optionen. Der erste Schritt ist schon mal geschafft, sobald du wahrnimmst, dass du feststeckst, und dich aktiv dafür entscheidest, etwas anders zu machen.

Viele emotionale Verhaltensweisen hatte ich ja bereits sehr früh in meinem Leben gelernt. Daher waren sie tief in mir verankert und trieben dort ihr Unwesen – wie Geister in einem alten Haus. Keiner will sie haben. Daher gilt es, sie auszutreiben, bevor das Haus neue Mieter finden kann. Und das erfordert großen Willen, etwas zu verändern, und nicht weniger Kraft, diesen Veränderungsprozess anzustoßen, voranzutreiben, dranzubleiben und erfolgreich abzuschließen. Auch braucht Erneuerung Zeit. Wenn du etwas anders machen oder etwas Neues lernen willst, musst du dir Zeit geben, dies in dir zu programmieren.

Oft heißt es, dass man etwas sieben Mal tun muss, damit das neue Verhalten stabil in dir integriert ist. Andere sprechen von zwanzig oder mehr Wiederholungen. Die Anzahl hat viel damit zu tun, wie tief deine alten Verhaltensweisen in deinem Kopf verankert sind und wie stark du daran glaubst, diese verändern zu können. Je älter und vertrauter sie dir sind, desto mehr Zeit wirst du wahrscheinlich brauchen, frühere Muster zu überschreiben.

Wenn du dir das Ziel setzt, etwas anders machen zu wollen, kämpft der gute Vorsatz gegen die althergebrachten Verhaltensweisen in dir an. Nicht weil die tradierten Muster besser und dir von größtmöglichem Nutzen wären, sondern weil sie durch häufigen Gebrauch so fest in deinem neuronalen System verankert sind. Die Neuronen in deinem Kopf und Körper, also jene Zellen, die elektrische oder chemische Signale aufnehmen, verarbeiten und weitergeben, sind nämlich Gewohnheitstiere. Haben sie ein Programm installiert, bleiben sie gern bei den einmal geschaffenen Verschaltungen. Diese bilden quasi die Autobahnen für einen Impuls. Und je mehr die »Autobahnen« benutzt werden, desto »stärker« werden die Verschaltungen. Du kannst es dir wie das Trainieren eines Muskels vorstellen: Je öfter du eine Übung machst, desto stärker wird er und desto leichter fällt es dir, die Bewegung durchzuführen. Dies dient dazu, dass neu erlernte Verhaltensweisen nahezu automatisch ablaufen können, ohne dass du bewusst darauf Einfluss nehmen musst. Stattdessen kannst du deine Aufmerksamkeit anderen Dingen widmen.

Ein Beispiel für solch einen Lernprozess ist das Laufenlernen. Babys brauchen lange, bis sie einen Schritt vor den anderen setzen können. Erst krabbeln und robben sie, dann ziehen sie sich hoch, stehen und machen die ersten vorsichtigen Schritte. Dazwischen fallen sie immer wieder hin – bis sie es irgendwann können und immer sicherer dabei agieren. Erwachsene fallen beim Gehen normalerweise nicht mehr. Der Gang ist ein automatisierter Prozess, der deinen Arbeitsspeicher kaum noch fordert. Deshalb kannst du beim Spazierengehen telefonieren oder deine Umgebung beobachten. Aus den anfänglich lose verbundenen Nervenbahnen in deinem Gehirn sind starke Neuronenverbände geworden, die das Bewegungsprogramm »Laufen« als eine dieser Nervenautobahnen in Gang setzen.

Ähnlich verläuft es, wenn du etwas anders machen möchtest. Das erfordert einige Mühen, ist aber nicht unmöglich. Deine Neuronen müssen sich jedoch erst neu verschalten und starke Nervenverbindungen bilden, damit dein angestrebtes Zielverhalten automatisch ablaufen kann – ohne dass du ständig darüber nachdenken und dich dazu zwingen musst. Ich vergleiche das gern mit folgendem Bild: Stell dir vor, du willst im Dschungel eine Autobahn bauen. Zuerst musst du dir das Gebiet anschauen. Dabei läufst du mehrmals durch die Landschaft, wobei Trampelpfade entstehen. Dies entspricht den ersten neuronalen Kontakten, wenn du etwas ein- oder zweimal gemacht hast. Je öfter du den Weg gehst, desto ausgedehnter wird er (beständige Nervenfaserverbindungen entstehen). Irgendwann ist er so breit, dass auf ihm ein Auto fahren kann. Schließlich wird er geteert, damit die Fahrt noch schneller und bequemer ist, sodass du quasi im Autopilot-Modus die neue Autobahn entlangbrausen kannst. Dies entspricht dann einer langfristig stabilen Verhaltensänderung. Die neue Fahrbahn ist etabliert, und der alte Weg wächst zu, weil er nicht mehr genutzt wird. Wenn du dieses Stadium erreicht hast, ist die neue Verhaltensweise fest in deinem neuronalen Programm verankert. Und da die Alternativstrecke zugewachsen ist, gibt es wenig Anreize, in alte Verhaltensmuster zurückzufallen.

Mir hilft dieses Bild sehr. Zum einen, um zu verstehen, warum Verhaltensänderungen oft so schwierig und mit Rückschlägen behaftet sind. Zum anderen, warum es notwendig ist, Zeit und Geduld aufzubringen, damit beständige neuronale Verknüpfungen aufgebaut werden können, die dazu in der Lage sind, alte Muster nicht mehr zu verfolgen und ihnen zu widerstehen.

Teil V

Das Glück ist eine Entscheidung

11

Liebe kann auch einfach sein

Mich dem Leben hingeben

Indem ich 365 Tage weder um die Liebe, noch um das Herz eines Mannes kämpfen konnte, lernte ich loszulassen. Dabei stellte ich fest, dass mein Leben viel entspannter war, sobald ich nicht mehr zwanghaft versuchte, den »Richtigen« zu finden, und mich dadurch nicht mehr ständig für den Mann an meiner Seite verbog. Denn meist war ich es, die ihre Pläne anhand des Terminkalenders meines Partners ausrichtete und sich in Zug, Auto oder Flieger setzte, um ein Treffen zu realisieren. Ich dachte, dass es wahre Liebe wäre, wenn man umeinander kämpft und alles in Bewegung setzt, um gemeinsame Zeit möglich zu machen. Heute weiß ich, dass ich damals keine Ahnung von wahrer Liebe hatte und ich andere Wege gehen musste, um mit ihr in Kontakt zu kommen.

Ich war so darauf fixiert gewesen, mir alles mit einem bestimmten Mann passend zu machen, dass ich das, was mein Leben darüber hinaus bot, komplett vergaß oder nicht ausreichend wertschätzte. Mein Leben war gut, wenn der Mann, den ich gerade wollte, mir seine Aufmerksamkeit schenkte, und schlecht, wenn dies nicht geschah. Erst als es während meines Dating Sabbatical abseits von klar begrenzten Dates und Beziehungsvorstellungen einen Raum gab, in dem es sich entfalten konnte, zeigte es mir – unabhängig vom Zusammensein mit Männern – sein wahres Potenzial. Denn obwohl ich auf Dates verzichtete, entdeckte ich mehr Liebe – für mich, für die kleinen Dinge des Lebens, für die Menschen in meiner Umgebung. Die Liebe, die ich so lange ausschließlich in einer Paarbeziehung gesucht hatte, ließ sich an so viel mehr Orten finden, nicht nur bei einem Mann. Sie wurde zu einem steten Begleiter in meinem Leben, wenn ich nur meine Augen öffnete. Als ich aufhörte, die Zuneigung eines Mannes als einzige Quelle von Liebe zu betrachten, fand ich den Zugang zur Liebe in mir. Ich erfuhr, dass das Leben und die Liebe auch leicht sein können. Tatsächlich wusste ich vorher gar nicht, wie frei und unbeschwert ich mich fühlen konnte, wenn ich nicht immer von einem zum nächsten Liebeskummer taumelte.

Keine Männer, kein Frust, alle glücklich

Insbesondere mein bester Freund Philipp gab mir immer wieder zu verstehen, wie viel entspannter ich während meines Dating Sabbtical doch geworden sei. Früher war ich sehr streng mit mir, hatte genaue Vorstellungen, wie Dinge zu sein haben, und wollte wenig davon abweichen. Während er superlässig war und das Leben so nahm, wie es kam, war ich in unserer Freundschaft immer die »Komplizierte«. Sobald es jedoch keinen Männerstress gab, änderte sich diese Dynamik, und ich fand mich ein in ein sorgenloses Leben. Weil es weniger Frustrationen gab, konnte ich gelöst leben und auch viel lockerer mit anderen Menschen umgehen.

Auf einmal war ich die Entspanntere in unserer Freundschaft, während Philipp – selbst von einigen Rückschlägen im Liebesleben beeinflusst – öfter genervt von Frauen und dem Leben im Allgemeinen war. Oft lachten wir über unseren Rollenwechsel, wodurch ich erkannte, dass ich den Stress in meinem Liebesleben auch nach meinem Dating Sabbatical hinter mir lassen wollte. Ich wollte nie wieder in die alten Muster und mein altes Jammerloch zurück, in dem ich vor meiner Männerauszeit gehockt hatte. Ich überlegte bereits vor dem Wiedereinstieg ins Dating, was es brauchen würde, um mir mein positives und gelassenes Gemüt zu erhalten, selbst wenn Männer wieder präsenter in meinem Leben werden würden. Nachdem ich die Leichtigkeit und Lebensfreude in mir gefunden hatte, wollte ich diese auch mit einem Mann an meiner Seite nicht mehr abgeben. Und begriff: Leichtigkeit ist eine Entscheidung, und die wahre Erfüllung im Leben sowie in der Liebe liegt in der Hingabe und dem Loslassen von Erwartungen, Sorgen, Ängsten und Zielvorstellungen. Damit meine ich nicht, dass es falsch wäre, Ziele zu haben. Schließlich brauchen wir ein Ziel, um eine bestimmte Richtung einzuschlagen. Aber dieses Ziel darf dann auch wieder losgelassen und der Fokus auf den Weg dahin gelegt werden. So hörte ich auf, meinen Lebens- und Liebesweg geradezu zwanghaft kontrollieren zu wollen. Stattdessen lernte ich, dem (Zeit-)Plan meines Lebens zu vertrauen.

Liebe darf auch einfach sein

Anstatt weiterhin verbittert um eine Person zu kämpfen – aus Angst, sonst wieder allein zu sein –, begann ich daran zu glauben, dass Liebe auch einfach sein darf. Und dass – wenn es so sein soll – ein Mann in mein Leben kommen wird, mit dem ich eine glückliche Beziehung führen werde. Diese Hingabe an das Leben wurde nun von mir eingeübt, zuerst jeden Tag im Kleinen, indem ich begann, die Momente des Alltags einfach hinzunehmen und mich nicht zu ärgern, wenn etwas nicht so lief, wie ich es wollte. Ich freute mich über die Warteschlange an der Kasse, die mir die Möglichkeit für eine kurze Pause gab, genauso wie über die Absage einer Verabredung, durch die ich ein freies Zeitfenster geschenkt bekam. Entschied sich ein Mann nach dem Dating Sabbatical gegen mich, dann war ich davon überzeugt, dass es so sein sollte. Ich folgte den Eingebungen meiner inneren Stimme und hörte auf, lange darüber nachzudenken, was richtig oder falsch sei. Und je besser mir das in den kleinen Dingen des Alltags gelang, umso entspannter konnte ich die größeren Herausforderungen annehmen. Wenn unser Leben voller Forderungen und fester Vorstellungen ist, können wir auch nur das bekommen, was wir erstreben – oder enttäuscht sein, wenn wir es nicht kriegen. Der

Spielraum für Lösungen ist dann sehr eng, es gibt nur Erfolg oder Misserfolg. So ging es mir in meinem Liebesleben vor meiner Auszeit – entweder ich hatte einen Mann, oder ich hatte keinen. Schwarz oder Weiß. Doch Beziehungen sind nicht nur gut oder schlecht – auch wenn ich das früher oft glaubte. Eine Beziehung hat wundervoll strahlende, aber ebenso schwere Stunden – und dazwischen gibt es viele Grautöne, die mal dunkler und mal heller sind. Dass eine Beziehung nicht nur immer schön ist und dass ich auch mit meinem Partner verbunden bleiben kann, wenn wir uns streiten und Meinungsverschiedenheiten haben, musste ich erst lernen.

Machen wir uns von Beziehungserwartungen frei, kann alles passieren – auch das, was über unseren eigenen Vorstellungs- und Lösungsraum hinausgeht. In meiner Datingpause gelang mir diese innere Öffnung, denn weil ich mich entschieden hatte, alles anders zu machen, gab ich meinem Liebesleben die Möglichkeit, sich komplett frei zu entfalten.

Mein Liebesleben mit dieser neuen Lockerheit anzugehen, ließ mich in der Tat noch dankbarer für das werden, was der Wegesrand für mich bereithielt. Versuchte ich jedoch jeden Schritt genauestens zu planen, war kein Platz mehr, damit das Leben zu meinen Gunsten wirken und mich überraschen konnte. Mein Bestreben, Kontrolle über meine Leben zu bekommen, hatte das Ziel, Erschwernisse des Alltags abzuwenden. Dadurch verschloss ich mich jedoch den schönsten Fügungen des Schicksals, die manchmal viel bereichernder sind, als ich sie je hätte vorausplanen können. Dieses Jahr ohne Datingzwang zeigte mir mit so vielen wunderbaren und spontanen Momenten mit meinen Freunden, dass ich so viel verpassen würde, sollte ich mich wieder wie zuvor verbissen auf ein Ziel ausrichten.

In den Phasen, in denen ich einst mit viel Zeit- und Energieeinsatz nach einem Partner suchte, hatte ich an einem Wochenende meist mehrere Dates, und meine Freunde kamen oft zu kurz. Während meines Dating Sabbatical traten meine Freundschaften jedoch viel stärker in den Vordergrund. Insbesondere die zu meinen Mädels blühten dadurch nach und nach auf. Je mehr mir diese Freundschaften Kraft gaben, desto stärker stieg mein Vertrauen in mich als Person. Ich erfuhr, dass Menschen gern mit mir Zeit verbrachten und mich als Wesen schätzten. Diese Beständigkeit ließ mich authentischer und entspannter werden. Meine Freundschaften gaben mir ein neues Fundament, sodass ich mich immer weniger bedürftig nach einem Partner an meiner Seite fühlte. Schließlich hatte ich einige ganz wundervolle Begleiter und Begleiterinnen in meinem Leben, die ich heute alle nicht mehr missen will. Ein Mann an meiner Seite ist nur ein weiterer wichtiger Mensch in meinem Leben, nicht jedoch der Heilsbringer meines persönlichen Lebensglücks, nach dem ich vorher so lange Ausschau gehalten hatte.

Mach die Augen auf!

Oft treffe ich Frauen, die mit solch einer gelösten Einstellung noch große Probleme haben. Sie haben sich so sehr in den Kopf gesetzt, dass sie diesen oder jenen Mann haben wollen, dass sie nichts anderes mehr sehen können. Ihr Sichtfeld ist dadurch so eingeengt, dass sie nur wahrnehmen können, was sie haben oder nicht haben, anstatt ein tiefes Vertrauen darin zu entwickeln, dass alles über kurz oder lang gut werden wird. Dieses Vertrauen ermöglicht es mir, alles mit einem achtsamen Interesse zu verfolgen und nicht mehr alles nach meinen Wünschen zu manipulieren. Es ist diese Hingabe und eine positive Einstellung gegenüber den Erfahrungen, die sich dir bieten, um in Liebesangelegenheiten entspannt bleiben zu können. Die Sicherheit und der Halt in dir sind nämlich viel wichtiger als alle Liebesschwüre eines Partners. Denn wenn du dieses innere Vertrauen spürst und nicht mehr in Panik verfällst, wenn ein Mann aus deinem Leben ausscheidet, kannst du die Geschenke des Lebens so annehmen, wie sie kommen.

Auf Sicht fahren

Dieses tiefe innere Vertrauen hatte ich schon viele Jahre zuvor während einer Reise nach Japan entdeckt. Ich musste mich nur wieder daran erinnern. Damals hatte ich an einem Workshop in den Japanischen Alpen teilgenommen. Es ging in ihm darum, sich selbst führen zu können, bevor man eine Führungsrolle anderen gegenüber einnehmen kann. An einem der Veranstaltungstage sollten wir mit einer Frage in den Wald gehen, der sich an das Tagungshaus anschloss, und uns intensiv mit dieser auseinandersetzen. Ich war dreiundzwanzig, und meine Frage lautete: Was ist der Sinn meines Lebens? Ich suchte mir eine sonnige Lichtung, dachte stundenlang nach, schrieb Listen, priorisierte diese und erstellte mir einen Fünfjahresplan mit Meilensteinen, die ich erreichen wollte.

Am Nachmittag sollten wir wieder zurück zur Unterkunft kommen. Auf meinem Heimweg lief ich Trampelpfade entlang, die sich durch hohes Gras schlängelten. Ich war immer nur in der Lage, die nächsten paar Meter des Weges einzusehen. Ich wusste zwar, dass ich diesen Pfad nehmen und ihm folgen musste, um an mein Ziel und eine warme Tasse Tee zu kommen. Allerdings hätte ich ihn nicht aufzeichnen können, denn sein genauer Verlauf war mir unbekannt. Kurven und Abzweigungen waren mir fremd, und ich wusste auch nie, wie weit es noch bis zu meinem Ziel sein würde. Alles, was ich tun konnte, war, darauf zu vertrauen, dass ich stets genug sehen konnte, um einen Schritt vor den nächsten zu machen. Den Weg konnte ich erst dann wieder einsehen, wenn ich an der nächsten Weggabelung angelangt war, um zu entscheiden, wie ich weiter Richtung Ziel laufen wollte. Etwas anderes hätte keinen Sinn ergeben. So konnte ich den Weg genießen und musste nicht ständig darüber nachdenken, wie dieser wohl weitergehen würde.

Dadurch hatte ich gelernt, dass ich meinen Weg immer nur bis zur nächsten Kurve überblicken konnte. Und auch die Planung meiner nächsten Schritte war mir nur bis dahin möglich. War ich dann dort angekommen, konnte ich von diesem Punkt aus den weiteren Verlauf der Reise bestimmen. Diese Erfahrung, an die ich mich während meiner Datingauszeit entsann, übertrug ich nun auf meinen Lebens- und Liebesweg. Was bedeutete: Manchmal kann ich nur wenige Tage oder Wochen meines Lebensverlaufs einsehen, weil dort dann eine Weggabelung oder ein richtungsweisendes Ereignis auf mich wartet. Es bringt daher wenig, die Details schon jahrelang im Voraus zu planen. Es ist ausreichend, so weit zu denken, wie es die aktuelle Situation erfordert. Weiß ich, dass in wenigen Metern eine Kurve kommt, muss ich meine Geschwindigkeit ein wenig reduzieren, um nicht aus dieser zu fliegen. Falls jemand hinter mir ist, macht es Sinn, den Blinker zu setzen. Wenn ich das gemeistert habe, kann ich den nächsten Abschnitt des Weges überblicken und mich auf diesen einstellen. Und so – Schritt für Schritt – läuft das Leben.

Aufs Dating übertragen bedeutet das: Schau von Treffen zu Treffen, was passiert, und habe nicht sofort Hochzeitsfantasien. Dating ist nichts anderes, als zu sehen, wie man sich miteinander fühlt und ob man harmoniert. Wenn man merkt, dass es nicht passt, ist es genau das, was diese Phase zeigen soll. Daher ist es so wichtig, sich in ihr frei von Ergebnissen zu machen. Beim Kennenlernen zeigt sich, ob man eine ausreichende Schnittmenge hat, um mehr voneinander zu wollen. Verliebtheit ist ein Anzeichen für Anziehung, die man gegenüber einer anderen Person spürt. Man will dem anderen nah sein. Ob sich mehr aus ihr entwickeln wird, zeigt sich erst im Verlauf des Miteinanders. Daher empfehle ich dir, die ersten verliebten Wochen nicht überzubewerten – sie stellen einzig die Weichen. Die wesentlichen Momente im Miteinander kommen immer erst danach. In der Regel braucht es mindestens ein Jahr, um einen anderen Menschen so kennenzulernen, dass man zu sagen vermag, ob die Beziehung wirklich langfristig funktionieren kann.

Perfekte Entscheidungen gibt es nicht

Ich habe lange versucht, mein Leben weit im Voraus zu planen. Ich wollte immer die perfekten Entscheidungen treffen und die richtigen Wege einschlagen. Aber es gibt nicht immer eine bestimmte Entscheidung, die ins Glück führt und alles Unglück abwendet. Denn bedingtes Glück ist kein wahres Glück, und es gibt meist nicht nur die eine richtige Option. Das Leben ist keine *Wer wird Millionär?*-Frage, bei der nur eine Antwort die richtige ist. Oft habe ich gefühlte Ewigkeiten damit verbracht, alle möglichen Optionen zu durchdenken, diese gegeneinander abzuwägen – und irgendwann hatte ich das Ganze so sehr durchdacht, dass sich in meinem Kopf nur noch Gedankenmatsch befand. Die unzähligen Überlegungen wurden mir zum Verhängnis, da sie mich davon abhielten, mein Leben wirklich zu leben.

Meine rationalen Bemühungen lähmten mich, ließen mich nicht selten im Status quo verharren und hielten mich davon ab, Entscheidungen zu treffen. Erst nachdem ich erkannt hatte, dass es kaum die perfekte Entscheidung gibt, sondern man manchmal eine Wahl treffen und mit den Konsequenzen leben muss, wurde es leichter. In einigen Situationen gibt es nämlich mehr als eine Option. Ich kann eine wählen, weil mich ein spezielles Argument überzeugt hat. Eine andere Person kann sich in der gleichen Lage womöglich für eine andere Variante entscheiden und gut damit fahren. Das Leben ist nicht das Ergebnis perfekter Entscheidungen, das Leben ist eine Aneinanderreihung von Erfahrungen. Ich kann dabei mehr oder weniger bestimmen, welche Erfahrung ich wann mache. Irgendwann muss ich jedoch all das durchleben, was auf meiner vorbestimmten To-do-Liste steht. Deshalb bringt es auch nichts, die großen Hausaufgaben des Lebens auf die lange Bank zu schieben. Auf Basis einer gemachten Erfahrung werde ich die nächste anders bewerten und angehen. Und weil ich mich immer weiterentwickele und meine Ansichten und Fähigkeiten verändere, ist dieses Schritt-für-Schritt-Vorgehen so wichtig.

Sich den Weg schön machen

Da der Weg zum Ziel meist viel mehr Zeit einnimmt als das Feiern des Erfolgs, solltest du dir auch den Weg zu deinen Zielen schön gestalten. Anders gesagt: Bei einer Beziehung ist der gemeinsame Beziehungsweg wichtiger als die pompöse Hochzeit. Und weil das Leben ja eine Abfolge von Momenten ist, führst du ein glückliches Leben, wenn ein schöner Moment dem nächsten folgt. Ist dein Weg zu einem bestimmten Ziel jedoch voller Entbehrungen und Leid, kannst du das mit einem Jahr vergleichen, das 364 Regentage hat und nur einen Sonnentag. Das Verhältnis muss stimmen, und wie du dieses Verhältnis zwischen Glück und Unglück gestaltest, entscheidest du allein.

Das Lebensmotto meiner Mutter war: »Der Weg ist das Ziel.« Irgendwann rief sie mich an und meinte, dass sie ihrer Devise noch etwas hinzugefügt hat, etwas, das gefehlt hätte. Das Update lautete nun: »Der Weg ist das Ziel. Und Liebe ist der Weg.«

Betrachten wir Liebe als einen Akt der Annahme und Hingabe, ist das zutreffend. Wir fällen Entscheidungen, machen uns auf die Reise, und dabei findet um uns herum das Leben statt. Es stellt uns vor Herausforderungen, segnet und beschenkt uns und führt zu manchen Wendungen, die wir so niemals in das Drehbuch unseres Lebens geschrieben hätten. Wenn ich früher aufgrund von Liebesleid viel geweint habe, dann ist das eine ziemliche Last gewesen, zugleich wurde mir dadurch aber auch gezeigt, dass ich in meinem Liebesleben einiges aufzuräumen habe, um noch glücklich werden zu können. Ich habe die emotionalen Tiefs sicher nicht geplant, und trotzdem haben sie bewirkt, dass ich heute ein anhaltendes emotionales Hoch habe – nicht weil immer alles einfach wäre, aber ich mache es mir viel einfacher als früher. So habe ich gelernt, unter schwierigen Situationen nicht mehr zu leiden, sondern sie mit offenen Armen zu begrüßen, weil sie für irgendetwas gut sind, das ich nur noch nicht sehen kann.

Das Tauziehen mit dem Leben beenden

Wir haben die Wahl, ob wir das Leben, so wie es sich uns zeigt, annehmen oder mit ihm Tauziehen veranstalten. Natürlich muss man nicht alles hinnehmen, aber man muss auch nicht unüberlegt gegen alles kämpfen, was uns auf den ersten Blick nicht gefällt. Es gilt, die Spreu vom Weizen zu trennen und zu überlegen, welche Kämpfe sich lohnen und wo das Tauziehen sinnlos ist.

In vielen Situationen lohnt es sich, erst einmal innezuhalten und abzuwarten, was passiert, bevor man unüberlegt in die Schlacht zieht. Die meisten Dinge werden nicht so heiß gegessen, wie sie gekocht werden, und bedürfen oft gar keiner Reaktion. Das Leben kümmert sich selbst darum, ohne dass wir eingreifen müssen.

Auch in meinem Liebesleben habe ich meinen Frieden damit gemacht, die Höhen und Tiefen so anzunehmen, wie sie kommen. Diese Perspektive fällt mir um einiges leichter, als immer zwanghaft um alles zu ringen. So kann ich auch meine Energiereserven richtig einsetzen und in die Dinge investieren, die wirklich meines Einsatzes bedürfen.

Ich habe begonnen, die Menschen ziehen zu lassen, die sich nicht von alleine in meinem Leben halten. Ich habe mich auf die konzentriert, die blieben, ohne dass ich um sie kämpfen musste. Dieses permanente Festhalten und die Mühen des Miteinanders überstiegen meine Energieressourcen nämlich um ein Vielfaches – und irgendwann war ich vom vielen Kämpfen einfach nur müde. Indem ich meine Schwerter niederlegte, konnte ich geduldig abwarten, welcher Mann sich von selbst in mein Leben fand und wo ein natürlicher Magnetismus war. Zwischenmenschliche Verbindungen, die von Anfang an viel Arbeit und Energie bedürfen, brauchen meist auch im weiteren Verlauf einen hohen Energieeinsatz, um sie zusammenzuhalten. Nimmst du das Leben und die Liebe stattdessen so an, wie sie kommen, kannst du deine Energie lieber darin investieren, das gemeinsame Leben zu genießen.

12
Einen Menschen lieben,
wie er ist

Zu viele Optionen

Das Problem beim Kennenlernen ist heute meist die Vielzahl der Optionen. Früher waren es die Menschen, denen man direkt begegnete beziehungsweise denen man im gesellschaftlichen Umfeld begegnen durfte. Heute sind es potenziell alle erwachsenen Menschen, die als (Sexual-)Partner infrage kommen. Weil die Alters- und Geschlechtergrenzen immer mehr verschwimmen und Seitensprünge sowie Affären fast normal erscheinen, ist die Welt ein fluider Markt mit einer fast grenzenlosen Anzahl von Gelegenheiten. Bei dieser Menge an Möglichkeiten reicht es den meisten nicht, den oder die eine zu finden, die uns guttut, befriedigt und glücklich macht. Wir suchen nach dem perfekten Paket, einem Partner, der alle unsere Wünsche erfüllt. Doch diese Suche ist meist eine vertrackte Angelegenheit.

Nicht selten fragen wir uns, auch wenn wir glücklich sind, ob wir nicht noch glücklicher sein könnten. Es ist ein Hamsterrad, ein Dopamin-Teufelskreis, bedingt durch Milliarden von Möglichkeiten. Gleichzeitig ist es Fakt, dass man niemals Milliarden Menschen daten kann, bevor man sich festlegt. Daher braucht es beim Kennenlernen ein paar nachhaltige Filter, die uns helfen, die Menschen kennenzulernen, mit denen wirklich eine Chance auf mehr als ein oberflächliches Date besteht. Für mich ist einer dieser Filter das, was ein Mensch in seinem Inneren trägt und seine Persönlichkeit ausmacht. Klingt banal, aber nachdem ich bis zu meinem Dating Sabbatical meine Männer vor allem nach Äußerlichkeiten auswählte und daher eine Reihe Modeltypen an meiner Seite hatte, die sicher sehr hübsch, aber auch sehr egozentrisch waren, musste ich dies erst lernen. Ich musste lernen, diese Äußerlichkeiten nicht mehr wichtig zu nehmen und beim Dating mehr ins Spüren zu kommen, wie dieser oder jener Mensch mich fühlen lässt, wenn ich meine Augen schließe. Bringt er mich zum Lachen? Lässt er mich leuchten? Oder werde ich in seiner Nähe eher leiser, unausgeglichen, traurig oder sogar reizbar? Kann ich so sein, wie ich bin, oder muss ich mich verbiegen, um ein Miteinander möglich zu machen?

Um dies wahrnehmen zu können, musste ich zuerst mein eigenes Wesen freilegen und mich selbst besser kennenlernen. Denn lange wusste ich nicht, was mir in einer Beziehung wichtig ist. Da ich nicht wusste, wer ich abseits meiner Fassaden war, zog ich zwar immer wieder Menschen an, die zu dieser Fassade passten, nicht jedoch die Menschen, deren Inneres mit meinem harmonierte. Und wenn doch, lief ich meist schnell wieder davor weg, weil ich mich selbst nicht aushielt. Daher geht das Kennenlernen einer anderen Person nicht, ohne sich selbst gut zu kennen. Beides geht Hand in Hand, und mit jeder zwischenmenschlichen Begegnung lernen wir uns besser kennen. Schließlich werden in jeder Interaktion mit einer anderen Person Situationen aufkommen, in denen sich die eigenen Muster zeigen. Diese Momente kann man dann zur Selbstreflexion nutzen.

Am Ende meines Dating Sabbatical fühlte ich mich dann bereit, in ein neues Kennenlernen zu starten und mich auf all die Emotionen, Unsicherheiten und neuen Eindrücke einzulassen, die damit einhergehen würden. Ich sehnte mich sogar regelrecht danach, im Zusammensein mit einer anderen Person noch mehr über mich zu erfahren und alles, was ich theoretisch verstanden hatte, in der Praxis zu testen. Eine Partnerschaft ist daher nicht das Ende der Reise zu sich selbst, sondern nur eine weitere Etappe mit neuen Gipfeln, die es zu erklimmen gilt.

Zuerst mich und erst dann den passenden Partner finden

Früher habe ich mich oft gefragt, warum meine Beziehungen nur eine sehr begrenzte Halbwertszeit hatten und spätestens nach ein bis zwei Jahren meist ihr Mindesthaltbarkeitsdatum erreichten. Es gab immer nur eine Phase, in der ich im Zusammensein glücklich war. Doch sobald ich mich weiterentwickelte und in eine andere Phase überging, passte der andere nicht mehr zu mir. Die Lücke, die ich mit diesem Menschen füllen wollte, existierte so nicht mehr, und deshalb hatte sich auch unsere Beziehungsgrundlage verändert.

Was mir geholfen hat, weniger oft in partnerschaftliche Einbahnstraßen zu laufen, ist, mir zu überlegen, was mir an einem Mann sowie an einer Beziehung langfristig wichtig ist. Und wachsam darauf zu achten, ob mein Gegenüber diese Seiten auch wirklich besitzt. Es ist interessant zu beobachten, wie Menschen in Stresssituationen reagieren und welche Charakterzüge dabei zum Vorschein kommen. Wenn es mit zwei Menschen langfristig funktionieren soll, reicht es nämlich nicht, dass sie gemeinsam auf Wolke sieben schweben, sie müssen auch gemeinsam durch den Dreck kriechen und sich danach noch in die Augen schauen können.

Häufig beobachtete ich, dass Männer in der ersten Kennenlernphase mit vielen kuschelweichen Worten und romantischen Selbstbeschreibungen agierten, um mein Herz zum Schmelzen zu bringen und ein Stück näher an mich heranzukommen. Gleichzeitig war die Differenz zwischen ihren Worten und ihren Taten oft enorm. Es bedarf Geduld, um herauszufinden, wie der andere tatsächlich tickt und was sein wahres Wesen im Vergleich zu seinem »Anlockschema« ist. Dazu zwei Hilfestellungen:

1. Wie geht er mit Menschen um, denen er nicht gefallen will?
Achte bei Dates darauf, wie ein Mann seine Umgebung behandelt. Wie spricht er mit der Kellnerin? Lässt er andere vor und ist

aufmerksam, etwa gegenüber älteren Menschen oder Kindern? Lästert er über andere und beschwert sich ständig? Wertet er andere ab? Sieht er nur das Negative und stilisiert sich gern als Opfer? Das alles sagt viel mehr über einen Menschen aus als beschönigende Selbstbeschreibungen, wie er gern wäre, wenn er es leider gar nicht ist. Selbstbild und Fremdwahrnehmung können sehr weit auseinanderliegen.

2. Ist er fürsorglich und interessiert?

Ein Satz wie »Ich bin immer für dich da« bringt leider nichts, wenn der Mann es in den Momenten, in denen es darauf ankommt, nicht ist. Mir sind Fürsorglichkeit, Interesse und das Bedürfnis, sich mitzuteilen, wichtig. Eine gute Kommunikation löst viele Probleme und beugt ihnen vor. Einer meiner Ex-Freunde war unglaublich interessant, konnte mir die Welt erklären, und immer wenn wir zusammen waren, lachten wir viel. Aber: Er war nicht fürsorglich und über ein »Wie geht es dir?« hinaus an mir interessiert. Meinen Geburtstag vergaß er, gemeinsam geplante Wochenenden hatte er sich nicht in seinen Kalender eingetragen und anders verplant. Und wenn ich nachts nicht schlafen konnte und auf die Couch umzog, schaute er nicht nach, ob es mir gut ging, denn das hätte ihn in seinem Schlaf gestört. Seine Welt drehte sich allein um ihn. Ein »Wir« existierte nur, wenn ich mich mit ihm gemeinsam um ihn drehte. Er mochte mich, doch für eine längere Beziehung hatte es nicht gereicht.

Ein bisschen was abziehen

Beim Dating und Kennenlernen von Männern solltest du also einen gewissen »Gefallen-wollen-Faktor« abziehen. Ein Mensch wird in der ersten Phase des Miteinanders meistens alle Hebel in Bewegung setzen, um seinem Gegenüber zu gefallen. Das tun die meisten von uns, und das ist auch okay, solange wir uns dessen bewusst sind. Wir machen uns besonders hübsch, hören besonders gut zu und sind – weil alles noch so neu und aufregend ist – besonders bemüht, alles richtig zu machen. Doch dieses »Werbegesicht« ist nur eine bestimmte Facette unseres Wesens, die wir meist nur für eine gewisse Zeit beibehalten können. Langfristig überfordert uns das, und wir werden im Verlauf der Beziehung etwas weniger aufmerksam und wirken weniger bemüht als am Anfang.

Dieser Dynamik solltest du dir bewusst sein. Du weißt, dass der Mann, den du heute kennenlernst, nicht ganz der Mensch ist, auf den du dich vielleicht langfristig einlassen wirst, und gleichzeitig ist er so viel mehr. Denn auch wenn sein »Werbegesicht« im Verlauf eures Zusammenseins ein wenig verblasst, können sich über die Zeit andere Eigenschaften zeigen, die eine Beziehung erst lebendig machen. Manche sind super und spannend, andere weniger sympathisch – das ist normal. Wichtig ist, das Gesamtpaket des Menschen zu sehen, mit dem ich mein Leben teilen möchte.

Kein Mensch bleibt so, wie man ihn am Anfang kennenlernt. Das muss dich nicht ängstigen oder verunsichern. Ich finde es jedes Mal wundervoll, neue Einstellungen und Verhaltensweisen meines Partners zu erfahren, die ich bisher nicht kannte. Hätte mein Partner nur dieses »Werbegesicht«, wäre unsere Beziehung wohl schnell langweilig geworden. Ich hätte mich daran gewöhnt, und irgendwann wären selbst die schönsten Tage fade geworden. So sind wir Menschen: Wir brauchen immer ein paar neue Impulse, um am Ball zu bleiben. Wir können ja auch unseren Lieblingsfilm nicht über Jahre in Endlosschleife sehen. Irgendwann haben wir genug davon und brauchen eine andere Geschichte. Die meisten Beziehungen, in denen nicht genügend Raum für persönliches Wachstum besteht, landen irgendwann in einer Sackgasse.

Mein Partner ist heute nicht der Mensch, den ich am Anfang kennengelernt habe, und ich bin es auch nicht mehr. Spannend bleibt es zwischen uns, weil wir eine gewisse Routine miteinander entwickelt haben und uns gleichzeitig in eine ungewisse Zukunft begeben. Wo wird es uns hinziehen? Wo und wie werden wir in zehn Jahren leben? Wie viele Kinder werden wir bekommen, und wie wird es sein, Eltern zu werden? Welche Herausforderungen werden uns begegnen? Werden wir sie meistern, und wenn ja, wie? Jeder Tag miteinander ist ein bisschen gleich und auch ein bisschen anders. Und genau dieser Fluss ist das Salz in der Suppe unserer Beziehung.

Eine Beziehung ist wie Yoga. Ich lehne mich immer weiter in die Position, und daher ändert sie sich. Mit jedem Atemzug tauche ich tiefer ein, meine Muskeln dehnen sich, und ich sinke hinein. Indem ich weiter loslasse – meine frühere Identität sowie meine Vorstellungen vom Leben –, gebe ich neuen Aspekten Raum. Ich versuche meinen Partner nicht mehr festzuhalten und unsere Beziehung auf einem bestimmten Level zu halten. Stattdessen gebe ich ihm den Raum, den er für sich braucht, sodass er nicht ausbrechen muss, um sich selbst verwirklichen zu können. Er kann so sein, wie er will – innerhalb und außerhalb unserer Partnerschaft. Und auch wenn diese Sichtweise für viele die größte Herausforderung in einer Beziehung darstellt, weil man nichts mehr zu kontrollieren versucht, ist dies ein wichtiger Aspekt für eine erfüllende Partnerschaft. Ob dies tatsächlich stimmt, werde ich nur im Rückblick sehen, doch aktuell ist es genau das, was sich gut und richtig anfühlt.

Wollen wir das Gleiche?

Eines Morgens, während einer Meditation, kam mir im Hinblick auf das Führen einer Beziehung folgender Gedanke: »Wenn ich das mache, was ich möchte und mir guttut, und du das machst, was du möchtest und dir guttut, verbringen wir unsere Zeit dann zusammen? Und wenn ja, sind wir dann zusammen glücklich?«

Ich hatte bis dahin noch nie auf diese Art und Weise über Beziehungen nachgedacht, und gleichzeitig öffnete mir diese neue Perspektive die Augen für das, was ich ab diesem Moment in meinem Liebesleben leben wollte: Kein anstrengendes Ziehen und Zerren mehr, sondern genug Raum für die Bedürfnisse beider Partner. Die Frage nach einer glücklichen Beziehung dreht sich für mich mittlerweile viel weniger um das, was der andere hat oder kann. Es geht vielmehr darum, ob eine ausreichende Schnittmenge vorhanden ist, wenn beide ihr Leben so verbringen, wie sie es sich selbst vorstellen. Ohne jeden Tag ständig anstrengende Kompromisse in wichtigen Aspekten machen zu müssen, die sich eher wie ein Verbiegen als ein Aufeinandereinstellen anfühlen. Gehen wir den gleichen Weg, wenn jeder selbst bestimmt, wohin er gehen möchte? Ich will jedenfalls kein Leben führen, in dem der eine immer nach links und der andere nach rechts möchte und der Kompromiss in einer Mitte liegt, in der keiner wirklich glücklich ist.

Manchmal treffen wir Menschen, die wir spannend, anziehend, faszinierend finden und die unser Leben bereichern. Doch nicht mit jedem von ihnen können und sollten wir zusammen sein. Es gibt Personen, die sich lieben und trotzdem ganz unterschiedliche Vorstellungen vom Leben haben. Vorstellungen, die auch mit größter Anstrengung nicht auf einen Nenner zu bringen sind. Wenn der eine in einer Großstadt und der andere in der Natur wohnen will oder wenn sich der eine eine Großfamilie wünscht und der andere keine Kinder möchte. Für all dies braucht es ein Grundverständnis.

Manche Menschen sind einfach wunderbar – und doch passen sie überhaupt nicht mit der eigenen Persönlichkeit zusammen. Es sind die Personen, die man irgendwie ganz gern in seinem Leben hat und die gleichzeitig unendlich viel Kraft kosten. Oftmals deshalb, weil man eine völlig andere Herangehensweise an das Leben hat – mit anderen Kommunikationsstilen, mit anderen Werten. Je mehr ich mich selbst kennenlernte, desto leichter fiel es mir, unterschiedliche Vorstellungen zu erkennen und mich gegenüber Männern abzugrenzen, die grundsätzlich andere Wünsche an das Leben hatten.

Wollen oder Brauchen?

Bei meinem ersten Besuch in New York vor einigen Jahren sprach mich ein Typ im Supermarkt an: »Wenn du in einer Beziehung bist, möchtest du dann gewollt oder gebraucht werden?« Natürlich wollte ich nicht gebraucht, sondern gewollt werden. Das Problem ist nur, dass das, was ich will, sich in der Vergangenheit oft verändert hat. Suchte ich mir allerdings Männer, die ich für etwas brauchte, machte ich einen Schritt in eine Dienstleistungsbeziehung, die auf gegenseitigen Erwartungen und Abhängigkeiten beruhte. »Ich will, also gib mir ...« war jedoch nie die Beziehung, die ich führen wollte. Ich wollte mehr.

Meine naiven und mehr oder weniger egogetriebenen Vorstellungen waren keine guten Matchingkriterien für langfristig glückliche Beziehungen, und ich musste diese ablegen. Dazu musste ich meinen Blick vom Außen abwenden, um in das Innere meines Gegenübers zu blicken, das beständig ist. Musste die Energie erfassen, die ein Mensch hat und ausstrahlt und die das Fundament für seine Taten und Entscheidungen legt. Bei der Auswahl eines Partners ist sie so viel wichtiger als der ganze Rest. Der Mann, den ich nach meiner Männerpause kennengelernt habe, hat mich mit seinem Wesen und seinen Werten begeistert, auch wenn er äußerlich nicht ganz mein Typ war und ich deswegen zweifelte, ob ich mich auf ihn einlassen solle. Doch wenn ich abends neben ihm im Bett lag und er sich an mich kuschelte, war es absolut egal, ob er zehn Kilo mehr oder weniger wog. Dies bedeutet natürlich nicht, dass es Sinn macht, jemanden zu daten, den man gänzlich unattraktiv findet. Auch diese Ebene sollte passen. Doch es muss mehr als oberflächliche Anziehung vorhanden sein, und ich habe gelernt, dass ich beim Körper Abstriche machen kann, wenn unsere Herzen und Persönlichkeiten zusammenpassen.

Herzensmenschen

Das Wesen eines Menschen hat viel mit seinen Werten und Lebenseinstellungen zu tun. Alles Äußerliche kann sich ändern, doch alles, was wir in unseren Herzen tragen, bleibt, auch wenn sich das Außen auf den Kopf stellt.

Kennst du das? Du willst stundenlang mit einem Menschen reden, lachen, schweigen, schmunzeln, weil diese Verbindung von Herz zu Herz besteht? Es gibt da dieses gleiche Verständnis von Dingen, einen ähnlichen Tagesablauf, ähnliche Interessen, ein völlig entspanntes Miteinander. Alles, was man sagt, kann direkt aus dem Herzen entspringen, ohne den Umweg über den Kopf gehen zu müssen. Und das auf eine Weise, die der andere hundertprozentig nachvollziehen kann. Dieses Gefühl ist berauschend, die Zeit verfliegt, und man fühlt sich erfüllt, glücklich und mit der Welt verbunden.

Wenn du dich fragst, ob es geht, geht es nicht

Diese besondere Verbindung ist einfach da, sie existiert oder existiert nicht. Ich habe es jedenfalls noch nicht erlebt, dass sie sich irgendwann entwickelt hat. Sie kann sich im Verlauf verstärken. Doch wenn der Funke am Anfang nicht übergesprungen ist, wird kein Feuer mehr daraus. Man wird nicht spüren, dass man von Herz zu Herz verbunden ist und dass es dem anderen genauso geht. In dem Moment gibt es nicht die Frage, ob man dem anderen vertrauen kann oder nicht, ob man mit ihm zusammen sein kann oder will. Man weiß es einfach.

Viel zu oft habe ich bei einem Mann gedacht, dass sich dieses

Gefühl der zwischenmenschlichen Verbundenheit schon noch entwickelt, wenn man sich nur besser kennen würde. Ich hoffte, dass mit jedem gemeinsamen Moment das Band der gemeinsamen Verbindung stärker werden würde. Ich ging davon aus, es bräuchte nur etwas Geduld und ein wenig Kampfeswillen, um diese bestimmte Art der Verbundenheit zu erzeugen. Mit der Zeit habe ich erkannt, dass dies eine falsche Herangehensweise war. Wenn bestimmte Menschen für mich so besonders waren, dann weil wir vom ersten Augenblick an diese Verbindung hatten, weil wir unser Innerstes nach außen krempelten und uns über das austauschten, was uns leidenschaftlich bewegte. Der Mann, der mich vor Beginn meines Dating Sabbatical dazu inspirierte, mein Liebesleben aufzuräumen, zeichnete sich durch solch eine Verbindung aus. Mit ihm hatte ich das Gefühl gehabt, ich selbst sein zu können. Mehr noch: Er kitzelte mein authentisches Wesen überhaupt erst so richtig aus mir heraus. Ich konnte stundenlang dasitzen und ihn einfach nur sprachlos anschauen. Ich war so ergriffen von diesem Gefühl der tiefen Verbundenheit. Und weil es mit ihm so intensiv war, war auch der Sex wundervoll und berauschend. Es war der Rausch, mit einem Herzensmenschen zusammen zu sein. Nicht nur das kurze Orgasmus-High, sondern tiefe Erfüllung. Verbundenheit nicht nur zu ihm, sondern zur ganzen Welt. Eine tiefe spirituelle Erfahrung und nicht »bloßer« Sex.

Wahre Liebe verändert alles

Dies zu erleben, legte einen Schalter in mir um, der alles veränderte. Plötzlich wusste ich, wonach ich suchen wollte, und konnte alles, was ich erlebt hatte, mit dieser Erfahrung abgleichen. Dieser Mann zeigte mir, was wahre Liebe ist, auch wenn wir keine längere Beziehung miteinander führten. Er war mein Weckruf, und seitdem konnte ich Männer, mit denen ich diese besondere Verbundenheit nicht spürte, viel schneller wieder loslassen. Meine Datingbemühungen nach meinem Sabbatical waren deutlich fokussierter. Ich ließ mich nicht mehr auf Männer ein, bei denen diese für mich so wichtige Säule im Zusammensein fehlte.

Sobald du aufhörst, mit Menschen zusammen zu sein, die Lücken in deinem Leben füllen – Lücken, von denen du denkst, dass du sie nicht selbst füllen kannst –, kannst du dich darauf konzentrieren, dich für einen Menschen zu entscheiden, dessen Wesen zu deinem passt und der in die gleiche Richtung wie du schaut. Plötzlich ist alles, was in deinen Lückenfüllerbeziehungen zäh und anstrengend war, leicht und entspannt.

Verliebtheit und Liebe sind zwei verschiedene Welten

Mein heutiges Beziehungsmantra ist daher folgendes: »Verliebte sehen sich an, Liebende schauen in die gleiche Richtung.« Viel wichtiger als das Ausmaß der Verliebtheit ist nämlich: Schauen mein potenzieller Partner und ich im Leben und in der Liebe in eine gemeinsame Richtung? Passen unsere Vorstellungen vom Leben, von einer Beziehung, passen unsere Interessen, unsere Werte und unser Umgang miteinander und mit anderen zusammen? Zum Schluss sind es diese Dinge, die eine temporäre Beziehung von einer langfristigen Partnerschaft unterscheiden.

Man kann noch so verliebt sein und trotzdem inkompatibel für ein gemeinsames Leben. Sich dies einzugestehen, ist schwer, insbesondere dann, wenn die Liebe groß ist. Und doch ist es besser, sich dies bereits am Anfang des gemeinsamen Weges bewusst zu machen, als sehenden Auges immer wieder aufs Neue in Einbahnstraßen zu laufen und zu merken, dass die zwei Leben nicht in Einklang zu bringen sind.

Der Moment, in dem man entscheidet, das Leben von nun an nicht mehr gemeinsam fortzuführen, auch wenn man den anderen sehr gern hat, geht meist nicht ohne Tränen und Verlustschmerz einher. »Ich liebe dich« und »Es tut mir gut, mein Leben mit dir zu verbringen« sind jedoch oft zwei völlig unterschiedliche Dinge. Ich bin heute der Ansicht, dass es den perfekten Partner nicht gibt. Aber es gibt eben einen, mit dem man ganz gut leben kann. Es lohnt sich daher auch nicht, nach dem perfekten Partner Ausschau zu halten, stattdessen sollte der Fokus auf gemeinsamen Lebenszielen liegen.

Glück und Unglück sind allein in dir

Eine glückliche Beziehung bedeutet nicht, dass dich die Beziehung an sich glücklich macht. Es bedeutet, dass zwei Menschen ihr Leben teilen, die jeweils für sich glücklich sind und dafür Sorge tragen, dass es ihnen auch im Miteinander gut geht. Bist du ohne eine Beziehung unglücklich, wirst du es auch innerhalb einer sein, sobald die ersten Verliebtheits-Highs vergangen sind. Das Unglück entsteht nicht innerhalb einer Beziehung, das Unglück entwickelt sich in dir, und du nimmst es überall dorthin mit, wohin du gehst. Es gilt also, das Unglück in dir zu überwinden, anstatt dein eigenes Unglück unter den Teppich der Zweisamkeit zu kehren.

Ich selbst habe eine lange Zeit gebraucht, dies zu erkennen und daraus die richtigen Schlüsse zu ziehen. Viele Jahre habe ich geglaubt, dass mich eine Beziehung glücklich machen würde – zumindest glücklicher, als ich es allein war. Diese Hoffnung triggerte eine umso größere Sehnsucht nach einer Partnerschaft in mir. Ich dachte wirklich, dass ein anderer Mensch mein Leben in die richtigen Bahnen lenken könnte, wenn ich es selbst nicht schaffte, die entsprechenden Weichen zu stellen. So überfrachtete ich jede Beziehung mit Erwartungen, die kein Mensch zu erfüllen in der Lage war. Es waren Vorstellungen, die ich nur selbst erfüllen konnte. Nur ich selbst bin dazu fähig, mich glücklich zu machen. Denn das, was mich in meinem Glücklichsein hindert, sind lähmende Glaubenssätze und negativ gefärbte Perspektiven auf mein

Leben. Nur wenn ich mir dieser bewusst werde und lerne, diese aufzulösen, kann ich das Glück empfinden, nach dem ich suche.

Natürlich kann es manchmal helfen, wenn ein anderer Mensch mir bei den Höhen und Tiefen meines Lebens zur Seite steht und mich dabei unterstützt, diese zu meistern. Es ist jedoch grundverkehrt, wenn ich die Verantwortung für mein eigenes Glück komplett auf eine andere Person übertrage und von ihr erwarte, dass sie den Rettungsdienst übernimmt. Irgendwann wird sie damit überfordert sein, meinen Karren wieder und wieder aus dem Dreck zu ziehen. Gleichzeitig verlerne ich so, eigenständig für mich Sorge zu tragen. Ich werde von Mal zu Mal unselbstständiger.

Daher bin ich heute froh, wenn mein Partner nicht alles für mich übernimmt, sondern ich auf mich selbst zurückgeworfen werde. Das ist ein großes Geschenk. Denn wenn ich für mich und meinen Glückshaushalt sorge, befreie ich meine Partnerschaft von einer Last, unter der sie früher oder später zusammenbrechen würde.

Sobald du dich unabhängig von einem anderen Menschen glücklich machen kannst, werden deine Beziehungen in noch bunteren Farben aufblühen. Einfach deshalb, weil du dann viel mehr Freude in das Miteinander bringst. Suchst du also nach Glück in Beziehungen, solltest du zuerst nach dem Glück in dir suchen und dieses dann mit in eine Beziehung nehmen.

Vielleicht fragst du dich jetzt, wie du dieses Glück findest. Ich habe festgestellt, dass mein Leben glücklich ist, sobald ich Dinge tue, die mich glücklich machen – und das ganz unabhängig davon, ob jemand an meiner Seite ist, mit dem ich dies tun kann. Dazu gehören für mich Tanzen, ein Wochenende am Meer mit langen Strandspaziergängen, Zeit mit Freunden, Meditation, Reisen, Lesen. Was mich hingegen nicht glücklich macht, ist, einen Großteil meiner Zeit in der digitalen Welt zu verbringen. Daher habe ich Apps wie Instagram aus meinem Leben verbannt, weil sie mich zwar beschäftigt gehalten, mich aber nicht glücklich gemacht haben.

Was auf deiner persönlichen Glücks- und Unglücksliste steht, musst du selbst herausfinden. Und sobald du deine Aktivitäten entsprechend eingeordnet hast, liegt es an dir, die Dinge, die dir nicht guttun, zu lassen und stattdessen mehr Zeit für die schönen Seiten des Lebens zu haben. Ich habe zum Beispiel nach meiner Männerpause meinen Job gewechselt. Dadurch verzichte ich zwar auf zwei Drittel meines früheren Gehalts, aber seitdem gehe ich jeden Morgen gern zur Arbeit, habe deutlich weniger Stress, mehr Zeit für mich und kann im Einklang mit meinen Werten sein. Welche großen oder kleineren Veränderungen in deinem Leben anstehen, um langfristig glücklich zu sein, kannst nur du wissen. Doch nur wenn du das Leben führst, für das du gemacht bist, kann dich der Mensch treffen, mit dem du dazu verabredet bist.

13
Realität statt Fantasie

Alles auf Anfang

Je freier ich mich im Verlauf meiner Männerauszeit fühlte, desto weniger war ich in Liebesthemen den alten Glaubenssätzen und Verhaltensweisen unterworfen, die mich früher zu oft bestimmten. Zusammen mit dieser neuen Freiheit spürte ich, wie ich innerlich wieder bereit für einen Mann an meiner Seite wurde. Keinen Mann, den ich brauchte, um nicht mehr allein zu sein, sondern einen, mit dem ich mein Leben teilen und an dessen Seite ich noch mehr über mich lernen könnte. Ich bekam Lust aufs Daten und das ganze Liebes-Auf und-Ab, das damit möglicherweise einhergehen könnte. Ich war um einiges sicherer im Umgang mit meinen Gefühlen geworden und war voller Hoffnung auf eine positive Zukunft. Während meiner Auszeit hatte ich Abstand zu meinen früheren Erfahrungen gewinnen können und den einstigen Herzschmerz auch ein wenig vergessen. Daher fühlte ich mich innerlich gefestigt und war überzeugt, dass ich es mir verdient hatte, in der Liebe endlich glücklich zu werden. In mir begann sich ein neues Bild von Beziehung zu formen, das nicht mehr auf den Ruinen alter Liebschaften gebaut war, sondern das ein stabiles Fundament hatte.

Als die Tage kürzer zu werden begannen und der Herbst an die Tür klopfte, waren es nur noch zwei Monate bis zum Ende meines Dating Sabbatical im Dezember. Und so fing ich an, mich auf all das vorzubereiten, was nach der Auszeit kommen würde. Da ich durch meine innere Einkehr nur selten auf Partys unterwegs war, schien es mir am sinnvollsten, mithilfe einer Dating-App nach einem Partner Ausschau zu halten. Ich gebe zu: Nach einem Jahr ohne Sex hatte ich nicht die Geduld, das Ganze einfach laufen zu lassen. Ich wollte aktiv werden und die Initiative ergreifen, um die Chance zu erhöhen, zeitnah einen passenden Mann zu finden. Denn auch wenn ich das Jahr besser als gedacht überstanden hatte, wollte ich meine Abstinenz nicht unnötig verlängern.

Auch vor meinem Sabbatical hatte ich immer mal wieder Dating-Apps genutzt, um Männer kennenzulernen. Ich hatte damit bessere und schlechtere Erfahrungen gemacht. Aus Ermangelung anderer Optionen wollte ich dieser Möglichkeit nochmals eine Chance geben und dachte darüber nach, wie ich Tinder & Co. am besten einsetzen könnte, um das zu finden, was ich suchte. Denn auch wenn solche Angebote die Aussicht erhöhen, Menschen mit Datinginteresse kennenzulernen, sollte man sich auch deren Fallstricken bewusst sein.

Virtuelle Liebeleien

Was ich beim Kennenlernen in der virtuellen Welt sehr anstrengend fand, ist das schnelle Abdriften eines netten Kontakts auf die sexuelle Ebene. Digitale Kommunikationsformen machen es zwar möglich, von überall im Austausch zu bleiben und seine Erlebnisse miteinander zu teilen, die große Gefahr ist aber, dass man schon einige Schritte weiter ist als im »echten« Leben.

Virtuelles Kennenlernen ist nicht grundsätzlich falsch, denn auch ich habe meinen späteren Partner darüber kennengelernt. Es hat nur einige Tücken, derer man sich bewusst sein sollte:

1. Wir öffnen uns digital oft viel schneller, als wir es im echten Leben tun würden.
2. Unsere Wahrnehmung der anderen Person ist auf wenige Informationen beschränkt und wird durch unsere Sehnsüchte und Fantasien ergänzt.
3. Online Dating geht mit einem permanenten Wettbewerb ein-

her, weil jeder meist einer Vielzahl paralleler Kontakte nachgeht.

In einer Online-Umgebung ist die Schamgrenze oft viel niedriger, und man kann sich leichter ausprobieren, ohne wirklich ins Risiko gehen zu müssen. Leider ist es daher oft so, dass wir beim digitalen Kennenlernen mindestens drei Schritte vor dem sind, was wir machen würden, wenn der andere in persona bei uns wäre. Es ist viel unkomplizierter, sich auf jemand anderen einzulassen, wenn man aus einer Distanz operiert. Und zwischen die vielfach nur kurzen Textzeilen mischen sich unsere eigenen Projektionen und Wünsche, die uns Dinge lesen lassen, weil wir sie lesen wollen. Ist ein solches Bild in der eigenen Vorstellung erst einmal entstanden, verfestigt es sich und verteidigt danach seine Existenz. Dadurch fällt es schwer, den ersten Eindruck später zu revidieren. Selbst wenn sich der erst so liebevolle und aufmerksame Mann dann doch als egoistisches Arschloch entpuppt. Er ist in unserem Gehirn als Romeo gespeichert. Gerade wenn wir jemanden mögen, wollen wir ihn in einem positiven Licht sehen – die berühmte rosarote Brille. Und je bedürftiger wir nach Aufmerksamkeit und Nähe sind, desto eher wollen wir diese aufsetzen. In unserem Kopf wird aus dem Mann, der gern reist, dann schnell der Traumprinz, mit dem wir die große Weltreise starten werden. Alles oft mehr Luftschloss als solides Fundament, weil unsere Wünsche unsere Wahrnehmung massiv beeinflussen.

In der Realität hätten wir mehr Möglichkeiten, um den anderen einzuschätzen. Beim Online-Dating fehlt uns unser natürlicher Lügendetektor und Matchgenerator, der Gestik, Mimik, Geruch und Vokabular ausliest und uns das Bauchgefühl gibt, ob wir dem anderen vertrauen können oder lieber Reißaus nehmen sollten. In der digitalen Welt sind wir der Selbstdarstellung des anderen ausgeliefert. Und diese Selbstdarstellung ist kaum darauf ausgerichtet, ein umfassendes Personenbild zu präsentieren, sondern höchstens einen Eindruck zu geben, der dabei hilft, sich in einem möglichst guten Licht darzustellen. Oftmals deshalb, weil es vielen nicht um das Gegenüber, sondern um die Befriedigung der eigenen Bedürfnisse geht. Man ist auf sich selbst konzentriert, und wenn man die Ego-Einheiten nicht bekommt, matcht man jemand anderes. Hauptsache, ich kriege das, was *ich* will.

Sobald die digitale Welt auf die echte trifft, fällt das Kartenhaus häufig schnell zusammen. Ich hatte immer wieder Dates, die in dem Moment, in dem meine Verabredung zur Tür hereinkam und ich die Person das erste Mal sah, beendet waren. Manchmal nahm ich mir noch ein wenig Zeit, mich mit ihm zu unterhalten, andere Male beendete ich das Treffen innerhalb der ersten fünf Minuten. Es ging dabei gar nicht um das Aussehen an sich, sondern um die Chemie und Ausstrahlung. Das wirkliche Matching beginnt immer erst, wenn man voreinander steht und sich allumfassend begegnet. Charisma und Energie eines Menschen kann man nicht in Worte fassen, man muss schauen, wie man sich in seiner Nähe fühlt.

Wenn die Sehnsucht Mutter der Gedanken ist

Mehrmals habe ich mich auch in der Realität in einem Mann getäuscht. Ich lernte jemanden kennen, abstrahierte das Glück der ersten Momente und schrieb es fort. Ganz unabhängig davon, was wir miteinander erlebten, meine Fantasien gaben mir Hoffnung und ließen mich an einen glücklichen Ausgang der Geschichte glauben. Aufgrund der immensen Sehnsucht in mir verklärte ich die gemeinsamen Augenblicke und überfrachtete die Zukunft.

Eckhart Tolle sagt, dass man auch einen Stein lieben könne, wenn man ihn nur oft genug liebevoll betrachtet. Was ihn für einen selbst liebenswert macht, ist das, was man in dem Stein sehen will. Es geht nicht um das, was dieser Stein wirklich verkörpert. Auch meine Zuneigung für bestimmte Männer beruhte auf diesem Zusammenhang. Wenn ich einen Stein lieben kann, weil ich ihn lieben will, kann ich mir auch die Sympathie für eine Person einreden und annehmen, dass sie der wundervollste Mensch auf der ganzen weiten Welt ist. Wenn ich dies nur stark genug glaube, wird diese Überzeugung meine Wahrnehmung formen – und ich werde nie wieder einen tolleren Menschen finden.

Bei mir war es oft so, dass ich mich in frühen Kennenlernphasen ohne solides zwischenmenschliches Fundament, allein auf Basis meiner Sehnsüchte, Wünsche und Hoffnungen, blitzschnell in gemeinsame Zukunftsfantasien katapultierte. Ich wollte so sehr eine Beziehung, dass ich mich in meiner Fantasie rasant in gemeinsame glückliche Zukunftsmomente beamte, sobald mir ein Mann auch nur ein klein wenig Aufmerksamkeit entgegenbrachte.

Fantasiewelten

Dabei gibt es jedoch folgendes Problem: Beginnt man im Kopf in die Zukunft zu reisen und stellt sich vor, wie es wohl mit diesem oder jenem Mann dort wäre, errichtet man sich eine Parallelwelt abseits des tatsächlich Erlebten. In der Fantasie ist alles schön und so, wie man es sich erträumt. Es existiert nur die rosarote Wolke, und alle Herausforderungen des Alltags werden ausgeblendet. Man fantasiert sich in Momente, die in der Realität noch gar nicht stattgefunden haben. Und weil in unserem Kopf alles möglich ist, sind diese kleinen Tagträume in der Regel recht angenehm, wenngleich realitätsfremd. Es gibt keinen Streit, keinen Mundmuff am Morgen, und auch sonst herrscht herrliche Harmonie und Vertrautheit. Der andere macht all das, was man sich wünscht, und in den in der Vorstellung erlebten Situationen läuft nichts schief. Nicht selten habe ich mich deshalb mehr in diese subjektiv eingefärbten Fantasien verliebt als in die Person selbst.

Wenn wir uns bestimmte Augenblicke sehr realitätsnah imaginieren, ist die Hormonausschüttung nämlich sehr ähnlich zu einem in der Wirklichkeit erlebten Moment. Habe ich also romantische Vorstellungen von einer Person und träume davon, mit ihr eine leidenschaftliche Nacht zu verbringen, werden in meinem Körper Botenstoffe wie Dopamin oder Serotonin freigesetzt, die wiederum meine Gefühls- und Wahrnehmungswelt beeinflussen. Die Gefühle, die ich gegenüber einer Person empfinde, können ihren Ursprung daher zu großen Teilen in meinen Gedanken haben und aus diesem Grund meine Wahrnehmung von ihr verzerren. Dies funktioniert für positive wie auch negative Gefühle gegenüber einem anderen Menschen. Je schöner die Fantasien und je größer die Hoffnungen sind, desto schwerer fällt es dann, diese Person loszulassen. Als ich verstand, dass meine Faszination für einen anderen Menschen oft gar nicht auf realen Erfahrungen im Miteinander beruhte, sondern auf den Vorstellungen und Wünschen, die ich mit ihm verband, konnte ich mich von meinen Tagträumen distanzieren. Heute zwinge ich mich, in der Gegenwart zu bleiben, anstatt in eine vage Zukunft abzuschweifen.

Zeitreisen als Warnhinweis

Durch diese Achtsamkeit erkannte ich überdies, dass ich nur dann weit in die Zukunft sprang, wenn es mit dem Mann in der Gegenwart wenig zu genießen gab. Mein Fantasieren war also vor allem ein Zeichen dafür, dass uns im Jetzt sehr wenig verband und ich in die Zukunft abgleiten musste, um mit dieser Person schöne Momente zu erleben. Sie waren mehr Signal eines aktuellen Mangels als einer gemeinsam erlebten Fülle. Wenn zwei Menschen hingegen in der Gegenwart viele schöne gemeinsame Momente erleben, ist gar kein Bedarf da, das Miteinander über ergänzende Imaginationen zu intensivieren.

Diese Betrachtungsweise bestätigte mir einmal mehr, dass ich meine Gefühle recht leicht manipulieren konnte. Es war nach meinem Sabbatical also wichtig herauszufinden, ob ich wirklich die gemeinsamen Momente genoss oder das, was ich mir ausmalte. Aus diesem Grund nahm ich mir vor, Dating-Apps als Vehikel zu nutzen, um jemanden zu kontaktieren, das echte Kennenlernen sollte dann jedoch in der Realität stattfinden. Ich wollte mich nicht in die schönen Worte einer Person verlieben, sondern in ihr Wesen und das Verhalten, das sie an den Tag legt. Außerdem wollte ich mir beim Kennenlernen mehr Zeit lassen, als ich es früher vielfach getan habe. Mein schnelles Einlassen auf eine andere Person hatte vor allem mit meiner inneren Unsicherheit und meiner Angst vor Zurückweisung zu tun gehabt. Seitdem ich das verstanden hatte, konnte ich reflektieren, warum ich welchen Schritt gehen wollte und ob dieser auf echter Zuneigung oder Angst beruhte.

Als ich zwei Wochen vor dem Ende meiner Männerauszeit ein Tinder-Profil erstellte, um mich vorsichtig ans Daten heranzutasten, war unter den möglichen Kandidaten auch mein späterer Partner. Ich schätze an ihm, wie beständig und substanziell er sich mitteilte. Ich erlebte unsere Kommunikation ganz anders als die Erfahrungen, die ich vor meiner Männerpause gesammelt hatte. Ob es daran lag, dass er anders war oder dass ich anders geworden war, konnte ich nicht klar trennen. Wahrscheinlich hatte ich mich verändert und dadurch eine andere Art Mann in mein Leben gelassen. Anstatt kurz »Hey, wie geht's?« zu schreiben, hatten bereits unsere ersten Nachrichten eine entsprechende Tiefe. Wir wechselten sehr bald auf lange Telefonate um. Morgens schickte er mir auf dem Weg zur Arbeit lange Sprachnachrichten, in denen er mir aus seinem Leben erzählte. Wachte ich dann auf und fand eine Nachricht von ihm vor, freute ich mich jedes Mal riesig.

Unser erstes Treffen erfolgte noch während meiner sexfreien Zeit, und es blieb auch bei einem Kennenlernen ohne Kuss oder andere Zärtlichkeiten. Sechs Stunden verbrachten wir miteinander und hatten uns die ganze Zeit etwas zu erzählen. Unser zweites Date fand an dem Abend statt, als meine Männerauszeit offiziell endete. Weil es definitiv eine gegenseitige Anziehung gab, erhoffte ich mir, um Mitternacht geküsst zu werden. Doch er ließ mich zappeln, und ich musste bis zum dritten Date auf unseren ersten Kuss warten. Ich mochte seine langsame Herangehensweise. So konnte ich den nächsten Schritt wollen, bevor er ihn in die Tat umsetzte.

Nach unserem ersten Kuss ließen wir uns auch für alles andere Zeit, und zugleich war jedes Treffen ein Stück weiter auf dem Weg in eine Beziehung. Es fühlte sich gut an, mit ihm zusammen zu sein, und ich war so glücklich, eine gewisse Beständigkeit und Sicherheit in meinem Liebesleben gefunden zu haben. Nach einem Monat wohnte ich quasi bei ihm, und nach weiteren vier Wochen stand der Umzugswagen vor der Tür und brachte meine Sachen in sein Haus. Sobald wir wussten, dass wir zusammen sein wollten, ging alles ziemlich schnell.

Unsere Geschichte zeigt, dass digitale Plattformen eine Möglichkeit sind, einen Partner kennenzulernen. Die Spreu kannst du vom Weizen trennen, wenn du offen sagst, wonach du suchst, und deinen Partner unabhängig von deinen Ego-Bedürfnissen ausfilterst. Dann kann die Partnersuche einfach sein.

Teil VI

Die Beziehung, die ich will

14

Was will ich wirklich?

Praxistest

Bevor ich wieder ins Dating und in eine neue Beziehung starten wollte, nahm ich mir jedoch zunächst Zeit, um darüber nachzudenken, wonach ich nach meinem Dating Sabbatical Ausschau halten wollte. Durch eine Distanz zu meinen einstigen Männergeschichten spürte ich eine Sehnsucht nach einem ganz anderen Typ Mann. Männer, die ich vorher gedatet hatte und denen ich blind hinterhergelaufen war, waren Vergangenheit. Um zu testen, ob ich mir das nur einbildete oder wirklich über die alten Geschichten hinweg war, traf ich nach fast einem Jahr Kontaktsperre Christian wieder. Es war kein Date, sondern nur ein gemeinsames Mittagessen in Berlin. Ein bisschen mehr als eine Stunde bei einem Asiaten. Ein kurzes Update nach langer Zeit.

Es war anders als zuvor und gleichzeitig besser, denn ich betrachtete ihn an diesem Tag mit anderen Augen. Er war alt geworden, und ich sah seine Falten und die Haare, die immer weniger wurden. Es war schön, mit ihm zu reden und sein Lächeln wahrzunehmen, aber mehr war da nicht zwischen uns. Denn nachdem ich so vieles in mir aufgeräumt hatte, war ich nicht mehr das kleine Mädchen, das mit ihm seine Sehnsucht nach einem Papa stillen wollte. Stattdessen war ich eine viel reifere Frau. Endlich fühlte es sich zwischen uns geordnet an. Und dies zu erleben – wirklich über ihn hinweg zu sein –, fühlte sich verdammt gut an. Es zeigte mir, dass ich keine Angst mehr haben musste, wieder in die Stolperfallen meines alten Liebeslebens zu tappen.

Auf dem Weg zurück nach Hamburg notierte ich mir gedanklich Rahmenbedingungen, die ich im Zusammensein mit mir sowie mit anderen Personen für wichtig hielt. In dem Moment, in dem ich mich weder allein noch ungeliebt fühlte, noch einen Mann suchte, war das die beste Ausgangslage für eine erfüllende Beziehung.

Liebe braucht Raum

Eine dieser Rahmenbedingungen bestand für mich darin, dass ich in einer Beziehung viel mehr Freiraum brauche, als mir das früher bewusst war. Mehr Freiraum bedeutet dabei nicht weniger Verbundenheit. Es bedeutet, mal mehr und mal weniger Zeit miteinander zu verbringen und sich dennoch stets verbunden zu fühlen. Jeder der Partner kann seine eigenen Interessen und Neigungen frei entfalten, sich als Individuum entwickeln sowie am Wachstum der eigenen Person und der gemeinsamen Beziehung arbeiten. Ich habe hier nicht zwangsläufig polyamouröse und offene Beziehungskonzepte im Sinn, auch wenn diese eine von vielen verschiedenen möglichen Ausprägungen der gemeinsam gelebten Freiheit sein können. Mir geht es vor allem darum, den anderen nicht als Eigentum zu betrachten. Wahre Liebe bedeutet nämlich, immer wieder loszulassen und zu schauen, ob man trotz des Loslassens und einer womöglich damit einhergehenden Distanzierung wieder zusammenfindet.

Wie aber das Beziehungsmodell aussieht, das du leben möchtest, musst du allein bestimmen. Keiner kann dir sagen, was für dich und deine Reise richtig oder falsch ist. Und manchmal brauchen wir Umwege und damit einhergehende Erfahrungen, um den nächsten Entwicklungsschritt zu machen, von dem aus die Vorstellung einer Beziehung vielleicht schon wieder ganz anders aussieht.

Du hast deine Liebe selbst in der Hand

Hast du manchmal das Gefühl, dass du in einer Welt voller Beschränkungen lebst und dein Beziehungswunsch von Umständen um dich herum beeinflusst wird? Was ist, wenn ich dir sage, dass du selbst die Beschränkungen und Unfreiheiten in deinem Liebesleben zu verantworten hast? Du allein hast dich für das Liebesleben entschieden, das du führst. Du allein hast die Grenzen und Mauern in deinem Kopf gezogen und sie noch nicht abgerissen. Das klingt im ersten Moment vielleicht etwas hart für dich, aber gleichzeitig ist es auch deine größte Befreiung. Denn so hast du es selbst in der Hand, Dinge zu verändern. Wenn ich zum Beispiel glaube, dass Beziehungen anstrengend sind und Arbeit bedeuten, werde ich genau diese Erfahrung machen. Und wenn ich das Gefühl habe, nicht genug zu sein, werde ich auf Menschen treffen, die diesen Glaubenssatz bestätigen. Wenn ich davon ausgehe, dass ich nicht liebenswert bin und keiner mich will, werde ich immer wieder Zurückweisung und Einsamkeit erleben. Sicher wären unzählige andere Interpretationen der Wirklichkeit möglich, doch du nutzt dann gern die Muster, die bereits eingeübt sind. Dadurch erklärt sich, dass Menschen, die alle denselben Unfall erleben, jeweils eine andere Geschichte erzählen, wie er sich zugetragen hat.

Die eigenen Erfahrungen prägen das Erleben

Weil wir die Summe unserer Erfahrungen sind, ist es oft nötig, sich von diesen zu distanzieren, um die Welt anders und vielleicht auch ein wenig klarer sehen zu können.

Die schon erwähnte Einsamkeit, die ich früher in mir wahrnahm, war gar nicht »meine« Einsamkeit. Es war die Einsamkeit meiner Mutter und ihrer Eltern, die sie auch auf mich übertrugen. Das, was unsere Eltern oder andere enge Bezugspersonen für wahr halten, wird ungefragt zu unserer Wahrheit, weil wir keine andere Welt kennen als die, in der wir aufwachsen. Das Hinterfragen und Ausbrechen aus dem, was unsere erste Wahrheit darstellt, kann deshalb häufig erst dann erfolgen, wenn wir einen Schritt aus unserer Ursprungsfamilie heraustreten und mit anderen Menschen in Kontakt kommen, die die Welt anders begreifen. Der Rahmen, den wir der Welt geben, kann dann kritisch betrachtet und bei Bedarf ausgetauscht werden.

Die Vorstellungen und Beschränkungen in deinem Kopf müssen aber nicht mehr richtig sein. Dinge, die in deiner Kindheit vielleicht ihre Berechtigung hatten, müssen in deinem Erwachsenenleben nicht mehr gelten. Denn so, wie du aus deinen Kindersachen herausgewachsen bist, darfst du auch aus deinem alten Glaubenssystem wachsen und dir ein neues aufbauen, das besser zu dir passt und die Persönlichkeit widerspiegelt, die du sein willst. Also: Du brauchst all diese Regeln und Bewertungsmaßstäbe nicht mehr und kannst sie ablegen.

Nichts von dem, was du in der Liebe immer für wahr gehalten hast, muss für den Rest deines Lebens so bleiben. Du kannst alles hinterfragen und schauen, ob es dir aktuell noch taugt. Du darfst dein Liebesleben komplett umstellen, das Haus, in dem du lebst, entkernen und von innen her neu aufbauen. Du darfst neue Regel aufstellen, nach denen du leben willst. Du darfst einen Beziehungswunsch formulieren, der vielleicht ganz anders als alles ist, was du bisher kanntest. Und du wirst sehen, dass dich das Universum mit aller Kraft unterstützen wird, wenn dieser Weg und dieses Leben, das du dir da ausgesucht hast, für dich gemacht sind. Tatsächlich merkst du genau daran, ob du auf der richtigen Liebesspur bist. Denn plötzlich gehen alle Türen auf, und auf einmal wird es leicht, und du fühlst dich wie getragen.

Wer die Welt so betrachtet, lebt erfüllter und abseits aller Bewertungen. Es ist nämlich nicht das Leben, das dir hier und da Schwierigkeiten bereitet. Es sind deine Bewertungen, die dich stressen, traurig oder wütend machen. Das Schöne ist: Auch wenn du nichts im Außen ändern kannst, kannst du jederzeit alles in dir ändern. Du kannst deine Bewertungen überprüfen, loslassen und dich so von allen Sorgen befreien. Du hältst dein Leben zu hundert Prozent in der Hand, auch wenn du nichts kontrollierst.

Daher sind Gedanken wie »Ich müsste …«, »So macht man das …«, »Das sollte aber so und so sein …« völlig fehl am Platz für ein erfülltes Liebesleben. Diese und ähnliche Sätze stellen nämlich immer einen Vergleich dar, und Vergleiche sind die Wurzel allen Übels. Warum solltest du dich vergleichen, wenn du im Jetzt lebst und Vergangenheit und Zukunft keine Relevanz haben? Denn das, was dich davon abhält, voll und ganz in deinem wahren Selbst verankert zu sein und überzeugt zu leben, was du liebst und wie du eine Partnerschaft angehen möchtest, sind die Gedanken in deinem Kopf, die mit »müssen«, »sollen« und »könnte« beginnen und dich in ständigen Abwägungs- und Grübelschleifen halten.

Sei dir selbst mehr wert!

Mach dich nicht kleiner, als du bist, und tausche die Fähigkeit, einen anderen Menschen zu lieben, nicht gegen adäquate Selbstliebe ein. Beides muss stets in gesunder Balance sein.

Nimm dir ein wenig Zeit und überlege, wie eine Partnerschaft für dich aussehen sollte, nicht aus einer egozentrischen »Haben-wollen–Sichtweise« heraus, sondern aus der Mitte deines Herzens. Dann, wenn es dir gut geht und du im Fülleebewusstsein und voller Dankbarkeit für das Leben bist. Mache vielleicht eine kleine Meditation, um dich mit dir zu verbinden, und visualisiere deine tiefen Herzenswünsche. Schreibe oder male diese auf oder mache eine Collage mit den Dingen, die dir wichtig sind. Und dann glaube daran, dass du es dir verdient hast, solch eine Beziehung zu führen, und dass du für die Beziehung, für die du gemacht bist, gut genug bist. Schließlich bist du die einzige Person, die du von dir überzeugen musst.

Was willst du überhaupt?

Wichtig ist, nicht von einem Traummann auszugehen und für alles andere keine Augen mehr zu haben. Dennoch solltest du dir Grenzen setzen, die du nicht unterschreiten möchtest. Wenn dir Kommunikation wichtig ist, kann es eine Grenze sein, dass du dich nicht auf Männer einlässt, die sich kaum von selbst bei dir melden. Zu wissen, was du willst, macht attraktiv! Außerdem kannst du deine Wünsche hinterfragen und reflektieren, aus welcher Quelle sie stammen. Dazu nutze ich folgendes einfache Schema und stelle mir dabei die Frage »Will ich das?« – auf drei verschiedene Weisen:

WILL ich das?
Will **ICH** das?
Will ich **DAS**?

Frage 1: WILL ich das?
Willst du das, was auf deiner imaginären Wunschliste steht, wirklich, und entspricht es einem deiner tiefen Grundbedürfnisse, oder ist es eher ein Muss, Könnte oder Sollte?

Frage 2: Will ICH das?
Entspringt der Wunsch deinem Inneren, oder ist er ein Impuls deines Egos, der Gesellschaft, ist er ausgelöst durch Freunde/Familie?

Frage 3: Will ich DAS?
Ist es das, was du willst? Oder steckt dahinter eine andere Sache, eine, die du dir vielleicht (noch) nicht zutraust? Ist es etwas, was

dir zu groß oder zu fremd erscheint, ein Wunsch, vor dem du noch zurückschreckst, ihn überhaupt zu formulieren, weil er dir zu unrealistisch vorkommt? Vielleicht ist das, was du auf deine Beziehungswunschliste geschrieben hast, nur eine gesellschaftlich akzeptierte Variante eines tieferen Wunsches, der noch verdeckt ist. Mach dir klar und notiere dir, was die eigentlichen Dinge sind, die du willst. Kein Ziel ist zu groß, wenn du deine Ressourcen bündelst, deine dich behindernden Glaubenssätze auflöst und dich wirklich auf dieses Ziel fokussierst.

Am Ende deiner Liste solltest du besser sehen können, was du als Rahmenbedingungen für deinen Beziehungswunsch wirklich definieren möchtest. Das wären die Aspekte, bei denen du jede der drei Fragen mit Ja beantwortet hast. Traue dich an dieser Stelle, alle anderen Sachen wirklich einmal für eine gewisse Zeit von deiner Wunschliste zu streichen. Schaue dann, wie es ohne sie geht. Wenn der Wunsch danach zurückkommt, kannst du dich ihm immer noch widmen. Allerdings ist es eher so, dass viele Dinge, die wir über Jahre auf unserer Beziehungswunschliste mitgeschleppt haben, an Bedeutung verlieren, sobald wir sie nicht mehr priorisieren.

15

Liebe ist nicht das Was, sondern das Wie

Liebe ist eine Einstellung zum Leben

Je mehr ich im Verlauf meines Dating Sabbatical in der Lage war, diese universelle Form der Liebe zu empfinden, die ich hier bereits an mehreren Stellen beschrieb, desto leichter wurden mein Leben und meine Suche nach partnerschaftlicher Liebe. Indem ich mich selbst jeden Tag ein bisschen mehr liebte, war ich am Ende meiner Männerauszeit so voll von Liebe, dass es einfach ansteckend war. Jeder Mensch, den ich traf, spürte, dass sich etwas in mir grundlegend verändert hatte. Ich fühlte eine so erfüllende Zuneigung, dass ich jedem Menschen voller Wohlwollen und Sympathie begegnete. Manchmal musste ich – insbesondere gegenüber Männern – klarstellen, dass dies meine Lebenseinstellung ist und nichts damit zu tun hat, dass ich romantische Intentionen hege. Zugleich war mir bewusst, dass ich diese Liebesfähigkeit und Selbstfürsorgekompetenz auch in einer Beziehung nicht wieder vergessen durfte. Ebenso nicht all das, was ich über mich und ein erfülltes Leben gelernt hatte. Schließlich wollte ich partnerschaftliche Liebe nicht gegen die Liebe in und zu mir eintauschen, sondern beides miteinander verbinden. Und: Ich wollte lieben – noch mehr, als nur Liebe zu empfangen. Der bloße Akt bedingungsloser Liebe war nämlich zu einer wichtigen Säule in meinem Leben geworden.

Liebe muss nicht besonders sein

Marianne Williamson, eine US-amerikanische Autorin, hat in ihrem Buch *Rückkehr zur Liebe* den Unterschied von besonderer und heiliger Liebe beschrieben. Eine besondere Liebe ist nach ihrer Auffassung eine mit einem Exklusivitätscharakter und einem Besitzanspruch. Die heilige Liebe hingehen ist eine Liebe, die nichts erwartet und einfach nur im puren Akt des Liebens ihre Erfüllung findet. Dies entspricht auch im Kern den Aussagen, die der Psychoanalytiker Erich Fromm in seinem Buch *Die Kunst des Liebens* gemacht hat. Er schreibt von dem Wandel, geliebt werden zu wollen, hin zu der Kunst, bedingungslos zu lieben.

Es waren die ersten Werke, die ich über diese andere Art der Liebe las und die mich zu meinem inneren Wandel inspiriert haben. Wer nämlich auswählt, wen und was er liebt beziehungsweise wen und was er akzeptieren kann, begeht schon den ersten und wohl auch größten Fehler im Versuch zu lieben. Bei der bedingungslosen Liebe liebt man, ohne zu fragen, was Liebe verdient und was man dafür zurückbekommt. Bedingungslose Liebe ist absolute Hingabe sowie Annahme von allem. Das Herz bleibt dabei offen, egal was die Umgebung tut oder unterlässt. Liebe ist dabei die Art und Weise, wie ich die Welt sehe und ihr begegne. Sie ist das Wohlwollen, das ich anderen und mir selbst gegenüber pflege. Und zugleich hat die Liebe, die ich in mir spüre, nichts damit zu tun, ob ich mit den Menschen, die ich liebe, eine partnerschaftliche Beziehung führen möchte oder kann.

Liebe ist nach meinem heutigen Verständnis nichts, was sich allein anschaltet und mir zu verstehen gibt, dass dieser oder jener Mensch ein passender Partner an meiner Seite wäre – dies wäre lediglich Verliebtheit. Liebe ist kein »Haben-wollen-Impuls«, sondern der Wunsch, dass es dem anderen sowie mir selbst stets gut gehen möge. Für mich ist Liebe in allen zwischenmenschlichen Begegnungen wie die Luft zum Atmen. Liebe ist alles – doch ohne Liebe ist alles nichts. Es ist die Liebe, in denen sämtliche Religionen dieser Welt ihre Übereinstimmung finden. Sie ist das Allumfassende, das alles Verbindende und das, was man schwer in Worte fassen kann.

Für alle, die nach der wahren Liebe suchen, ist es wichtig zu verstehen, dass es bei der Liebe nicht um das »Was«, sondern um das »Wie« geht. Entscheidend ist nicht, diesen einen Menschen zu finden, der dich liebt und den auch du liebst. Wahre Liebe ist nicht diese eine besondere Liebesgeschichte, sondern vielmehr eine grundsätzliche Lebenseinstellung dir selbst und allen anderen Menschen gegenüber. Liebe in einer Beziehung wird dabei durch die gemeinsame Lebensgestaltung, den Umgang miteinander sowie die Sicht aufeinander gespiegelt. Es geht darum, wie wir in einer Beziehung miteinander umgehen. Wenn ich nur in der Lage bin, zu lieben und dem anderen liebevoll zu begegnen, wenn dieser perfekt scheint und keine Fehler hat, bin ich von der ergreifenden Erfahrung bedingungsloser Liebe sehr weit entfernt.

Ich liebe dich, wenn du ...

Früher führte ich »Dienstleistungsbeziehungen«, als mir das Verständnis dieser Zusammenhänge fehlte: Ich liebte und schenkte dem anderen Aufmerksamkeit, um wiederum von ihm etwas zu bekommen, etwa gemeinsame Zeit, Bestätigung, Unterstützung oder Nähe. Meine Herangehensweise an Liebe war folgende: »Ich liebe dich, weil auch ich geliebt, geschützt und nicht allein sein will.« Oder aber: »Ich tue Dinge für dich, damit ich die Gunst deiner Liebe empfange und du bestimmte Sachen für mich machst.« Ich liebte, »um zu ...« beziehungsweise »unter der Voraussetzung, dass ...«, und verknüpfte meine Liebe so mit Erwartungen und Bedingungen. Doch wahre Liebe ist bedingungslos.

Ich sehnte mich auch deshalb so sehr nach einer Beziehung, weil ich es genoss, wie ich mich fühlte, wenn ein Mensch das Verliebtsein in mir triggerte. Ich fühlte mich dann leicht und sorgenlos. Alles war gut und schien möglich. Ein Mensch, der mich liebte, triggerte in mir diesen liebenden Zustand, den ich allein, ohne ausreichende Fähigkeit zur Selbstliebe, meist nicht aktivieren konnte. Ich dachte damals, dass ich einen anderen Menschen bräuchte, um mich geliebt zu fühlen. Sehnte ich mich nach einem Mann an meiner Seite, sehnte ich mich eigentlich nach jemandem, der den Schalter Richtung Glück in mir umlegte. Quasi ein Antidepressivum, wenn es mir selbst nicht gut ging. Ich suchte jemanden für den Sonnenschein – und lief schnell wieder weg, wenn es doch mal regnete. Aber Blumen fangen nicht an zu blühen, wenn nur die Sonne scheint – sie brauchen auch Wasser.

Je mehr ich im Verlauf meines Dating Sabbatical lernte, die Liebe zu verkörpern und unabhängig vom Verhalten anderer Menschen aufrechtzuerhalten, desto mehr hatte ich das Empfinden, der Mensch zu sein, der ich immer sein wollte. Ich fühlte mich so unbeschwert, wie ich es sonst immer nur aus Phasen anfänglicher Verliebtheit kannte. Doch zu diesem Zeitpunkt war noch kein Mann im Spiel. Stattdessen war ich aus tiefstem Herzen verliebt in das Leben mit allen Höhen und Tiefen. Ich erkannte: Mein Glück beginnt nicht dort, wo ein anderer Mensch sich für mich entscheidet und mich vollumfänglich liebt, sondern dort, wo ich voller Liebe für mich und alles bin, was mich umgibt.

Die Wandlung, die ich in Liebesangelegenheiten durchlief und die den Schalter in allen meinen menschlichen Beziehungen umlegte, bestand darin, Liebe unabhängig von einem bestimmten Liebesobjekt zu sehen. Die Quelle von Liebe ist in mir, und über mein Verhalten und meine Einstellungen anderen Menschen gegenüber drückt sie sich aus. Es ist nicht so wichtig, wer mir Liebe entgegenbringt, solange ich selbst Zugang zu ihrer Quelle in mir habe. Bin ich dazu fähig, diese innere und unerschöpfliche Quelle der Liebe zu erschließen und diese nach außen zu tragen, kann ich die Erwartung loslassen, von jemandem zurückgeliebt zu werden. Denn dann ist aus mir selbst heraus genug Liebe in meinem

Leben. Das heißt nicht, dass man keine Sehnsucht nach einer Partnerschaft oder körperlicher Nähe mehr haben darf. Doch es bedeutet, dass ich mir auf emotionaler Ebene genug bin und mir meine Bedürfnisse auf der Gefühlsebene selbst erfüllen kann. Eine Partnerschaft wird so nicht mehr zu einem emotionalen Lückenfüller, sondern zu wahrer Gemeinschaft. Ich bin dadurch nicht mehr mit einem Partner zusammen, um etwas von ihm zu bekommen, sondern weil ich die Zeit mit ihm genieße. Die Entscheidung, als Paar zusammen zu sein, ist dann nur die Fortführung dieser gern gemeinsam verbrachten Zeit. Ohne ein anstrengendes Ziehen und Zerren, um die Beziehung überhaupt erst zu ermöglichen.

Mit offenem Herzen

Jedes Mal wenn ich mich heute einsam oder ungeliebt fühle, gebe ich mir selbst die Liebe, nach der ich mich sehne. Ich verbinde mich mit einer übergreifenden liebevollen Einstellung und öffne mein Herz weit und weiter. Das gelang, sobald ich mich während meiner Datingpause von der Vorstellung verabschiedete, dass ich Liebe nur im Außen, nur in einer Beziehung zu einer besonderen Person finden kann. So schuf ich Raum, die Liebe zu mir selbst zu entdecken und zu pflegen. Obwohl kein Mann an meiner Seite war, der mich liebte, war mein Leben dennoch voller Liebe. Doch es ging noch weiter: Ich war so erfüllt davon, dass ich nicht nur liebte, sondern zu Liebe wurde.

Liebe wurde zu einem Wesensmerkmal, das mich seither wie mein Atem und mein Herzschlag durch den Alltag begleitet. Und je liebevoller ich mich anderen zuwendete, desto mehr waren diese Begegnungen von Liebe erfüllt. Ich musste daher nicht mehr klagen, dass mich dieser oder jener Mensch nicht ausreichend lieben würde. Ich tat es stattdessen selbst und nahm den Erwartungsdruck aus der Verbindung. Ich übernahm Verantwortung in

Liebesangelegenheiten – und je besser ich darin wurde, desto weniger wollte ich sie loslassen.

Als ich begriff, dass die Liebe in mir ist, konnte ich alles lieben. Jeden Menschen, wenn ich es wollte. Liebe war und ist der Schlüssel für meine eigene Bereitschaft, mein Herz zu öffnen und Liebe zuzulassen – egal wie schwierig das in einem bestimmten Moment womöglich sein kann. Seitdem kann ich für mich sagen, dass ich nicht nur eine bestimmte Person liebe, sondern dass ich vor allem die Liebe liebe. Ich liebe es, wie ich mich fühle, wenn ich voller Liebe bin. Aus diesem Grund fällt es mir auch leicht, die Liebe in mir aufrechtzuhalten, wenn ich beispielsweise mit meinem Partner streite oder mich in der Beziehung unsicher fühle. Dieses berauschende Gefühl, der Liebe fähig zu sein und sie in die Welt zu senden, lasse ich mir von keiner zwischenmenschlichen Auseinandersetzung zerstören. Und weil ich mit der Liebe verbunden bleibe, kann ich dem anderen weiterhin auf Augenhöhe begegnen und muss nicht unfair oder gemein werden. Sich zu streiten, heißt nämlich nicht, sich weniger zu lieben oder in Hass abzurutschen, es heißt nur, einen Konflikt miteinander zu klären – und das klappt mit gegenseitiger Wertschätzung viel schneller, als später die Kollateralschäden einer wütenden Auseinandersetzung ausbaden zu müssen.

Diese liebende Einstellung zum Leben gefunden zu haben, ist mein größtes Glück und das Wichtigste, was ich durch mein Dating Sabbatical erfahren habe. Liebe ist nicht etwas, was mir ein anderer schenkt oder verweigert, sondern ich kann mich selbst für die Liebe in mir entscheiden. Wenn also gerade zu wenig Liebe in meinem Leben ist, muss ich mir keinen anderen Menschen suchen, um dieses »Loch« zu stopfen, sondern ich selbst muss mich mit diesem so allumfassenden Gefühl der Liebe verbinden. Seitdem bin ich frei und unabhängig und im Umgang mit Männern viel entspannter.

Wahre Liebe will gelernt sein

Natürlich brauchte es Zeit, diese allumfassende Liebesfähigkeit zu entwickeln. Ich übte das ein, indem ich mich zuerst über schöne zwischenmenschliche Momente im Alltag freute. Als Nächstes versuchte ich die Menschen liebevoll zu betrachten, mit denen die Kommunikation nicht so einfach war, etwa Kollegen, mit denen ich zwar keinen großen Disput hatte, aber mit denen ich nicht so gut auskam. In unangenehmen Situationen erinnerte ich mich dann an ihre positiven Eigenschaften und war dankbar für das, was an ihnen bereichernd war. Zum Schluss versuchte ich, auch den Menschen mit Wohlwollen zu begegnen, von denen ich früher gesagt hätte, dass sie meine Liebe nicht verdienen.

Alles, was ich erlebte, wollte ich unter der Perspektive von Mitfreude, Mitgefühl und Zuneigung sehen. War ein Mensch unfreundlich zu mir oder motzte mich an, malte ich mir aus, was er womöglich alles an Belastungen mit sich herumschleppte. Dadurch entwickelte ich Verständnis für sein Handeln. Indem ich nicht mich ins Zentrum der Situation stellte und darüber nachdachte, was mir »angetan« wurde, sondern den anderen im Kontext seines Lebens, als Opfer von Umständen, konnte ich diese Person wertschätzen und mein Herz offen halten. Ich betrachtete ihn nicht mehr als Täter, sondern erkannte, dass die Schuldfrage nicht immer so klar zu benennen ist. Schließlich ist es meine Entscheidung, ob ich auf Unfreundlichkeit und Aggression mit Gleichem antworten will oder ob ich diese Energien in Liebe verwandeln möchte. Ich liebe daher heute jede noch so große Herausforderung, ebenso die Menschen, die mich prüfen und mir nicht wohlgesinnt sind. Sie helfen mir, mein Leben aus unterschiedlichen Blickwinkeln zu beleuchten und mein Herz noch weiter zu öffnen.

Um bedingungslose Liebe zu lernen, musst du vorrangig die Bedingungen hinter dir lassen, die dich davon abhalten, dieses allumfassende Wohlwollen in die Welt auszustrahlen. Wenn du dich darin übst, alles zu lieben, was dir früher nicht liebenswert vorkam, wenn du dich in Mitgefühl übst – auch für Menschen, die Ansichten verkörpern, die nicht deinen entsprechen –, wirst du die Liebe finden, die du immer gesucht hast. Fang an, das zu lieben, was dich nervt oder stresst, liebe die Dinge, die du bisher verachtet hast. Mach dein Herz auf und betrachte all das mit einem liebenden Blick.

Bei einem Streit mit meinem Partner erkenne ich das, was uns aktuell belastet. Der Streit ist nur ein Symptom, und wir können ihn nutzen, um zu beleuchten, was in unserer Beziehung zu verändern ist, um ausgeglichener und zufriedener zu werden. Wahre Liebe zeigt sich nämlich genau darin, ob wir unserem Partner auch in solchen Situationen liebevoll zugewandt bleiben oder ob wir uns in ein kleines, zorniges Monster verwandeln. Denn auch wenn es auf den ersten Blick nicht so wirkt, so ist ein Streit doch oft ein Wunsch nach Aufmerksamkeit. Wenn wir diese nicht auf gesunde und reife Art bekommen, nutzen wir unter Umständen Auseinandersetzungen dazu. Es ist verrückt, aber gegenseitiges Anschreien kann auch eine Form der Interaktion und gemeinsam verbrachter Zeit sein. Einen Streit anzuzetteln, kann Nähe und Kontakt erzeugen – auch wenn dies oft mehr kaputt macht als hilft.

Die Beziehung zu mir selbst

Ein wichtiger Schritt zu bedingungsloser Liebe ist bedingungslose Selbstliebe. Erst wenn ich mich selbst vollumfassend liebe, kann ich auch alles um mich herum so annehmen, wie es ist, kann ich bedingungslos lieben. Sobald ich beginne, jede Facette meines Selbst zu lieben, höre ich auf, Dinge als »liebenswert« und »nicht liebenswert« zu kategorisieren. Ich liebe stattdessen einfach alles und jeden und entscheide dann – auf einer anderen Ebene –, ob ich mit dieser Person Zeit verbringen oder zusammen sein will.

Sobald ich nicht mehr darauf warte, geliebt zu werden, kann ich genießen, dass die Liebe jederzeit in mir und mein Leben voll davon ist. Je mehr Liebe ich nach außen sende, desto mehr Liebe strahlt auf mich zurück. Vielleicht nicht unbedingt durch das Wirken der Person, der ich meine Liebe entgegengebracht habe, aber ganz sicher auf eine andere Art und Weise. Wahre Liebe wird nämlich mehr, wenn man sie teilt.

Wir alle sind mit allen verbunden. Und wie es in den Wald hineinruft, so schallt es heraus. Rufst du also in den Wald hinein, dass du geliebt werden willst, dann schallt es ebenso heraus, und du wirst Menschen begegnen, die ebenso nur geliebt werden wollen. Dann steht ihr da mit eurem egozentrischen Wunsch nach Liebe, und keiner bekommt das, wonach er sich sehnt. Rufst du allerdings hinein, dass du lieben willst und bereit bist, alles und jeden unter egal welchen Bedingungen zu lieben, wirst du auf Menschen treffen, die ebenfalls einfach lieben wollen. Auf diese Weise bekommen beide Seiten bedingungslose und unendliche Liebe geschenkt. Es herrscht dann kein Kampf mehr um die Liebe, stattdessen ist die Liebe im Fluss und fließt zwischen den beiden Menschen stetig hin und her. Diese Liebe ist wie eine niemals versiegende Quelle von Energie und Lebensfreude. Und wenn der eine mal ein wenig schwächelt und etwas weniger zu geben hat, gibt der andere beständig weiter – und so versandet der Fluss nie. Beziehungen, die auf einem Fundament der Fülle aufgebaut sind, in der beide Partner gern geben, anstatt zu erwarten, ständig etwas zu bekommen, haben eine ganz andere Energie und sind viel weniger anfällig für Stress.

Doch ich muss gestehen, diese vollumfassende Selbstliebe lässt sich viel schwieriger umsetzen, als es sich anhört. Sind wir doch mal ehrlich: Wer liebt denn wirklich alles an sich? Natürlich liebe ich die Dinge, die ich an mir mag. Aber dann gibt es noch die unzähligen Macken und Makel. Doch genau um die geht es. Auch sie müssen angenommen werden. Das ist das Geheimnis der Liebe: Zuerst muss man sich selbst lieben und diese Liebe dann für andere empfinden und in die Welt tragen. Führe ich nämlich eine erfüllte Beziehung mit mir, werde ich diese auch im Außen wiederfinden. Die Beziehung, die ich mit mir selbst führe, ist Grundlage für alle anderen Beziehungen. Ich behandele andere oft so, wie ich mich selbst behandele. Daher musste ich zuerst lernen, mich selbst so zu lieben, wie ich lieben und geliebt werden wollte. Musste die Beziehung mit mir führen, die ich mir mit einem Partner wünschte.

Du bist dein wichtigster Partner

Jedes Mal wenn meine Beziehungen im Außen Probleme hatten, wies mich dies nur auf die Probleme hin, die ich in mir und innerhalb meiner Beziehung zu mir selbst hatte. Manchmal vergessen wir in Partnerschaften genau das. Wir sind dann so in die Zweisamkeit eingetaucht, dass wir es vernachlässigen, weiterhin in uns aufzuräumen und die Beziehung zu uns selbst im Reinen zu halten. Jeder Partner trägt dazu bei, dass sie ein gesundes Fundament hat, und diese Verantwortung sich selbst und dem anderen gegenüber muss immer wieder aufs Neue wahrgenommen werden. Genauso wie der Staub in der Wohnung, der immer wieder gewischt werden will, will auch der emotionale Staub in einem selbst immer wieder beseitigt werden.

16
Zusammenwachsen und zusammen wachsen

Ein ständiges Auf und Ab

Früher dachte ich oft darüber nach, ob es da draußen vielleicht einen Menschen gibt, der noch perfekter zu mir passen könnte als mein jetziger Partner und mit dem das Zusammensein dann weniger anstrengend wäre. Irgendwie wurde meine Vorstellung von einer glücklichen Beziehung durch die, in denen ich mich befand, meist nicht erfüllt. Daher trennte ich mich wieder und wieder, wenn die jeweilige Partnerschaft eine schwierige Phase hatte. Ich dachte, dass der Mann an meiner Seite falsch wäre, und suchte weiter nach einem für mein Glück.

Als ich während meines Dating Sabbatical darüber nachdachte, was eine glückliche Beziehung ausmacht, konnte ich das Problem hinter meiner damaligen Sichtweise aufdecken. Eine solche bedeutet nämlich nicht, sich fortwährend gegenseitig glücklich zu machen und nie wieder Meinungsverschiedenheiten zu haben. Sie ist auch keine unendliche Harmoniesuppe, in der beide Partner ständig im absoluten Glück baden. Sie ist wie das Leben ein ständiges Auf und Ab, mit wechselnden Hochs und Tiefs.

Meine Vorstellungen von einer »glücklichen« Beziehung waren realitätsfremder Nonsens gewesen. Die Realität sieht so aus: Einen Tag lang platzt man fast vor Verliebtheitsgefühlen und will keine Sekunde ohne den anderen verbringen, am nächsten Tag nervt man sich und benötigt Abstand. Tatsächlich ist das absolut normal – genauso wie du mit deinen besten Freunden mal enger und mal etwas distanzierter bist. Manchmal ist es nämlich eine gewisse Distanz, die dann wieder neue Nähe schafft. Und manchmal braucht es die Reibung, durch die Späne fallen und danach eine neue Ebene des Zusammenseins geschaffen wird. Gerade weil unsere Liebesbeziehungen meist die engsten Beziehungen unseres Lebens sind, wird dort viel gehobelt, und es fallen viele Späne.

Ich lernte so, dass ich nicht gleich an der Beziehung zweifeln muss, wenn diese mal nicht perfekt ist. Stattdessen begann ich dankbar dafür zu sein, dass nicht jeder Tag gleichbleibend toll ist. Neben den Höhen begann ich auch die Tiefen wertzuschätzen. Mehr noch: Ich verstand, dass sie notwendig waren, damit es überhaupt Höhen geben kann. Sie lassen uns erkennen, was wir in guten Zeiten am anderen haben. Sie sind der kleine Dämpfer, damit wir nicht die Verbindung zur Realität verlieren. Statt jede Talfahrt abwenden zu wollen, nehme ich sie heute als Gelegenheit, die Unsicherheit auszuhalten, die unter Umständen in diesen Situationen in mir aufkommt. Zweifel, Sorgen und Ängste gehören zu einer Beziehung dazu. Wenn sich diese zeigen, heißt das nicht, dass die Partnerschaft nicht mehr passt. Ich habe noch mit keinem Paar gesprochen, das im Verlauf einer langen Beziehung nicht gezweifelt hätte oder sich ein wenig verloren hätte. Doch die Frage ist nicht, ob man aus dem Tritt kommt, sondern ob man es bemerkt und wieder zueinander findet.

Eine erfüllte Beziehung hat Disharmonien. Entscheidend ist, trotz Meinungsverschiedenheiten beieinander zu bleiben, ohne dass einer über Bord geht oder das Schiff sinkt. Eine gute Beziehung ist ein solides Schiff, kein Traumschiff, das ständig durch türkisblaues Wasser fährt, entlang endlos weißer Strände. Sobald ich diese Erwartung an eine Beziehung losließ, begann ich eine realistische Perspektive einzunehmen und brach aus dem Teufelskreis irrealer Fantasien aus.

Liebe muss reifen wie Freundschaften

Was gelebte Liebe im partnerschaftlichen Kontext wirklich bedeutet und wie herausfordernd sie manchmal sein kann, konnte ich natürlich erst nach meiner Männerauszeit und in einer Beziehung begreifen, in der ich all das leben wollte, was ich vorher theoretisch über das Lieben gelernt hatte. Die praktische Umsetzung war jedoch schwieriger als gedacht, weil mein Partner in bestimmten Punkten andere Ansichten und Bedürfnisse als ich hatte. Daher wurde mir wenige Wochen nach Beginn unserer Beziehung klar, dass eine Partnerschaft Zeit zum Wachsen braucht. Schließlich hatte jeder von uns zum Teil sehr unterschiedliche Vorerfahrungen und Prägungen mit in die Beziehung gebracht. Wir mussten uns erst im Miteinander finden und aufeinander einstellen.

Früher war ich dabei extrem ungeduldig und wollte alles immer gleich und sofort. Wollte wissen, ob wir es schaffen, in die Beziehung hineinzuwachsen. Die Geduld, die dies erfordert, war für mich nur schwer aushaltbar. Auch wollte ich wissen, woran ich war, weil ich vermeiden wollte, wieder in einer Einbahnstraße zu landen. Meine Ungeduld entsprang einer Unsicherheit in mir. Aber so funktioniert Liebe nicht. Ein Beziehungswunsch, der quasi aus dem Nichts entsteht, ist kein Wunsch nach echter Partnerschaft, sondern ein Besitzanspruch, der auf einem Mangel beruht und durch einen anderen ausgeglichen werden soll. Für oder gegen eine Partnerschaft kann ich mich jedoch erst entscheiden, wenn ich unterschiedliche Seiten des Menschen kennengelernt habe, den ich gerade date. Erst wenn wir uns zwischenmenschlich gut kennen, kann ich eine reflektierte Entscheidung fällen, anstatt in etwas hineinzuspringen, aus dem ich ebenso schnell wieder herausspringe.

Ob man eine langfristige Beziehung miteinander führen kann und möchte, kann man unmöglich nach nur wenigen Dates beurteilen – auch wenn ich früher oft so vorgegangen war. Für mich ist das Zusammenwachsen von zwei Liebenden in eine langfristige Partnerschaft heute mehr wie das Zusammenwachsen in Freundschaften. Freundschaften sind wie liebevolle Beziehungen. Sie brauchen Zeit, Geduld und gegenseitige Pflege. Man lernt sich kennen, ist sich sympathisch, trifft sich, bis sich aus einer Bekanntschaft eine Freundschaft entwickelt hat und man ganz unterschiedliche Facetten des anderen kennt. Manchmal sieht man sich oft, manchmal weniger häufig. Manchmal weht einen der Wind des Lebens an andere Orte, und doch bleibt man miteinander verbunden. Ich kenne niemanden, der einen anderen Menschen kennengelernt und bereits nach dem ersten Treffen entschieden hat: »Du bist jetzt mein bester Freund!« Gute und beständige Freundschaften wachsen oft über Jahre zusammen. Und keiner erwartet dabei von Anfang an, sich auf eine Person festzulegen, oder gibt die Frequenz von Begegnungen vor. Wenn dies der Fall sein sollte, wird daraus meist keine bereichernde Verbindung.

Der Verbindung Raum zum Wachsen geben

Leider ist das beim Dating mit den Erwartungen, die wir an die andere Person haben, oft ganz anders. Ich jedenfalls hatte eine imaginäre Checkliste in meinem Kopf und gewisse Annahmen, wie der andere mich behandeln sollte. In Wahrheit sind es all diese Vorstellungen, die das Zusammenwachsen von zwei Menschen so kompliziert machen. Von beiden Seiten existieren leider oft klare Vorgaben, innerhalb derer sich etwas entwickeln soll. Sinnvoller wäre es, der Beziehung einen unbestimmten Raum zu geben und zu schauen, was darin wächst. Doch anstatt zu warten, was im Garten der gemeinsamen Liebe emporkommt, ist es oft so, dass man dem anderen genau vorgibt, zu welcher Blume er sich entwickeln soll – meist zu der Sorte, die im eigenen Garten noch fehlt. Sind zwei Menschen jedoch dafür gemacht, eine Beziehung zu führen, dann braucht es kein Etikett, das man auf die Verbindung klebt. Zuerst braucht es den Magnetismus, der eine zwischenmenschliche Verbundenheit erzeugt, die man dann Beziehung nennen kann, wenn man das möchte.

Eine Liebe muss genauso wachsen wie eine gute Freundschaft. Schließlich will ich in einem Partner idealerweise sowohl einen guten Freund als auch einen Begleiter finden. Auch wenn man die Sexualität vorziehen kann und miteinander ins Bett steigt, obwohl man sich kaum kennt, kann sich die Freundschaft in der Partnerschaft erst langsam und über die Zeit entwickeln.

Manchmal wird von einer Seelenverwandtschaft gesprochen, von Menschen, die sich treffen und sofort das Gefühl haben, dass sie sich bereits ewig kennen. Ein ganz besonderes Gefühl verbindet diese Menschen. Ich habe die Erfahrung gemacht, dass es nicht den einen Seelenpartner gibt, sondern mehrere Menschen, mit denen man auf einer Wellenlänge schwingt und die dieses Gefühl erzeugen. Quasi eine Seelenfamilie mit vielen Seelenverwandten. Der eigene Partner sollte im Idealfall einer davon sein.

Beziehung ist Wachstum

Für Menschen, die sich auf persönlicher Ebene weiterentwickeln wollen, stellt eine Beziehung eine wunderschöne Möglichkeit dar, dies immer wieder aufs Neue zu tun. Indem sie zusammenwachsen, wächst auch jeder für sich. Ich muss schließlich zuerst wissen, wer ich bin und was ich will, damit ich einem anderen begegnen und meine Grenzen aufzeigen kann. Und selbst wenn ich dies zu Beginn einer Beziehung noch nicht weiß, bietet mir der Austausch mit der anderen Person unzählige Möglichkeiten, mir und meinen Bedürfnissen dabei näher zu kommen. Durch jede Interaktion mit meinem Partner kann ich mich besser kennenlernen. In der Begegnung mit anderen Menschen kann ich erfahren, was ich brauche, was mir wichtig ist, welche Konsequenzen mein Verhalten hat. Unsere Beziehungen im Erwachsenenleben bieten uns daher die Möglichkeit, alles, was wir bis dahin über die Liebe, das Leben im Miteinander, über Nähe und Distanz zu wissen glaubten, in der Praxis zu testen. Wir können so alles hinterfragen und uns für ein Verhalten entscheiden, von dem wir innerlich überzeugt sind.

Unsere Beziehungen, wenn man sie so angehen möchte, sind in diesem Sinne Lern- und Nachreifungsprozesse. Auf diese Weise haben wir die Chance, mit den Themen in Kontakt zu kommen, denen wir sonst ausweichen. Wenn wir für uns selbst sind, können wir Konfliktträchtiges vermeiden, indem wir diesen Dingen aus dem Weg gehen. In einer Beziehung geht das oft nicht so einfach. Wir sind dann nicht nur unseren eigenen Problemen und Gefühlen ausgesetzt, sondern auch denen, die unser Partner mit in die Beziehung bringt. Auf diese Weise können wir uns unserer blinden Flecken auf der Landkarte der Selbstfindung und -entfaltung bewusst werden und uns dieser annehmen.

Über die Reibungen und die dadurch angestoßenen Reflexionen können wir erst zu dem Menschen heranreifen, der wir sein wollen. Daher war mein Schritt in eine Beziehung nach meiner Männerabstinenz für mich vor allem einer zur weiteren individuellen Entwicklung. Die andere Person, mit der wir so intensiv interagieren und so viele Situationen durchleben, macht uns immer wieder auf die noch bestehenden Knoten und Fehlschaltungen in unserem Inneren aufmerksam und hilft uns, die Andersartigkeit anderer Menschen anzunehmen. Manchmal muss uns jemand so oft auf den Fuß treten, bis wir anfangen, uns zu bewegen. In meiner jetzigen Partnerschaft lerne ich noch immer mehr über mich sowie meinen Umgang mit Konflikten und Gefühlen.

Noch längst bin ich nicht am Ende meines Weges angekommen, denn der Start in eine Beziehung ist nicht das Ende der Reise zu mir selbst, sondern der Beginn einer neuen Etappe auf dem Pfad der Selbstfindung. Vielleicht ist die erste Beziehung, die du nach dem Lesen dieses Buchs führst, zunächst eine »Übungsbeziehung«, in der du alles Beschriebene ausprobieren kannst. Vielleicht trennt ihr euch wieder, nachdem ihr das gelernt habt, was ihr miteinander lernen solltet. Auf dem Weg in die Partnerschaft, die du dir wünschst, sind manchmal ein paar Anläufe notwendig. Aber jeder kann unser persönliches Wachstum stimulieren, wenn wir begreifen, dass alles im Außen helfen kann, uns selbst zu erkennen. Trennungen sind oft die beste Motivation für die eigene Weiterentwicklung. Nur wenn unsere aktuelle Situation ausreichend unbequem ist, sind wir motiviert, unserem inneren Schweinehund Paroli zu bieten. Wenn wir Beziehungen und gemeinsame Stunden so sehen – als Erfahrungen, die uns über unser derzeitiges Ich hinauswachsen lassen –, muss keine Trennung mehr schmerzen und das eigene Leben mit Leid erfüllen. Stattdessen können wir sie als das sehen, was sie ist – eine Bereicherung unseres Lebens und ein Anfang zu einem neuen Lebensabschnitt. Manchmal bedeutet gemeinsames Wachstum auch, den anderen loszulassen, um ihm, um uns selbst mehr Freiraum zur Weiterentwicklung zu geben. Dies zuzulassen und nicht krampfhaft an etwas festzuhalten, das beiden nicht mehr guttut, kann dann der größte Liebesakt sein – sich selbst sowie dem Partner gegenüber.

17

Liebe machen

Tränen nach dem Sex

Lange habe ich sexuelle Erfüllung in möglichst abwechslungsreichem und außergewöhnlichem Liebesspiel gesucht. Verschiedenste Medien hatten mir suggeriert, dass guter Sex möglichst wild, verrucht und mit einer Vielzahl von Spielzeug geschehen muss. Als Kind der Generation Porno war ich vielleicht vierzehn oder fünfzehn Jahre alt, als ich zum ersten Mal einen Sexfilm sah. Meine ersten sexuellen Erfahrungen hatte ich kurz darauf mit fünfzehn. Die Neugierde und der Kitzel waren groß. Ich weiß noch, wie mein ganzer Körper bebte, als mich mein erster Freund mit seiner Zunge zu meinem ersten Orgasmus in Zweisamkeit brachte. Alles war neu und ungewohnt, und ein verrückter Hormoncocktail in meinem Blut erzeugte eine heftige Gefühlsachterbahnfahrt. Ich wollte alles entdecken, die diversen Spielarten ausprobieren und Ekstase und Leidenschaft in den höchsten Höhen spüren. Viele Dates und sexuelle Begegnungen später realisierte ich, dass Sex für mich nur noch in etwa so spannend war wie Zähneputzen. Na gut, vielleicht nicht ganz so banal, vielleicht eher wie Autofahren auf Autopilot. Ich kannte die Knöpfe, wusste, was ich wollte, liebte meinen Körper und ging mit einer Mischung aus absoluter Gelassenheit und Selbstsicherheit in die Horizontale.

Aber fühlen? So richtig? Mehr als nur Orgasmen, die ich auch mit meinem Spielzeug hätte haben können? Ich habe oft darüber nachgedacht, warum ich mich vor meiner Männerpause nackt und mit Tränen in den Augen vor dem Badezimmerspiegel wiederfand. Schließlich hatte ich mit Christian über mehr als zwei

Jahre die gleiche Art Sex unzählige Male erlebt und hatte es meist auch genossen. Ich kannte ihn gut, wir verstanden uns zwischenmenschlich blendend, und ich wusste, worauf ich mich einließ und was ich erwarten konnte. Und doch war irgendetwas anders.

Meine Tränen waren Tränen meiner Seele, die sich nicht beachtet fühlte. Ich hatte nicht geweint, weil er mir wehgetan hatte, sondern weil ich mich selbst verletzt hatte, indem ich in etwas einwilligte, das ich so gar nicht mehr wollte. Es brauchte diese Tränen, um endlich etwas zu ändern. Hätte ich diesen Abend nicht als so leidvoll empfunden, hätte ich womöglich weitergemacht wie bisher. Der Leidensdruck muss größer sein als die Schmerzen der Veränderung, um einen erfolgreichen Wandel zu durchleben.

Eigentlich suchte ich immer nur nach Liebe

Nachdem ich bereits einen neuen Zugang zur Liebe gefunden hatte, wurde mir klar, dass ich auch das »Liebe machen« neu entdecken musste. Der Grundstein für eine andere Betrachtung meines Intimlebens wurde jedoch nicht während der Zeit meines Dating Sabbatical gelegt, sondern ungefähr sechs Monate bevor dieses begann. Es war eine Nacht im Sommer 2017, die mich zum ersten Mal seit Langem den Unterschied zwischen »Sex haben« und »Liebe machen« erleben ließ. Leider war dieser Mann verheiratet, und wir trennten uns am nächsten Morgen, weil ich keine Geliebte sein wollte. Und dennoch veränderte mich diese Nacht. Das Gefühl, miteinander zu verschmelzen, nicht mehr zu wissen, wo man selbst aufhört und der andere anfängt, seine Hände nicht mal für eine Sekunde voneinander lassen zu können – absolute Ekstase und Leidenschaft. Im Fluss sein, sprachlos, ergriffen, tief und bedeutungsvoll. In dieser Nacht spürte ich eine Tiefe und Magie im (sexuellen) Zusammensein, die ich so noch nie zuvor erlebt hatte und die mich gänzlich um den Verstand brachte. Diese Nacht stellte den Wendepunkt auf meiner Suche nach dem Liebesglück dar. Denn seitdem ich dieses Gefühl des völligen Einsseins beim Sex erlebte, änderte sich dadurch meine Sicht auf Sex und das, was ich im Bett wollte, radikal.

Sex ohne Liebe ist wie Suppe ohne Salz

Was war in dieser Nacht anders? Wir hatten nicht nur Sex gehabt, um unsere jeweiligen Bedürfnisse zu befriedigen, sondern es war darum gegangen, miteinander zu sein. Aufgrund der Umstände und der Unvereinbarkeit unserer beider Leben wussten wir, dass es unser letzter gemeinsamer Abend sein würde. Das zwang uns so in die Gegenwart, dass wir keine Sekunde verschwenden wollten. Wir wussten, dass das alles war, was wir je bekommen würden – und zugleich wollten wir uns nicht loslassen, weil die Zuneigung zwischen uns unbeschreiblich groß war. Also schufen wir eine Erinnerung, die wir nie wieder vergessen sollten. Eine Nacht, die nur uns gehörte. Das letzte Glas Alkohol, nachdem man sich entschieden hat, nie wieder zu trinken. Jeden Tropfen auskostend.

Wenn ich heute daran denke, war die Nacht wie ein langer, nicht enden wollender Orgasmus, der uns in einen Schleier hüllte und unsere Sinne benebelte. Im Vergleich zu all den wilden Abenteuern war diese Nacht das Intensivste, was ich bis dahin erlebt hatte. Und das nicht, weil wir die wildesten Spielchen miteinander spielten, sondern weil unsere Rezeptoren auf allen nur vorstellbaren Ebenen so intensiv andockten, dass wir förmlich miteinander verschmolzen. Für diese Nacht waren wir eins, und es gibt keine Worte, die beschreiben können, was wir dabei erlebten.

Dadurch wusste ich, wie sich das, was ich lange vergeblich gesucht hatte, anfühlte – und ich konnte alles, was ich danach erlebte, mit dieser Erfahrung abgleichen. Aus Mangel an Liebe hatte ich zuvor zu oft Sex ohne diese so wichtige Zutat gehabt, und ich hatte mich an das abgewandelte Rezept gewöhnt. So sehr, dass ich vergessen hatte, dass diese Zutat namens Liebe beim Sex wesentlich war. Durch diese Erfahrung veränderten sich meine sexuellen Wünsche, der verruchte Sex bedeutete mir nichts mehr – egal wie viele Orgasmen ich dabei hatte. Einmal, mehrmals, scheißegal. Kurzes Hoch und zurück. Ich probierte es noch ein paarmal mit anderen Männern, aber Sex ohne Liebe tat mir nach dieser Erfahrung nur noch weh, weil er mir vor Augen führte, was ich nicht mehr wollte. Mein Körper wehrte sich gegen solche bedeutungsleeren Praktiken.

Ich erwähnte es schon: Bis zu meiner Sexauszeit waren meine Begegnungen mit Männern schnell sehr körperlich. Ich hatte das Gefühl gehabt, beweisen zu müssen, wozu ich in der Horizontalen so alles fähig war. Ich hoffte, dass mein Partner dann keinen Grund hatte, sich ein heißes Schäferstündchen woanders zu suchen. Es war meine Versicherung in einer Welt, in der es keine Sicherheiten gibt. Doch damit hatte ich Sex in meinen Beziehungen extrem überbewertet. Dieser subjektiv empfundene Leistungsdruck ließ das Gefühl fast gänzlich auf der Strecke bleiben. Ich hatte zu viel Sex aus den falschen Gründen und war abgestumpft. Sex in einer liebevollen Beziehung ist etwas anderes als mit einem Menschen, den man kaum kennt und auch keine Intentionen hat, das noch nachzuholen.

Sex ist mehr als Orgasmen

Vor Jahren gab es ein Experiment, bei dem Paare über Wochen jeden Tag Sex miteinander haben mussten. Am Ende waren die jeweiligen Partner genervt davon. Erfüllungsdruck beim Sex statt sexuelle Lust und gelebte Leidenschaft kann schnell Stress verursachen, macht keinen Spaß und erzeugt mehr Leid als Lust.

Pornoindustrie, Werbung und Berichte propagieren beim Sex eine tolle Performance, es geht um Ergebnisse und Leistungen.

Alles auf dem Weg dahin ist irgendwie nichts. Der einzige KPI (Key Performance Indicator; Leistungskennziffer) in der Horizontalen ist die Anzahl der Orgasmen. Die sind vergleichbar und können bewertet werden.

Versetze dich kurz zurück in deine Teenie-Zeit. Erinnere die Momente, in denen du nicht wusstest, was als Nächstes passiert und wie weit ihr gehen würdet. Der Nervenkitzel war groß, weil das Ziel unbestimmt war. Sich gegenseitig zu erforschen und zu entdecken, wie der eigene Körper sowie der des anderen funktioniert, war so aufregend.

Das Genießen von Küssen und das Fummeln machten den Sex oft so reizvoll. Sobald der begann, war klar, wie es enden würde. Sobald es mit der Penetration losging, war die Zielgerade meist schon in Sichtweite. Das Eindringen war quasi der Anfang vom Ende. Es sind aber vor allem die Dinge dazwischen, die Sex besonders machen. Das Lecken, Beißen, Riechen, Schmecken, Saugen, Kitzeln, Kneifen, Streicheln, Hauchen. All diese Stimulationen machen Sex zu tollem Sex und grenzen sexuelle Zweisamkeit von den Orgasmen ab, die ich auch mit einem Spielzeug oder meinen Fingern erleben kann. Ich habe jedenfalls für mich erkannt: Ich will Spielen statt Leistungsdruck. Ich will Weg statt Ziel.

Auch beim Sex ist das Wie wichtiger als das Was

In meiner Sexabstinenz habe ich eine wichtige Lektion gelernt: Wie in der Liebe ist auch beim Liebe-Machen das Wie wichtiger als das Was. Ich selbst hatte seit meinen ersten sexuellen Erfahrungen immer auf das Was bei horizontalen Aktivitäten geachtet. Ich hatte aufgeschnappt, dass Sex bloß nie langweilig werden dürfe. Darüber hatte ich das emotionale Wie vernachlässigt.

Erst in der Partnerschaft nach meiner Männerauszeit habe ich verstanden, worauf es beim Sex wirklich ankommt. Was unser

Liebesspiel besonders macht, ist nicht die Anzahl der Spielzeuge, die pro Akt zum Einsatz kommen. Es ist die Präsenz, die wir dabei innehaben. Ich spüre in alles, was wir tun, hinein, schalte meinen Kopf aus und gebe mich komplett hin. Mir ist dann egal, wie oft ich komme, weil der Weg zum Ziel schon so wunderschön ist, dass es keinen weiteren »Höhepunkt« mehr braucht. Dieser kann kommen, aber er ist nicht Bedingung dafür, dass ich unser körperliches Miteinander als bereichernd erlebe. Es ist die körperliche und emotionale Verbundenheit an sich, die für mich eine Bereicherung darstellt. Auch hier ist das Gefühl der Erfüllung nicht an Bedingungen geknüpft, sondern allein auf die Erfahrung im Moment ausgerichtet, ohne Erwartungen, wie dieser genau auszusehen hat, und mit einer gewissen Neugierde, was heute passieren wird.

Sex wurde für mich wieder wunderschön, als ich mich davon frei machte, kommen zu müssen, nicht mehr auf einen Orgasmus »hinarbeitete«. Ich ließ los, war nur noch in der Gegenwart präsent und voll und ganz bei dem, was ich erlebte – ob mit meinem Partner oder allein mit mir selbst. Dieser Perspektivwechsel erlaubte mir, nur noch das zu genießen, was sich gerade ereignete. Orgasmen habe ich dabei genauso viele wie früher, und sie sind sogar um einiges intensiver, weil ich viel präsenter bin und sie viel mehr auskoste.

Wenn ich auf diese Art und Weise komme, kommt alles in mir. Ich lache, und gleichzeitig laufen mir Freudentränen übers Gesicht. Das ist für mich Liebe machen. So funktioniert Super-Sex. Vergleiche ich mein jetziges Sexleben mit meinen vorherigen Erfahrungen, ist die Veränderung sehr ähnlich zu der, die ich während meiner Reise zu mir generell durchlaufen habe. Von außen betrachtet sieht das vielleicht nicht so aufregend aus, weil ich aber so viel mehr bei den Dingen bin, die ich in dem Moment mache, fühlt sich alles um ein Vielfaches intensiver an.

Seitdem ich Sex so lebe, fällt der Druck weg, Sex haben zu müssen, um etwas Bestimmtes zu erreichen. Heute ist Sex mehr wie Yoga – durchdringend und mehr auf Genuss aus. Ich kümmere mich nicht mehr darum, wie beweglich ich bin, wie oft ich komme oder wie ich den anderen zum Orgasmus bringe. Denn auch wenn Leistungsdruck beim Sex eher von Männern bekannt ist, hatte ich als Frau dennoch häufig das Gefühl, bestimmte männliche Erwartungen erfüllen zu müssen. Ich lernte, diese Gefühle loszulassen, und seitdem ist Sex für mich endlich, wie er sein soll – Entspannung pur. Wie ein Tanz, bei dem ich mich der Musik hingebe.

Alles kann, nichts muss

In meiner sexfreien Zeit nutzte ich die Chance, Männer außerhalb von Dates wieder als Persönlichkeiten kennenzulernen. Ich sah in ihnen nicht die penisbestückten Wesen, deren Attraktivität für mögliche Kopulationsvorgänge und Beziehungsversuche ich bewerten musste. Nur weil man Sex miteinander haben kann, heißt das noch lange nicht, dass man diesen auch sofort haben muss. Weniger ist hier mehr, weil Sex dann nicht so schnell banal wird. Und sich gegenseitig erst aus verschiedenen Perspektiven zu beleuchten, sich vorsichtig und in kleinen Schritten einander anzunähern, Schritt für Schritt weiterzugehen sowie langsam darauf hinzuarbeiten, sich miteinander das All-inclusive-Programm zu gönnen, erzeugt viel mehr Kribbeln und Vorfreude, anstatt noch am ersten Abend in die Vollen zu gehen. Denn was kommt danach?

Weil ich keinen Sex mit Männern haben durfte, übte ich mich darin, die Spannung auszuhalten, die daraus erwuchs, etwas nicht zu dürfen. Ich machte mich frei von einem Erwartungsdruck und den Bedürfnissen eines anderen Menschen und gab mir selbst die Erlaubnis, alles entspannt anzugehen. Indem ich aufhörte, Sex aus den falschen Gründen zu haben, konnte ich beginnen, mich von den richtigen Gründen dazu verführen zu lassen.

Sex, so weiß ich inzwischen, stellt nur die körperliche Weiterführung der Verbundenheit dar, die auf allen nicht körperlichen Ebenen existiert. Ist diese Verbundenheit zwischen zwei Menschen stark und beständig, setzt sich das in einem erfüllten Sexleben fort. Fehlt sie, ist das Defizit auch beim Sex spürbar. Erst im Laufe meiner Sexabstinenz verstand ich, dass ich mich zuerst mit mir verbinden muss, bevor ich eine tiefe Verbundenheit zu einer anderen Person aufbauen kann, die sich dann in einem erfüllten Sexleben widerspiegelt. Das Pferd von hinten aufzuzäumen – so wie ich es lange versucht hatte –, funktioniert nicht langfristig. Zuallererst ist man in einer Partnerschaft mit einem Menschen zusammen. Sex kann lediglich einen Versuch darstellen, ein paar Bande des Miteinanders zu knüpfen, jedoch nie diese tiefere Seelenverbindung ersetzen, die man entweder hat oder nicht hat. Ist sie da und will man mit dem Partner durch dick und dünn gehen, findet ein Paar Wege, um mit unterschiedlichen sexuellen Vorstellungen umzugehen. Manchmal braucht das womöglich etwas Zeit, aber so wie ein Paar nach und nach zusammenwächst, kann auch die Erfüllung im sexuellen Miteinander nach und nach beträchtlich anwachsen.

Ich jedenfalls fühle mich nur dann einem anderen Menschen wirklich nahe, wenn ich mir selbst nahe bin. Wenn ich Sex nur habe, weil ich dem anderen gefallen will, entferne ich mich von mir selbst und empfinde ihn nicht so intensiv, wie er sein könnte, wenn ich ihn aus eigenem Wunsch heraus und im Einklang mit meinen Bedürfnissen habe.

Liebe machen ist für mich deshalb so bedeutungsvoll, weil ich in dieser Vereinigung ganz ich und vollkommen im Moment sein kann. Ist Liebe beim Sex präsent, hat Angst keinen Platz mehr. Liebe ist das Licht, das alle Zweifel und Sorgen vertreibt. Beim Liebe-Machen herrscht kein Leistungsdruck, sondern ein gegenseitiges Wohlwollen. Ich will, dass mein Partner alles hat, damit es ihm gut geht – so wie er sich dies für mich wünscht. Es geht um das Miteinander und die Verbundenheit im Moment, nicht um die Jagd nach Orgasmen. Das Miteinander zählt mehr als das, was man damit erreichen möchte.

Der eine Tipp

Wenn ich dir im Hinblick auf ein erfülltes Sexleben einen Tipp geben kann, dann soll es dieser sein: Hab mal wieder Sex wie ein Teenie, als alles noch neu war. Bist du gerade in einer Beziehung? Dann nehmt euch bewusst eine Auszeit von euren gewohnten Sexroutinen und beginnt nach ein paar Tagen oder Wochen Pause, euch ganz langsam neu zu entdecken – ohne konkrete Vorstellungen davon, was als Nächstes passieren muss. Knutscht mal wieder die Nächte durch und erlaubt euch, in den Moment einzutauchen und euch zu spüren – im Miteinander wie auch jeder für sich. In langen Beziehungen fällt nämlich genau das im gemeinsamen Alltag oft unter den Teppich.

Vergesst alles, was ihr über Sex wusstest, und definiert ihn neu, so wie er für euch passt. Und vor allem: Habt auch immer wieder Abende miteinander, an denen ihr euch körperlich nah seid, ohne dabei Sex zu haben. Probiert, euch gegenseitig gutzutun – unabhängig von Orgasmen. Experimentiert damit, was euch gefällt. Letztendlich wollen wir durch Sex nur glücklich und zufrieden sein und uns nah fühlen, und dieser Zustand kann auf verschiedene Weise erzeugt werden. Die sexfreien Abende helfen, die Palette an Möglichkeiten zu erweitern, wie ihr euch gegenseitig eine gute Zeit machen könnt. Die Erfahrung, dass es genauso schön sein kann, Sex zu haben wie keinen Sex zu haben, hat zumindest meinen Partner und mich von jeglichem Sexdruck befreit. Wir entdecken stets neue Dinge, mit denen wir uns gegenseitig glücklich machen können.

Eine Reise ohne Ende

Wenn ich heute am Morgen in den Spiegel schaue, sehe ich eine andere Frau als die, die damals still ihr Leid ertrug und nicht wusste, wie sie einen Ausweg aus all dem Chaos finden sollte. Die Tränen sind inzwischen getrocknet, und ich blicke in strahlende Augen. Herzschmerz und komplizierte Männergeschichten haben einer neuen Leichtigkeit und Lebensfreude Platz gemacht. Ich sehe eine starke und mutige Frau, die sich selbst liebt und weiß, dass sie es sich verdient hat, geliebt zu werden, so wie sie ist. Ich würde so weit gehen und sagen, dass ich endlich der Mensch bin, der ich immer sein wollte, und das Leben führe, das ich mir immer gewünscht habe. Glück und Liebe sind dabei meine stetigen Begleiter und die Säulen für die bejahende Einstellung zum Leben – mit all seinen Höhen und Tiefen.

Während meines Dating Sabbatical habe ich die Grundsteine für entscheidende Veränderungen gelegt, einige haben sich aber auch erst im Verlauf der nächsten Jahre ergeben. Die einzige Konstante im Leben ist nun mal die Veränderung – im Leben sowie in der Liebe. Meine Beziehung, die sich nach meinem Dating Sabbatical anschloss, ist ein Beispiel für diesen Veränderungsprozess. Denn sie ist auch heute schon wieder eine andere als die, die ich an einigen Stellen in diesem Buch beschreibe. Wir führen weiterhin eine wundervolle und bereichernde Beziehung, nur haben wir uns entschieden, die partnerschaftliche Ebene zu verlassen und unsere Verbindung auf freundschaftlicher Ebene weiterzuführen.

Mein Freund sitzt mittlerweile auf gepackten Koffern und wartet aufgrund der Reisebeschränkungen anlässlich der Corona-Pandemie darauf, seinen neuen Job in den USA anfangen zu können, und ich arbeite seit einem Jahr wieder als Ärztin in der Klinik und habe beruflich meine absolute Erfüllung gefunden. So gern ich auch weiter mit ihm als Paar durchs Leben gegangen wäre, so sehr konnte ich das, was ich mir gerade selbst aufgebaut hatte, nicht hinter mir lassen. Wir sahen ein, dass unsere Lebenswege in völlig andere Richtungen führen. Und auch wenn unser Zusammensein heute ein anderes ist, haben wir immer noch einen bereichernden Austausch, sehen uns regelmäßig und gehen mit unserem Hund spazieren. Und ja, auch wenn wir nicht dort angekommen sind, wo wir am Anfang gemeinsam hinwollten, so war die gemeinsame Zeit eine große Bereicherung für unser beider Leben. Vieles haben wir erlebt, und jeder von uns ist durch unsere Beziehung in seiner eigenen Persönlichkeit gewachsen.

Das erste Mal in meinem Leben hatte ich keine Angst mehr vor einer Trennung und konnte eine solche akzeptieren. Auf diese Weise habe ich neben dem Finden der Liebe auch gelernt, mich durch Trennungsphasen zu navigieren. So schön unsere Partnerschaft war, so schön und einfach war unser Abnabelungsprozess. Wahrscheinlich deshalb, weil wir nicht getrennt sind, sondern nur ein anderes Miteinander genießen.

Ich weiß heute, dass eine Trennung kein lebensbedrohliches Ereignis darstellt, sondern ich stattdessen weich falle. Am Ende bleibt schließlich immer die Beziehung zu mir selbst, und seitdem diese wunderbar ist, brauche ich keine Angst mehr davor zu haben, auf diese zurückzufallen. An meinem rechten Ringfinger ist heute ein schmaler goldener Ring mit einem winzigen Stein, und dieser erinnert mich jederzeit daran, dass die Beziehung zu mir wichtig und wertvoll ist und dass ich diese niemals vergessen sollte. Abseits von Dating und der Suche nach einem Mann habe ich verstanden, dass die glückliche Verbindung zu mir selbst die längste Partnerschaft meines Lebens und die Grundlage für jede

Beziehung mit einer anderen Person darstellt. Deshalb ist es so entscheidend, eine bereichernde Verbindung mit mir selbst zu leben und mit mir selbst zufrieden zu sein.

Auch du hast nun die Wahl, was für ein Leben du führen möchtest und welcher Mensch du sein willst. Du darfst entscheiden, ob du so weitermachst wie bisher oder ob du die Chance nutzt, dein Liebesleben von Grund auf neu zu ordnen und den Schritt in die Transformation zu gehen. Schließlich ist es nicht das Lesen eines Buchs, das dich ändert, sondern die Anwendung und die langfristige Integration des enthaltenen Wissens, die tatsächlich eine Veränderung in dir bewirkt. Dieser Prozess endet in der Regel nicht, nachdem du die letzte Seite gelesen hast, er geht meist weit darüber hinaus.

Ich hoffe, ich konnte Menschen dazu inspirieren, ihre Reise zu sich selbst anzutreten, sich näherzukommen und das Liebesleben zu führen, wonach sie sich so sehr sehnen – mit sich selbst sowie in der Verbindung zu anderen Personen. Ich wünsche mir, dass möglichst viele den Zugang zur Liebe in sich finden und ihre Unerschöpflichkeit begreifen, sodass sie mit vollen Händen geben und die Welt so zu einem Ort voller Liebe und gegenseitigem Wohlwollen machen können. Mag das vielleicht naiv klingen: Ich bin davon überzeugt, dass diese Welt besser wäre, wenn Menschen öfter aus Liebe und weniger aus Angst und Ego-Impulsen heraus handeln würden. Denn sobald ich die Energie der Liebe in mir begreife, herrscht in meinem Leben nur noch Fülle, und ich freue mich zu geben, weil ich dadurch selbst empfange.

Ich wünsche dir daher viel Spaß dabei, die große wahre Liebe in dir selbst zu entdecken und sie voller Freude in die Welt zu tragen – denn so wirst du dich nie wieder im Mangel fühlen.

Literatur

Auch wenn ich heute als Ärztin in der Psychosomatik und Psychotherapie arbeite, habe ich fast alle Reflexionen in diesem Buch vor dem Beginn meiner psychotherapeutischen Ausbildung gemacht. Es braucht also kein Psychologiestudium, um sich selbst näherzukommen. Auf meiner Reise zu mir haben mir verschiedene Bücher ergänzend geholfen, die ich gern empfehlen möchte:

Chade-Meng Tan: Search Inside Yourself. Optimiere dein Leben durch Achtsamkeit. München 2015

Fromm, Erich: Die Kunst des Liebens. München 1998

Redfield, James: Die Prophezeiungen von Celestine. Ein Abenteuer. München 2019

Ruppert, Franz: Seelische Spaltung und innere Heilung. Traumatische Erfahrungen integrieren. Stuttgart 2019

Sadhguru: Die Weisheit eines Yogi. Wie innere Veränderung wirklich möglich ist. München 2017

Schucman, Helen: Ein Kurs in Wundern. Freiburg im Breisgau 2004 (19. Auflage 2019)

Sharma, Robin S.: Der Mönch, der seinen Ferrari verkaufte. Eine Parabel vom Glück. München 2019

Stahl, Stefanie: Das Kind in dir muss Heimat finden. Der Schlüssel zur Lösung (fast) aller Probleme. München 2015

Stahl, Stefanie: Jeder ist beziehungsfähig. Der goldene Weg zwischen Freiheit und Nähe. München 2017

Stahl, Stefanie: Vom Jein zum Ja. Bindungsängste überwinden und endlich bereit sein für eine tragfähige Partnerschaft. München 2020

Tolle, Eckhart: Jetzt! Die Kraft der Gegenwart. Bielefeld 2010

Tolle, Eckhart: Eine neue Erde. Bewusstseinssprung anstelle von Selbstzerstörung. München 2015

Williamson, Marianne: Rückkehr zur Liebe. München 2016